Das Zarenreich

Elisabeth Heresch

Das Zarenreich
Glanz und Untergang

Bilder und Dokumente von 1896 bis 1920

Langen Müller

Die Darstellung der Geschichte des letzten Zarenreiches in seltenen Bildern ist dem Vertrauen und der Großzügigkeit jener Menschen zu verdanken, die mir Zutritt zu ihren Sammlungen gewährt haben. Dazu gehören vor allem die russisch-orthodoxe Kirche in Manhattan, das Museum der Zeitung „Russkoje Slowo" in San Francisco, die Library of War and Revolution in Stanford, Calif., das Museum der Kosakenleibgarde des Zaren und das der russisch-orthodoxen Kirche Exelmans in Frankreich. Die in und um Paris befindlichen Objekte hat der Pariser Fotograf Jacques Martelot fotografiert, und seinen Einsatz und sein Engagement bei unserer Arbeit werde ich nie vergessen. Zur Veröffentlichung der geheimen Dokumente über die Finanzierung der russischen Revolution hat das Archiv des deutschen Auswärtigen Amtes großzügig sein Einverständnis gegeben. Diesen brisanten Aspekt der Geschichte darstellen zu können, verdanke ich der Leitung dieses Archivs. Das Buch und seine Idee jedoch ruhen auf dem Boden von Tatsachen und Erinnerungen. Erinnerungen von Augenzeugen, die das Ende des Zarenreiches noch miterlebt und mir in Form von Erzählungen und Bildern – dem einzigen, was ihnen aus dieser Zeit verblieben ist – mitgegeben haben. Sie wollten damit das, was auf den Schultern der von der Geschichte Betroffenen ausgetragen worden ist, verewigt wissen. Ich danke Ihnen allen für ihr Vertrauen.

E. H.

Layout: Werner Weibert
Lektorat: Mag. Helga Ermacora
Schutzumschlag: VerlagsService Dr. Helmut Neuburger
und Karl Schaumann GmbH, Heimstetten
Vorderes Umschlagbild: Kosakenregiment der Leibgarde des Zaren
(das Foto stammt ebenso wie die Abbildungen auf der hinteren Seite
aus einem privaten Archiv)
Gesamtherstellung: Wiener Verlag, Himberg
Printed in Austria
ISBN 3-7844-2330-2

Inhalt

Vorwort

„Ich bin am Tag des lange leidenden Hiob geboren", soll Nikolaj II., der letzte regierende Zar von Rußland, von sich selbst gesagt haben. Ob Resignation oder Ahnung angesichts des Bevorstehenden mitschwang oder beides – es ist die Momentaufnahme einer Persönlichkeit, die dazu bestimmt war, mit fataler Zwangsläufigkeit in den Strudel von Ereignissen gerissen zu werden, denen sich zu widersetzen sie nicht geeignet (oder eben russisch: bestimmt) war.
Kürzer – und frivoler – formulierten die Revolutionäre der Jahrhundertwende ihre Ahnung vom Untergang der zarischen Autokratie: sie nannten den Zaren schon damals „Nikolaj den Letzten".
Am Ende eines vielversprechenden Anfangs steht der Schluß eines Dramas, von dem bei aller Logik des Handlungsablaufes die Rezension der Geschichte lautet: die russische Revolution war nicht notwendig.
Das russische Reich war unter der Herrschaft des letzten Zaren dazu angetan, eine blühende Großmacht zu werden. Im Jahrzehnt vor der Jahrhundertwende bis kurz vor dem Ausbruch des Ersten Weltkriegs bestimmten kluge Minister die russische Politik. Im Osten auf Expansionskurs, sicherten sie sich in zum Teil geheimen Abkommen die Zusammenarbeit Chinas gegen Japan, erlangten das Recht zum Bau der sibirischen Eisenbahn durch die Mandschurei und dann noch von Japan das Kondominium in Korea ohne Abgrenzung der Einflußsphäre. Im Westen zeichnete sich eine Schwerpunktverschiebung der russisch-deutschen Zusammenarbeit zugunsten einer russisch-französischen und russisch-englischen ab, der eher defensive Interessen als jene im Osten zugrundelagen – sieht man von der russischen Balkanpolitik ab (Wahrung der strategischen Position am Schwarzen Meer).
Analog dazu die Wirtschaftspolitik: Konzentration auf Industrialisierung, Erschließung, Entwicklung der Infrastruktur exponierter Gebiete – unter anderem mit dem gigantischen Projekt der transsibirischen Eisenbahn – mit Industrieanleihen in Frankreich, Schutzzollpolitik, Behauptung des Rubel als Goldwährung. Um 1900 hatte sich die Zahl der Fabriksarbeiter innerhalb weniger Jahre auf 2,4 Millionen erhöht, ein Jahrzehnt später betrug die Produktion 34 Millionen Tonnen Kohle und 5 Millionen Tonnen Stahl jährlich.
Die soziale Frage wurde mit der Verbesserung der bäuerlichen Bedingungen in Angriff genommen. Die Bauern erhielten die gesetzliche Basis zum Erwerb von eigenem Grund und Boden sowie zum Zusammenschluß in Genossenschaften. Diese sogar schon seit Alexander II. in Gang gesetzten Reformen nahmen jedoch erst langsam und in den auch in ihren natürlichen Gegebenheiten unterschiedlichen Gebieten des großen Landes differenziert Realität an.
Auf der Strecke in dieser Entwicklungsphase schien die Arbeiterschaft zu bleiben, die allmählich eine neue, in ihren Bedürfnissen noch weitgehend ignorierte Klasse des Industrieproletariats bildete. Es ist nur logisch, daß dies jene Zielgruppe abgeben sollte, auf die sich die linksintellektuellen Revolutionäre stürzten, die an der Destabilisierung der Staatsmacht interessiert waren. Und sie taten das mit Methoden, die heute modern erscheinen und vergleichbare Techniken der Gegenwart altmodisch anmuten lassen.
So wurden die Gelder der Linksintellektuellen – es waren nicht die sozial diskriminierten Arbeiter oder Bauern, die zu Anarchisten wurden – aus Banküberfällen beschafft (auch Stalin hatte sich im wohlhabenden Georgien daran beteiligt, als er noch Dschugaschwili hieß), bevor sie auch aus dem an der Schwächung Rußlands interessierten Ausland kamen: aus Japan bis 1905, aus Deutschland von 1915–1920 (siehe dazu die Dokumente in Kapitel III). Jungen Burschen auf der Straße wurden ein paar Rubel fürs Einschlagen von Fensterscheiben und Randalieren in die Hand gedrückt. Unliebsame Minister wurden ungeachtet ihrer Verdienste ermordet – wie schon seinerzeit der „Befreier-"Zar Alexander II. nun auch Ministerpräsident Stolypin. Bei der Lektüre eines fingierten Empfehlungsschreibens wurde ein anderes Opfer von einer als Besucherin gekommenen Terroristin erschossen.
Das Leben in den Städten war vielfältig und spiegelte den materiellen Reichtum des Landes wie auch jene geistige und bürgerliche Freiheit wider, von welcher die postrevolutionäre Gesellschaft Lenins nur träumen konnte. Die „silbernes Zeitalter" genannte Jahrhundertwende in Rußland brachte eine kulturelle Blütezeit schillernder Kunstformen in Literatur, bildender Kunst und Musik hervor – jene Avantgarde, auf welche selbst die Gegenwart noch keine künstlerische Antwort gefunden hat.
Zugegeben: die zentralistische Politik mit Russifizierung der Randgebiete sicherte die Dominanz des russischen Geistes. Das säte beispielsweise in der sich stets unter russischer Kandare fühlenden Ukraine, einst Kerngebiet des russischen („Kiewer") Reichs als Reisegebiet der Skandinavier auf ihrem Handelsweg nach Byzanz und in den Orient, Ressentiments, die sich immer wieder bemerkbar machen sollten. Die Russen waren selbstbewußt und aufgeschlossen geworden, vorbei waren die Zeiten, da sie aus Protest gegen „gottlose Ausländer" (das waren nicht nur Tataren, sondern auch Westeuropäer) ihre Kaftane von rechts nach links knöpften statt umgekehrt, um sich demonstrativ von den „nicht Rechtgläubigen" zu unterscheiden.
Politisch ging das letzte Jahrzehnt der zarischen Herrschaft sogar der Zukunft einer konstitutionellen Monarchie entgegen. Das politische Klima war relativ liberal, Medien verschiedener Richtungen erschienen, und auch wenn man versuchte, anarchistische Umtriebe in den Griff zu bekommen, war zumindest die Todesstrafe abgeschafft. Doch auch die politische Entwicklung zu einer modernen Staatsform, in der das Wort von einem demokratischen Forum ausgehen und der Zar nur mehr Wahrer der Kontinuität sein würde, sollte wie die soziale von den Ereignissen eingeholt und abgebrochen werden.
Militärische Niederlagen als Auslöser von Eskalation schwelender Konflikte in einem Reich mit sozialen Bruchstellen waren auch für russische Politiker ein Damoklesschwert. Egal, ob solche Unruhen von revolutionären Agitatoren gelenkt waren oder nicht.

Stolypins Reformprogramm für eine kontinuierliche soziale Entwicklung war bis zum Jahre 1922 angelegt und sollte, so der Urheber, dann sein Ziel erreicht haben; wenn das Land in dieser Phase nicht in einen Krieg verwickelt würde. Andernfalls, und das prophezeiten schon vor ihm Finanzminister Witte und Innenminister Durnowo, würde eine (soziale allerdings und nicht ideologische wie die von Lenin angestrebte) Revolution unvermeidlich sein. Ferner war die erwähnte Einsetzung der Duma als Konsequenz der Aufstände nach der russischen Niederlage gegen Japan ein weiterer Schritt zur Bewältigung anstehender Probleme, die in diesem pluralistischen Forum diskutiert werden konnten.

Wozu dann eine Revolution?

Es war die Verkettung der Umstände, die jene Katastrophe möglich machte, an deren Verhinderung so systematisch gearbeitet und dabei revolutionäre Umtriebe mit der starken Hand autokratischer Ordnungskräfte gezähmt wurden.

Da waren die Uneinigkeit der endlos debattierenden statt entschlossen handelnden Parteien und die geheimen Wünsche ihrer Abgeordneten, durch laissez-aller-Taktik den Zaren für Mißstände verantwortlich zu machen und seine Regentschaft ad absurdum zu führen: eine „Revolution von oben" schien sich da anzubahnen.

Da war andererseits die Persönlichkeit des Zaren selbst, der allzuleicht beeinflußbar war, was dann zu Katastrophen führen mußte, als die alte Garde fähiger Minister zunehmend Scharlatanen zu weichen begann. Da war ferner die grenzenlose Verehrung des Zaren für seine Frau, die sich berufen fühlte, auch politische Ratschläge zu erteilen. Den größten Schaden richtete dabei ihr Günstling Rasputin an, dem durch seine Heilerfolge am hämophilen Thronerben übernatürliche Kräfte mitsamt Prophetentum zugesprochen wurden. Was ihm nicht nur das Ohr der Zarin, sondern auch Tür und Tor zum Dunstkreis der Macht öffnete, an der er sich wie ein Kind berauschte.

Da waren außenpolitische Interessen wie jene am Balkan, die im Kriegsfall den Zaren auch im für ihn ungünstigen Augenblick zur Einhaltung seiner Bündnispflicht gegenüber Serbien zwangen. Ein Umstand, der Serbien, mit Rußland im Rücken, gelassen einem Krieg gegen Österreich-Ungarn entgegensehen ließ; doch Rußland in jenen Krieg verwickelte, den es gerade nicht gebrauchen konnte.

Da waren Feiglinge an Schalthebeln der Macht, als gerade historische Weichen gestellt wurden, denen die Aufgabe von Staatsinteressen zugunsten ihrer eigenen nicht zu teuer war: der Dumapräsident, der den Zaren manipulierte, indem er ihm die Petitionen zu seiner Abdankung zeigte und die Ersuchen, durchzuhalten, verbarg. Da waren die Dumamitglieder, die auch den Bruder des Zaren überredeten, auf den Thron zu verzichten. Da war Kerenskij, der bereits im Angesicht der Putschgefahr durch die Bolschewiken General Kornilow mit seinen Elitetruppen zuhilfeholte und ihn kurz vor Petrograd anhalten und verhaften ließ: mit seiner Vorsichtsmaßnahme, sich nicht womöglich selbst vom Militär entmachten zu lassen, überließ er die Hauptstadt ihrem Schicksal. Schließlich die Ermordung Stolypins, an der nicht nur linke, sondern auch rechte Kreise interessiert waren, die durch seine Reformpläne um ihre Karriere fürchteten.

Da waren die Kräfte, die von verschiedenen Positionen aus auf ihre Chance warteten: die Revolutionäre in Rußland und im Exil – und der deutsche Generalstab. Ihre Chance verband das, was nicht hätte passieren dürfen: der Erste Weltkrieg.

Nun trat ein, was Minister düster prophezeit und von Revolutionären herbeigesehnt worden war: jene Zustände mit politischem Zündstoff, denen letztere ihre ideologisch verbrämten Parolen leihen konnten, die sie durch die theoretische Grundlage einer utopischen Heilslehre untermauerten. Das Chaos kam von innen, als das Land von den Entbehrungen der ersten Kriegsjahre gezeichnet und von den militärischen Niederlagen demoralisiert war. So war es auch nicht schwer, die Bevölkerung zur eigentlichen Revolution im Februar 1917 aufzustacheln.

Die entscheidende Hilfe kam von außen: der deutsche Generalstab unterstützte die Revolutionäre mit Geld und Organisation für Agitation und Aktion. Verschieden war ihr Ziel: die Deutschen wollten durch den Umsturz den Frieden samt Bedingungen im Osten diktieren – die Revolutionäre durch den Umsturz an die Macht kommen. Geeint hat sie das Mittel, ihre Ziele zu erreichen: der Sturz des zarischen Regimes. Vom ersten logischen Entwurf zur Organisation von Aufständen und zu einem Umsturz in Rußland schon ab 1915 (siehe Dokument im Anhang) sollten jedoch noch Jahre vergehen, bis der Boden reif zu dem war, was sich in der sozial motivierten Februarrevolution 1917 entlud und zur Abdankung des Zaren führte, und die Voraussetzungen für den ideologisch-klassenkämpferischen Putsch Lenins im Oktober schuf. Bis zum Putsch kostete das alles das deutsche Reich über 40 Millionen Goldmark und dann zumindest nocheinmal so viel, um Lenin bis zur Ratifizierung des Friedensvertrages an der Macht zu halten (siehe dazu Dokumente in Kapitel III).

Doch: Rußland hat von seinen 13,5 Millionen Mobilisierten (bei einer Bevölkerung von ca. 150 Millionen) über zwei Millionen Mann verloren, 4,5 Millionen waren verwundet worden und weitere zwei Millionen in deutsche Gefangenschaft geraten – nicht gerechnet die Deserteure, die im Jahre 1917 der deutschen Zersetzungspropaganda erlegen waren. Grund genug für die Bevölkerung eines nun in Krise und Desorganisation befindlichen Staates, für Friedenspropaganda ein offenes Ohr zu haben. Und daß man Lenin nach getaner Arbeit bald wieder loswerden würde, daran hegten weder der Generalstab noch das deutsche Außenamt noch der Kaiser selbst irgendwelche Zweifel.

Was die österreichische Unterstützung der Revolutionäre angeht, belegen zwar Korrespondenzen Beitragsleistungen für die pazifistischen Revolutionäre in der Schweiz (siehe Dokumente in Kap. III). Die diplomatischen Korrespondenzen der Jahre bis kurz nach Lenins Machtergreifung zeigen Außenminister Czernin in bezug auf das Treiben des deutschen Verbündeten naiv und ahnungslos.

Diese Geschichte, die nun in Bildern und Dokumenten nacherzählt wird, läßt mehr als nur Revue passieren, wie eine unechte Revolution ein Reich zu Fall brachte, das schon von einer echten Volkserhebung erschüttert war. Hier wird eine Maske gelüftet, die fast ein Jahrhundert lang den realen Lauf der Dinge vor der geschichtlichen Erkenntnis verborgen hat und erst von den jüngsten Ereignissen echter Volkserhebungen in Frage gestellt wurde. Maske eines historischen Modells, das von den ewig gültigen Mechanismen bestimmt war: den Interessen von Staaten, die entsprechend ihren Gegebenheiten immer die gleichen bleiben, egal von welcher Führung sie umgesetzt werden; und Maske von Modellsituationen menschlichen Verhaltens zwischen Loyalität und Verrat, zwischen persönlicher Einsicht und politischer Strategie. Diese Modellsituationen sind nicht typisch russisch. Es gab und gibt sie immer und überall.

Wien, im Februar 1991 — Elisabeth Heresch

Für F. P.

I

Feudaler Glanz

Das russische Reich in einer Darstellung aus dem Jahre 1722

Als der letzte Zar das russische Reich 1894 übernahm, war es unter anderem um Georgien, Armenien, Teile Aserbaidschans und die usbekischen Chanate Chiwa und Buchara erweitert. Im Westen umschloß es Teile Polens und des Baltikums (von Peter dem Großen erobert), im Nordosten Alaska und Sachalin

ACIALE, DU NORD ET DE TARTARIE.
ROUTE DE MOSCOW A PEKIM
Par la Siberie et la Tartarie.
Que Adam Brand a tenüe étant envoyé de sa Majesté Czarienne, a la Chine en 1692. et 1694. Pour établir un commerce entre les deux Empires.
MOSCOW, Ville Capitale de l'Empire du CZAR
Troits, Bourg.
Pereschlau, Ville.
Rostof Ville.
Jeresclau, Ville.
Wologda, Ville.
Scuskaiam, Bourg.
Tottma, Ville.
Uzgorodizchna, Village.
Bobrofskiam, Village.
Ustuga, Ville.
Lolowitzgotz, Ville.
Kaigorod, Ville.
Solokamso, Ville.
Niesna-Susowa, Ville.
Utkogorod, Ville.
Ajat, Bourg.
Romoschowa, Bourg.
Newagorod, Bourg.
Zudna, Bourg.
Niginske, Bourg.
Irbitske, Kirgirlkoy, et Suborawa Bourgs.
Jalan, Bourg.
Krasna, Bourg.
Tumeen, Ville.
Makoma, Bourg.
Sutzka, Bourg.
TOBOL, Ville Capitale de la Siberie.
Demjam, Bourg.
Samarskoiam, Bourg.
Surguto, Ville.
Narim, Ville.
Kettskoy, Bourg.
Mukuskoy, Bourg.
Jenekisko, Ville.
Buhutzcha, Village.
Karma, Village.
Ilimskoy, Ville.
Irkuskoy, Ville.
Lac de Baikal, Confins de Siberie.
Un Cloitre.
Kabania, Bourg.
Bolsko-Saimcko, Bourg.
Ostrogudinskoy, Ville.
le Lac et la Ville de Jerawena.
Plotbus, Village.
Nertznigskoy, Ville.
Argun, Ville.
Premiere, seconde et troisieme garde Chinoise.
Peuples Targutschini.
Suttigarski, Village.
Naun, Ville.
Plusieurs Villes Ruinées.
Chemin Taillé dans le Roc.
Scornagorod, Ville.
Muraille Fameuse de la Chine.
Galgan, Ville.
Xantuning, Ville. Xunguxu Ville.
La Ville Rouge.
Xangote, Ville.
Tunxo, Ville.
PEKIM, Ville Capitale de la Chine.
MER DE LENSKOGO
MER D'AMOURSE
TARTARIE
MOSCOVITES
MOGALIE NOIRE
ZAGATAY
ROYAUME DE CABUL
ROYAUME DE THIBET
KALMUCKS BLANS
PAIS DE SANDOCHAN
PAIS DE SINGAL OU ZOENGOGO
KAILAR
KOEJART
LEAOTUM
PEKIM
LE CANG GOLFE
DESERTE DE XAMO OU DE GOBEE
Nipcheu ou Bosbota
Ville ou le P. Gerbillon Jesuite François fut envoye en 1689 par l'Empereur de la Chine pour traiter la Paix avec les Moscovites.
C'est sur cette grande Riviere Hetum ou Helum qu'est le même que Quentung que les Moscovites viennent faire la Guerre aux Tartares.
La Fameuse Muraille Batie Inutillement par les Chinois contre les courses des Tartares.
Les Glaces et les Brouillards font qu'on a de la peine a découvrir cette Coste.
Les Glaces et les Brouillards sont si grands sur cette Côte qu'on ne la decouvre pas facilement.
L'Etendüe de cette coste non plus que sa figure ne nous sont pas Connües.
Cap Tabin
Cap de Glaces qui n'a pas pu être Doublé jusqu'a present.
Cap Scythe et Terre de Gelmer decouverte le 4. Aoust 1664.

Die Eltern des letzten Zaren: Alexander III. (1845–1894) und Maria Fjodorowna, gebürtige Prinzessin Dagmar von Dänemark. Durch den frühen Tod des Zaren im 49. Lebensjahr wurde der Thron frühzeitig an Nikolaj II. weitergegeben

Abstammung von Nikolaj II.

- ALEXANDER II. (1818–1881)
  - ALEXANDER III. (1845–1894) ∞ Maria Fjodorowna (1847–1928) (Prinzessin Dagmar von Dänemark)
    - NIKOLAJ II. (1868–1918) ∞ Alexandra Fjodorowna (1872–1918) (Prinzessin Alix)
      - OLGA (1895–1918)
      - TATJANA (1897–1918)
      - MARIA (1899–1918)
      - ANASTASIA (1901–1918)
      - ALEXEJ (1904–1918)
    - GEORGIJ (1871–1899)
    - XENIA (1875–1960) ∞ Alexander (Sandro) (1866–1933)
      - IRINA (1895–1967) ∞ Felix Jusupow (1887–)
    - MICHAJL (1878–1918)
    - OLGA (1882–1960)
  - WLADIMIR (1847–1909) ∞ Maria Pawlowa (1854–1920)
    - Kyrill (1876–1938)
    - Boris (1877–1943)
    - Andrej (1879–1956) ∞ Mathilde Kschesinska (1879–1969)
  - ALEXIS (1850–1908)
  - SERGEJ (1857–1905) ∞ Elisabeth (Ella) (1864–1918)
  - PAUL (1860–1919) ∞ Alexandra (1870–1891)
    - DMITRIJ (1891–1942)

Nikolaj II. (1868–1918) und Prinzessin Alix von Hessen, die für ihre Heirat mit dem künftigen Zaren von Rußland zum orthodoxen Glauben konvertierte. Mit der Krönung wurde sie zur Zarin Alexandra Fjodorowna von Rußland. Durch diese Heirat war die russische Dynastie Romanow sowohl mit dem deutschen als auch mit dem englischen Herrscherhaus verwandt

Abstammung von Zarin Alexandra, der geborenen Prinzessin Alix von Hessen

Königin Viktoria* (1819–1901) ∞ Prinz Albert von Sachsen-Coburg (1819–1861)

- Viktoria (1840–1901) ∞ Friedrich III. dt. Kaiser (1831–1888)
  - Kaiser Wilhelm II. (1859–1941)
- König Eduard VII. (1841–1910) ∞ Prinzessin Alexandra v. Dänemark (1844–1925)
  - König Georg V. (1865–1936)
    - König Georg VI. (1895–1952)
      - Königin Elizabeth II. (1926–)
- Alice* (1843–1878) ∞ Ludwig IV. Großfürst von Hessen (1837–1892)
  - Viktoria (1863–1950) ∞ Ludwig von Battenberg (1854–1921)
    - Alice (1885–1969) ∞ Prinz Andreas von Griechenland (1882–1944)
      - Prinz Philipp Herzog von Edinburg (1922–)
    - Earl Mountbatten von Burma (1900–1979) (ermordet)
  - Elisabeth (Ella) (1864–1918) ∞ Großfürst Sergej
  - Irene* (1866–1953) ∞ Prinz Heinrich v. Preußen (1862–1929)
    - Waldemar+ (1889–1945)
    - Heinrich+ (1900–1904)
  - Ernst
  - Friedrich+ (Frittie) (1870–1873)
  - Alix* (Prinzessin Alexandra von Hessen (1872–1918) Zarin Alexandra) ∞ Nikolaj II. (1868–1918)
    - Olga (1895–1918)
    - Tatjana (1897–1918)
    - Maria (1899–1918)
    - Anastasia (1901–1918)
    - Alexej+ (1904–1918)
  - Maria (1874 bis 1878)
- 2 Söhne, 2 Töchter
- Leopold+ (1853–1884)
- Beatrice* (1857–1944) ∞ Heinrich von Battenberg (1858–1906)
  - Viktoria-Eugenie* (geb. Battenberg) (1887–1969) ∞ König Alfonso XIII. von Spanien (1886–1941)
    - Alfonso+ (1907–1938)
    - Juan (1913–) (Vater des regierenden Königs v. Spanien)
      - Carlos, König von Spanien (1938–)
    - Gonzalo+ (1914–1934)
  - 4 Söhne (2 †)

* weibl. Hämophilien-Träger
\+ Hämophiler

Krönungs-
urkunde für
Zar Nikolaj II.,
Mai 1896

Zierblatt des
Krönungs-
protokolls

Описаніе
Священнаго Коронованія
Ихъ Императорскихъ Величествъ
Государя Императора
Николая II и Государыни
Императрицы Александры
Ѳеодоровны
1896 года 14 Маія
В. Васнецовъ

Die russischen Zaren wurden auch nach Verlegung des Regierungssitzes nach Petersburg durch Peter den Großen traditionell in Moskau gekrönt (oben eine Ansicht des Moskauer Kreml um 1896).

Das Gemälde zeigt den feierlichen Einzug des Zaren in Moskau. Carl Fabergés Krönungsei ist analog zum Krönungsmantel des Zaren gestaltet: gelb, übersät mit russischen Doppeladlern; aus dem Ei läßt sich eine Miniaturnachbildung der Krönungskutsche herausklappen

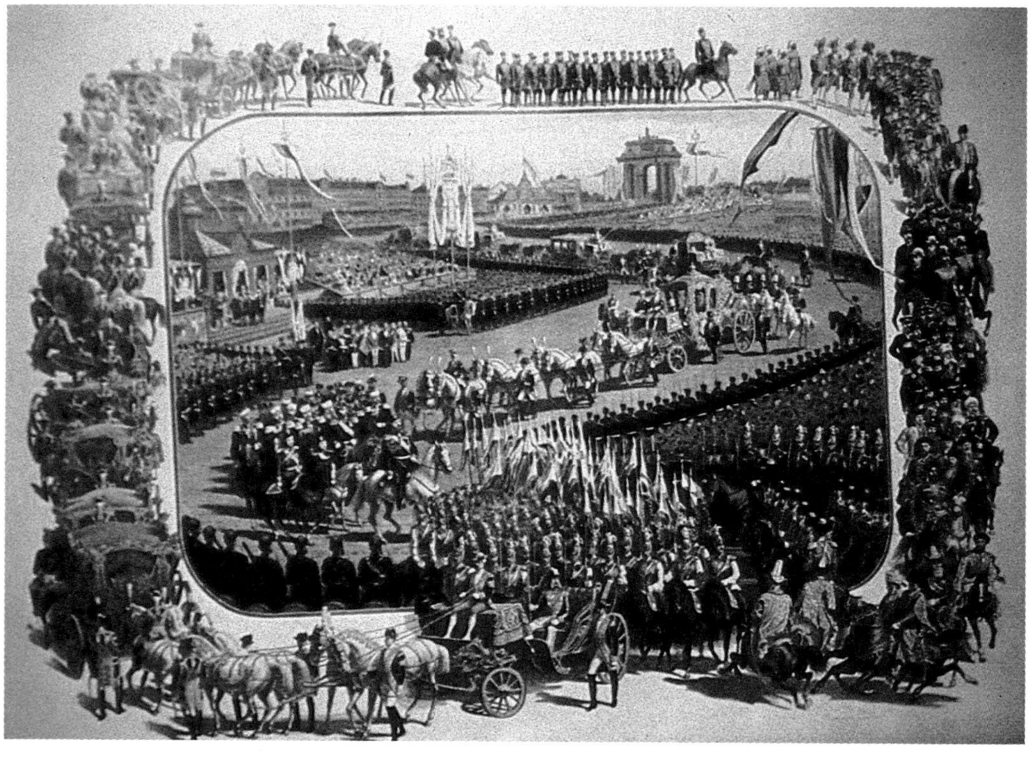

Der Krönungsakt auf einem nach Photographien erstellten Gemälde

Die Lithographie aus der Zeit zeigt eine jubelnde Bevölkerung an der Kremlmauer. Nach dem Verlassen der Krönungskirche des Kreml bewegt sich der Festzug durch die Stadt

Prozession im Krönungsornat *(oben)*, begleitet von Regimentern des Zaren und der Zarenmutter Maria Fjodorowna (*rechts* die Epauletten dieser Regimenter)

Das Menu des Galadiners am 18. Mai 1896:

Schildkrötensuppe
Piroggen
Eingesalzener Fisch in Krebsensauce

Rindsfilet mit Wurzelgemüse
Assiette froide von Haselhuhn und Gänseleber

Truthahn und Junghühner

Salat
Karfiol und Schoten

Heiße Ananas mit Früchten

Eis-Dessert

Links oben eine der Gedenkmünzen, die anläßlich der Krönung ausgegeben wurden. In der Festvorstellung des Bolschoj Theaters (siehe Programm links) wurde die Oper „Ein Leben für den Zaren“ von Michajl Glinka gegeben

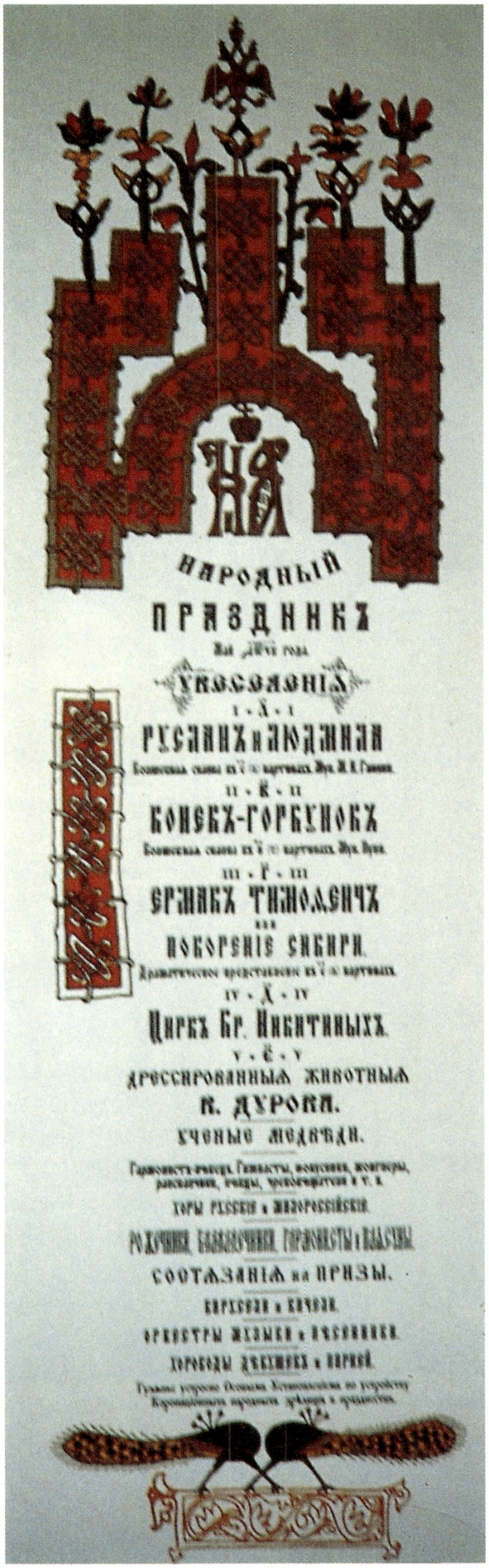

Die Theaterplakate jener Tage um die Feierlichkeiten zur Krönung von Zar Nikolaj II. kündigen vor allem Opern historischer Themen mit patriotischem Grundton an – wie zum Beispiel „Ruslan und Ljudmila", „Boris Godunow" oder „Jermak Timofejitsch oder die Eroberung Sibiriens". Dazu gab es Ballett- und Zirkusvorstellungen

Regierungssitz seit Peter dem Großen, also seit Anfang des 18. Jahrhunderts, war Petersburg. Der Thronsaal im Winterpalais, die „Eremitage", diente meist zeremoniellen Zwekken wie auch Empfängen und Hofbällen. Hier wurde jedoch auch 1905 die Duma, das russische Parlament, ausgerufen, die dann im Taurischen Palais tagte, 1914 der Eintritt Rußlands in den Krieg mit Deutschland verkündet und drei Jahre später jene Provisorische Regierung vertrieben, die in der Nacht des Sturms auf das Winterpalais durch die Bolschewiken in permanenter Krisensitzung getagt hatte. Erst Lenin verlegte den Regierungssitz 1918 wieder nach Moskau

Der persönliche Zug des Zaren stand in der zur Sommerresidenz gehörigen Bahnstation Zarskoje Sjelo bereit. Rechts kaiserliche Vorreiter

Zar Nikolaj II. – hier noch als junger Mann mit seiner Mutter Maria Fjodorowna und seinen Geschwistern Michajl, Xenia, Georgij und Olga (entgegen dem Uhrzeigersinn) – galt als Familienmensch, dessen Verhältnis zur Macht und zu seiner Rolle an der Spitze des Reiches eher resignativ war. Aus Augenzeugenberichten ergibt sich das Bild eines Mannes von schlichtem und eher schüchternem Wesen, der sich am wohlsten mit seiner Familie fühlte, russische Küche bevorzugte und „besser zum Großgrundbesitzer getaugt hätte denn zum Zaren von Rußland", und so den auf ihn zukommenden Herausforderungen nicht gewachsen schien.

In diesem Schlafzimmer der Winterresidenz wurden ihm seine vier Töchter und 1904 endlich der ersehnte Thronfolger Alexej geboren

Nikolaj II. trug bevorzugt schlichte Uniform, bei Besuchen, Ausgängen oder Inspektionen vor allem die seiner Kosakenleibgarde, nach der auch sein Sohn gekleidet wurde. Im russischen Volksmund hieß es: Wenn der Zar angeln geht, kann Rußland warten. Dasselbe galt auch, wenn er mit den Kindern Enten fütterte

Bei Ausgängen folgten dem Zaren erst sein Sohn, der Thronfolger, und dann die Zarin. Fürsorge und Erziehung wurden ganz auf den Thronerben konzentriert. Nicht nur seine künftige Rolle erforderte diese besondere Aufmerksamkeit, sondern auch die Tatsache, daß er durch die Zarin und ihre englischen Vorfahren Hämophilienträger war – eine tragische Konstellation mit historischer Tragweite. Rechts Zar und Zarewitsch in Paradeuniform

Das Militär

Das Militär war das Instrument zum Schutz, zur Erhaltung der Stärke sowie zur Expansion des russischen Reiches. Die Elite des russischen Militärs bildeten die Kosaken. In Grenzgebieten im Südwesten, aber auch im Kaukasus und Sibirien sowie im Nordosten angesiedelt, waren sie von früher Kindheit an als Reiter ausgebildet, nach traditionellen Werten erzogen und von der Regierung zum Grenzschutz eingesetzt. Sie galten als traditionsbewußte und stolze Patrioten

Die Kosaken waren nicht zuletzt ihrer Loyalität wegen Bestandteil des Leibregiments des Zaren Nikolaj II. und bildeten auch die Abordnung zu seinem Gefolge. Zu dieser Rolle waren sie schon seit der Regierungszeit von Zarin Katharina der Großen bestimmt worden. Sie war es, die sich Kosaken als Schutzgeleit für ihre Reise durch das Land, zu deren Anlaß die sprichwörtlichen „potjomkinschen Dörfer" errichtet wurden, auserkoren hatte

Zar Nikolaj II. inspizierte häufig seine Regimenter. Hier sind verschiedene Offiziers- und Kosakenregimenter zu sehen. Links unten: Kaiserliches Kadettenkorps vom Don, 1883 von Alexander III. gegründet, rechts oben: Offiziere der 3. Schwadron um 1913

Russische Kosaken bei Übungen. Graf Grabbe war Ataman der Don-Kosaken

Petersburger Kadettenkorps. Diese Militärschüler waren zum Schutz des Winterpalais eingesetzt und aus ihren Garnisonen zu Hilfe gerufen worden, als die Bolschewiken im Herbst 1917 das Palais stürmten

Petersburger Offiziersschüler mit General Sacharow und dem Zaren Nikolaj II. General Sacharow, auch Adjutant im Gefolge des Zaren, wurde später von einer Terroristin erschossen, die mit einem fingierten Empfehlungsschreiben in das Haus eindrang, in welchem der General gerade zu Gast war

Inspektion auf freiem Feld. Der Zar wird begrüßt, gefolgt vom Adjutanten General Sacharow

Der Zar bei einem seiner seltenen Inspektionsbesuche in Moskau (hinter seinem Kosakenleibgardisten General Sacharow). In Moskau besucht der Zar die alexandrinische Militärschule.

Parade in der Hauptstadt und auf freiem Feld

Paraden und Truppeninspektion auf dem Exerzierplatz von Zarskoje Selo

Parade und Offiziersschüler um 1894

Inspektion junger Offiziere; unten: Volksschüler salutieren vor dem Zaren und seinem Sohn

Links oben: Angehöriger der Turkestaner Artillerie; *Mitte:* der Petersburger Offizier Sergej Guenichta ist böhmischer Abstammung; *rechts oben* ein russischer General; *unten:* Gebet der alexandrinischen Militärschüler vor dem Ausrücken

Militärischer Fechtunterricht einer Petersburger Offiziersschule

Paradieren der Kavallerie

Paradeübung der Infanterie

Festparade der Kavallerie

Unteroffiziere bei einer Übung

Training im Kasernenhof einer Petersburger Militärschule

Zug von Unteroffizieren bei einer Exerzierübung

Oben: Begrüßung auf dem Feld:
Großfürst Nikolaj Nikolajewitsch (ab 1914 Oberkommandierender der russischen Streitkräfte), Zar Nikolaj II., davor dessen Adjutant Prinz Alexander Murusij (Pionier der russischen Luftfahrt), rechts General Suchomlinow (ab 1914 Kriegsminister);
links: nach der Inspektion

Rechte Seite: Großfürst Konstantin Konstantinowitsch war Oberbefehlshaber der russischen Kadettenkorps;
daneben: Unterricht an einer russischen Marineschule, darunter ein russisches Kriegsschiff mit Besatzung

Pflege der russisch-französischen Allianz, die seit 1881 besteht: Besuch des Zaren in Paris, wo bereits eine Brücke über die Seine nach seinem Vater Alexander III. benannt ist. Der für den russischen Besuch vorgesehene Weg ist mit Standarten gesäumt, welche als Symbol für die französisch-russische Freundschaft die Initialen „FR" tragen.
Unten: Die Zarin mit dem französischen Staatspräsidenten Poincaré und dem Zaren; rechts: General Sacharow mit russischen Militärs und einem französischen Militär

Anläßlich seines Staatsbesuchs läßt sich der russische Zar auf einem Exerzierfeld französisches Kriegsgerät vorführen

Erweiterung von Macht und Reich

Zur weiteren Erschließung Sibiriens und von Gebieten, die über das bisherige russische Territorium hinausgehen, wird das gigantische Projekt der transsibirischen Eisenbahnlinie verwirklicht (oben der Bau einer Teilstrecke): Konzept nichtmilitärischer Expansion. Der damalige Finanzminister Graf Witte hatte ein weitblickendes Industrialisierungsprogramm entwickelt und die wirtschaftlichen Maßnahmen und Aktivitäten zur Erschließung im Fernen Osten unter anderem mittels Finanzierung durch ausländische Banken festgelegt. Durch den Bau der Eisenbahnlinie durch die Mandschurei wurde praktisch mit infrastrukturellen Mitteln der Zweck einer erweiterten Einflußsphäre mit strategischem Ziel erreicht; China überließ Rußland bereitwillig die Oberhoheit über dieses Gebiet, und erst Jahre später sollte Japan den fortschreitenden russischen Expansionstendenzen Einhalt gebieten.

Rechts: Fabergés Nachbildung eines Zuges der transsibirischen Eisenbahn. Das Ei ist 26 cm hoch, der herausklappbare Zug 40 cm lang. Die Lokomotive ist aus Platin, die Waggons sind aus Gold gefertigt, ihr letzter Wagen ist eine Kapelle. Das Ei war ein Ostergeschenk des Zaren an die Zarin anläßlich der Eröffnung einer Teilstrecke, deren Stationen auf dem Ei eingraviert sind.

Rechte Seite: Die sibirische und ostchinesische Eisenbahnlinie Ende des 19. Jahrhunderts

Skizze II
der sibirischen Transbaikal- und der ostchinesischen Bahn
mit den Standorten der in die Mandschurei verschobenen Divisionen und Korps.
1 : 30,000.000.

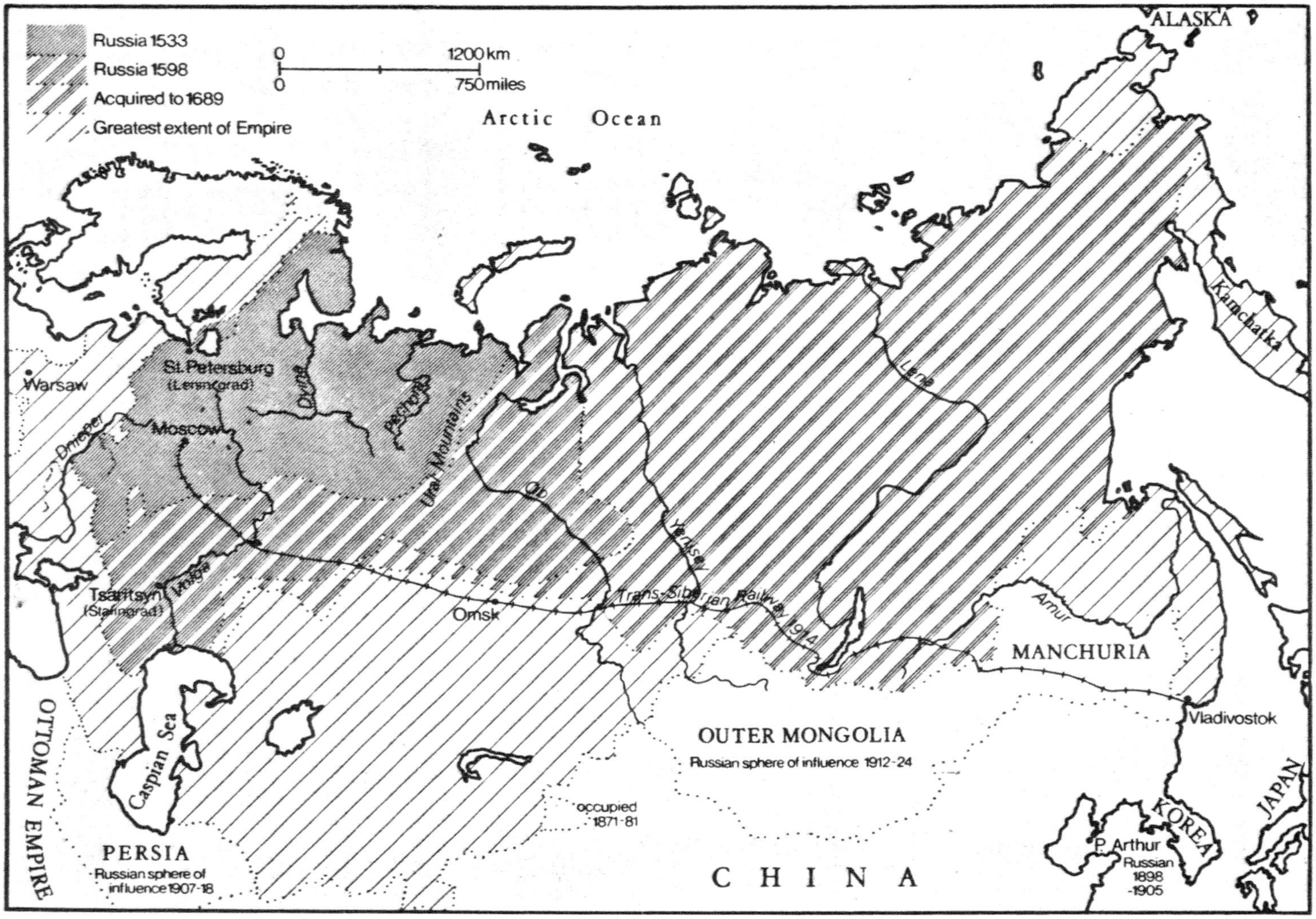

1900: Zar Nikolaj II. läßt seine Truppen nach China ziehen. Korea wird besetzt. Am 14. 8. 1900 nimmt auch eine russische Einheit an der Niederschlagung des Boxeraufstandes in Peking teil. Auch die österreichische k. u. k. Armee hatte dort eine Abordnung stationiert, die allerdings nicht beim Angriff, sondern bei der Niederschlagung aktiv werden und für den sicheren Abzug von verbündeten Einheiten sorgen sollte. Die Weisung aus Wien lautete: „Jegliche Initiativen der Russen in Ostasien sind zu unterstützen, um sie vom Balkan fernzuhalten."

Links: Medaille für die Teilnahme am russischen Chinafeldzug (1900-1901)

Nach alter Tradition segnet der Zar einrückende Soldaten mit der Ikone

Rechts: Tapferkeitsmedaille 4. Klasse für Teilnahme am Japanfeldzug 1904. Die russische Niederlage in diesem Krieg sollte die Ereignisse im Land nachhaltig beeinflussen – bekanntlich wurden die revolutionären Aufstände vor allem der russischen Marine mit dadurch entfacht. Vorläufig gelang den Russen jedoch vorübergehend die Besetzung der Halbinsel Liaotung und die Errichtung eines Stützpunktes auf Port Arthur

Wichtigste Stütze im Reformprogramm für Rußland war der damalige Innenminister und spätere Ministerpräsident und engster Vertrauter des Zaren, Pjotr A. Stolypin. Er verband seine Ideen, die auch Umsiedlungspläne zur Unterstützung des Industrialisierungsprozesses sowie Lösungsvorschläge für die sozialen Probleme beinhalteten, mit rigorosem Vorgehen gegen anarchistische Kräfte. Nach seiner Vorstellung konnte dieses auf zwei Jahrzehnte angelegte Programm eine Entwicklungsbasis für einen modernen russischen Staat darstellen – aber nur, wenn dieser in dem Prozeß nicht gestört würde. Für den Fall eines Krieges innerhalb dieser Phase prophezeite er – zu Recht, wie sich zeigte – eine Revolution.

Voraussetzungen für Rußland auf dem Weg zu einem gesunden, wohlhabenden Staat hatte schon Zar Alexander II. schaffen wollen. Unter seiner Regentschaft wurde die Leibeigenschaft aufgehoben, Ansätze zur Selbstverwaltung durch Standesvertretungen wurden unternommen und das Dekret über eine zentrale Volksverwaltung unterzeichnet. Der Zar wurde jedoch 1881 durch eine Terroristenbombe getötet und das Reformwerk abgebrochen.

Rechte Seite: Zeugnisse des Wirtschaftslebens: eine 100-Rubel-Aktie aus dem Jahre 1864 (oben links); daneben: eine französische 100-Rubel-Aktie, die zu fünf Rubel jährlich verzinst wurde; *darunter (von links nach rechts):* eine 189-Rubel-Anleihe aus Moskau um 1908 und eine Lebensversicherungspolizze von einer New Yorker Versicherungsgesellschaft, datiert in Petersburg mit 23. 1. 1914, gültig ab einer Woche danach.

БИЛЕТЪ
ВНУТРЕННЯГО 5% СЪ ВЫИГРЫШАМИ ЗАЙМА,
НА КАПИТАЛЪ ВЪ СТО РУБЛЕЙ.
ГОДОВОЙ ДОХОДЪ ПЯТЬ РУБЛЕЙ.
OBLIGATION DER RUSSISCHEN 5% INNEREN ANLEIHE
Ein Hundert Rubel.
13753
1864.

100
Серія 15069
ЗАКЛАДНОЙ СЪ ВЫИГРЫШАМИ ЛИСТЪ
ГОСУДАРСТВЕННАГО ДВОРЯНСКАГО ЗЕМЕЛЬНАГО БАНКА
НА КАПИТАЛЪ ВЪ СТО РУБЛЕЙ
LETTRE DE GAGE À LOTS
BANQUE FONCIÈRE DE LA NOBLESSE.
Titre de CENT ROUBLES au porteur.
15069
1889
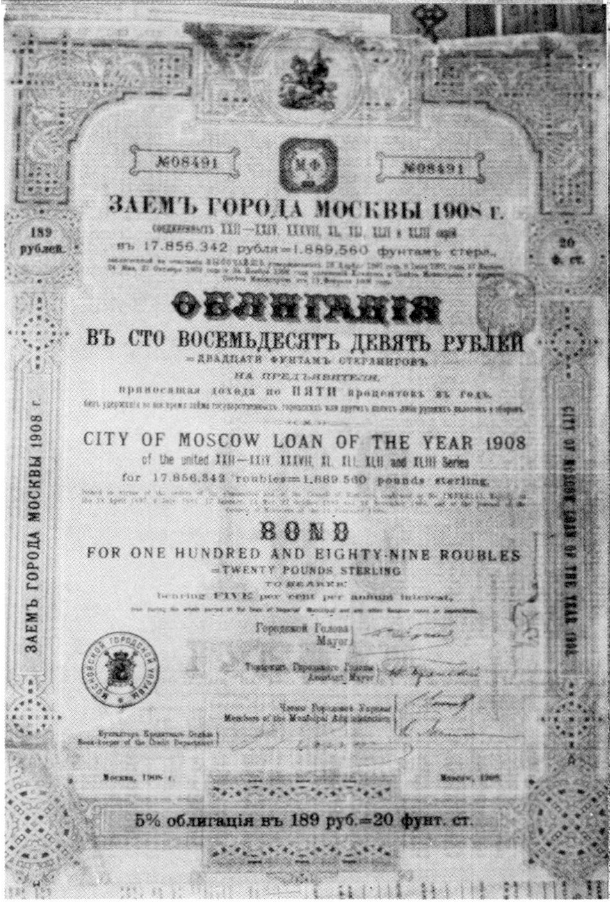
№08491
ЗАЕМЪ ГОРОДА МОСКВЫ 1908 Г.
ОБЛИГАЦІЯ
ВЪ СТО ВОСЕМЬДЕСЯТЬ ДЕВЯТЬ РУБЛЕЙ
CITY OF MOSCOW LOAN OF THE YEAR 1908
BOND
FOR ONE HUNDRED AND EIGHTY-NINE ROUBLES
TWENTY POUNDS STERLING
5% облигація въ 189 руб.=20 фунт. ст.

НЬЮ-ІОРКЪ
ОБЩЕСТВО
ВЗАИМНАГО СТРАХОВАНІЯ ЖИЗНИ

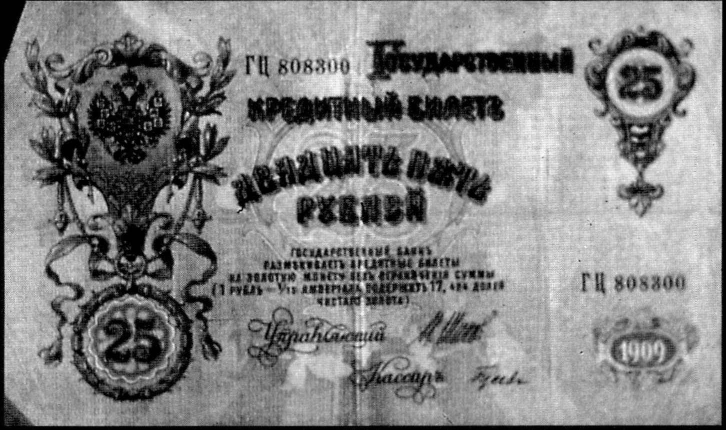

Geldscheine als Spiegel ihrer Zeit: die Beispiele auf diesen Seiten reflektieren nicht nur Weite und Vielfalt des russischen Reiches mit den Charakteristiken ihres Gültigkeitsbereiches. Sie symbolisieren auch die politischen und wirtschaftlichen Ver-

änderungen in der relativ kurzen Zeitspanne von zwei Jahrzehnten. So ist etwa der 25-Rubel-Schein *(obere Reihe)* aus dem Jahre 1909 noch Zar Alexander III. gewidmet, die 50 Kopeken aus Südrußland *(mittlere Reihe)* sind Papierscheine statt Münzen

Der 500-Rubelschein (obere Reihe) galt in Tschita im Fernen Osten Rußlands, der 100-Rubelschein *(Mitte links)* stammt aus dem Kerngebiet der Kosaken, Jekaterinodar im Kubangebiet, der 25-Rubelschein *(Mitte rechts)* aus dem sibirischen Amurge-

biet. Für 500-Rubelscheine wie diesen *(unten rechts)* aus dem Süden des Landes war zum Zeitpunkt seiner Gültigkeit kaum mehr Deckung vorhanden

Moskau war die Stadt der bürgerlichen Mittelschichte gegenüber der aristokratischen Hauptstadt Petersburg, die auch als westlich orientierte Metropole ein weniger typisch russisches Erscheinungsbild bot als die Kremlstadt mit ihrer russischen Architektur. Vor dem Kreml gab es damals endlose Reihen von Pferdekutschen, Bauern und Händler durften auf dem Roten Platz Markt halten. *Rechts:* das Wahrzeichen Basiliuskathedrale in einer alten Ansicht aus der Zeit

Moskau als Kernstadt des alten Rußland vor Peter dem Großen: ein Meer aus zwiebelförmigen Kirchtürmen – Spiegel eines nach innen gekehrten tief religiösen und konservativen Geistes.
Links: Kirche der Gottesmutter Maria; unten: Markt vor dem Neu-Jungfrauenkloster (Nowodewutschij monastyr)

Die Erlöserkirche (Uspenskij sobor, *oben links*) wurde 1330 erbaut und sechs Jahrhunderte später – 1931 – gesprengt, ist also heute nicht mehr in Moskau zu sehen. Ohne Chronisten mit der Kamera gäbe es keine derartigen Bilddokumente mehr. Dagegen kann man die große Zarenglocke im Kreml *(links unten)* noch bestaunen. *Rechts unten:* das Spasskij-Tor zum Kreml

Der Ljubljanskaja-Platz in Moskau *(Bild oben)* wurde von den Sowjets nach dem ersten Geheimdienstchef in Dserschinskij-Platz umbenannt (was möglicherweise einmal rückgängig gemacht werden könnte). Hier befindet sich derzeit die „Ljubljanka“, die berüchtigte Kommandozentrale des KGB mit einem großen Gefängnis für politische Häftlinge. *Darunter:* Idyllisches Interieur eines bürgerlichen Wohnhauses im Rußland der Jahrhundertwende

Die Kultur der Zeit

Dem zahlenmäßig großen Analphabetentum in weiten Teilen des Landes stand ein ansehnliches Niveau in Allgemeinbildung, Wissenschaft und Kunst in den Großstädten Rußlands um die Jahrhundertwende gegenüber. Ob in Petersburg, Moskau oder Odessa – es war für Angehörige des Mittelstandes und keineswegs nur für Adelige oder Großgrundbesitzer selbstverständlich, mehrere Sprachen zu sprechen und sich zeitweise im Ausland aufzuhalten. Attribute einer „besseren" russischen Familie waren eine französische Gouvernante und ein deutscher Hauslehrer. Bücher erschienen so gut wie gleichzeitig mit ihren ausländischen Ausgaben in (mangels existierender Urheberkonventionen) gleich mehreren russischen Übersetzungen oder überhaupt in ihrer Originalsprache auch schon in Rußland.

Links unten: Ernennungsurkunde, in der ein russischer Akademiker namens Wywodzoff durch König Umberto von Italien zum Kommandanten des Ordens der Italienischen Krone befördert wird.

Unten rechts: derselbe Wissenschaftler erhielt bei der Weltausstellung in Wien eine Ehrenurkunde.

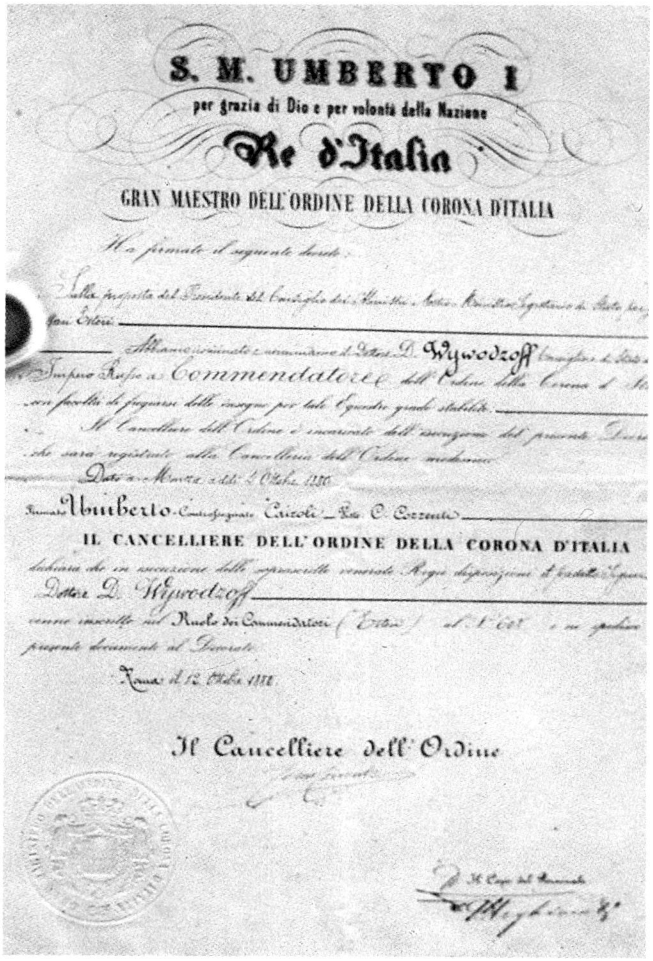
S. M. UMBERTO I
per grazia di Dio e per volontà della Nazione
Re d'Italia
GRAN MAESTRO DELL'ORDINE DELLA CORONA D'ITALIA
Ha firmato il seguente decreto:
Commendatore
IL CANCELLIERE DELL'ORDINE DELLA CORONA D'ITALIA
Il Cancelliere dell'Ordine

WELTAUSSTELLUNG 1873 IN WIEN
DIE INTERNATIONALE JURY
HAT
HERRN
WYWODZEW
IN ST. PETERSBURG RUSSLAND
DAS
ANERKENNUNGS-DIPLOM
ZUERKANNT.
DER PRÄSIDENT
DER KAISERLICHEN AUSSTELLUNGS-COMMISSION:
WIEN, DEN 18. AUGUST 1873.
DER GENERAL-DIRECTOR:

Rechts: So sah ein russisches Maturazeugnis im Jahre 1871 aus

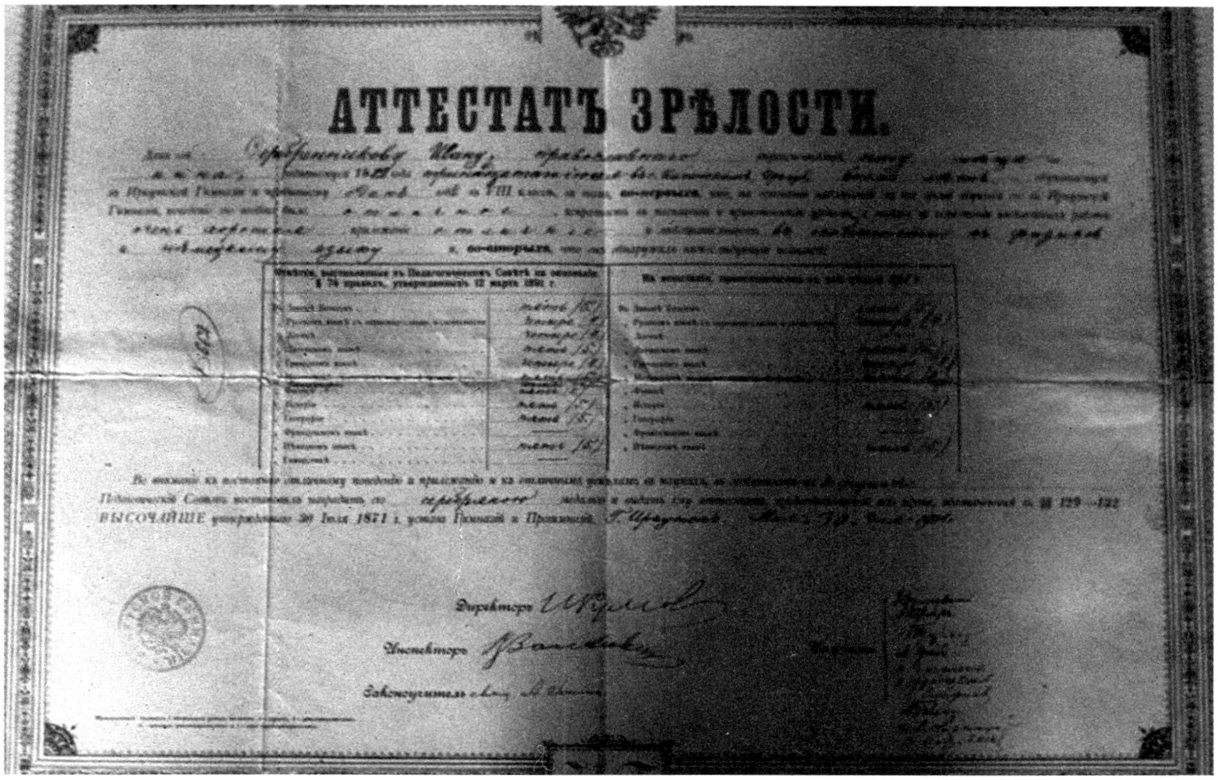

АТТЕСТАТЪ ЗРѢЛОСТИ.

Директоръ

Инспекторъ

Законоучитель

Unten: Der russische Chemiker W. Ipatjew wurde hiemit Ehrenmitglied der American Chemical Society

The American Institute of Chemists

Incorporated

Certificate of Membership

This certifies that Vladimir N. Ipatieff having qualified by education in chemistry and by experience in the practice of the profession of chemist, and having subscribed to the code of ethics of this Institute, has been elected a

Fellow

of

The American Institute of Chemists

Date of Admission March 19th, 1936.

Witness our hand and seal this 1st day of December 1937

President

Secretary

МОСКОВСКIЙ КУПЕЧЕСКIЙ БАНКЪ С.ПЕТЕРБУРГСКАЯ КОНТОРА
КНИЖНО-МУЗЫКАЛЬНЫЙ МАГАЗИНЪ
РЕСТОРАН
КОНРАДЪ ЯРУШКЕВИЧЪ

Vorhergehende Doppelseite:
Die russische Hauptstadt Sankt-Petersburg um 1906. Hier die Hauptgeschäftsstraße, der Newskij Prospekt, in der Höhe des unter Zarin Katharina der Großen errichteten Taurischen Palais, in welchem die Duma, das russische Parlament tagte. Auf der rechten Seite das noch bestehende Arkaden-Kaufhaus

Maßgebend für den Wohlstand einer Stadt wie etwa Moskau waren die florierenden Privatunternehmen. Bis in die Gegenwart zeugt die aufwendige, im russischen Jugendstil gehaltene Architektur der Jahrhundertwende von vermögenden Kaufleuten, die damals auch als Sponsoren für kulturelle Aktivitäten wirkten. Beispielhaft dafür war neben Familien wie Rjabuschinskij oder Morosow auch der Unternehmer Sergej Mamontow, der im übrigen mit der Familie Tretjakow, den Begründern der berühmten Moskauer Galerie, verwandt war.

Die Abbildungen auf dieser und den folgenden Seiten sind einem Jubiläumsalbum der Mamontows entnommen, das anläßlich des 55-jährigen Bestehens des Betriebes im Jahre 1909 gestaltet wurde. Auch wenn es sich dem Anlaß entsprechend sicher um ein mustergültiges Bild handelt, das kaum die sozialen Nöte und Probleme in der Arbeitswelt jener Zeit in weniger vorbildlichen Betrieben zeigen kann, vermitteln die Aufnahmen doch einen Einblick in Produktionseinrichtungen, Werkräume und Betriebsorganisationen jener Jahre in Rußland. Zur obligaten Freizeitbeschäftigung des Juniorchefs gehörten die Jagd und der Aufenthalt in der „Datscha" auf der Krim.

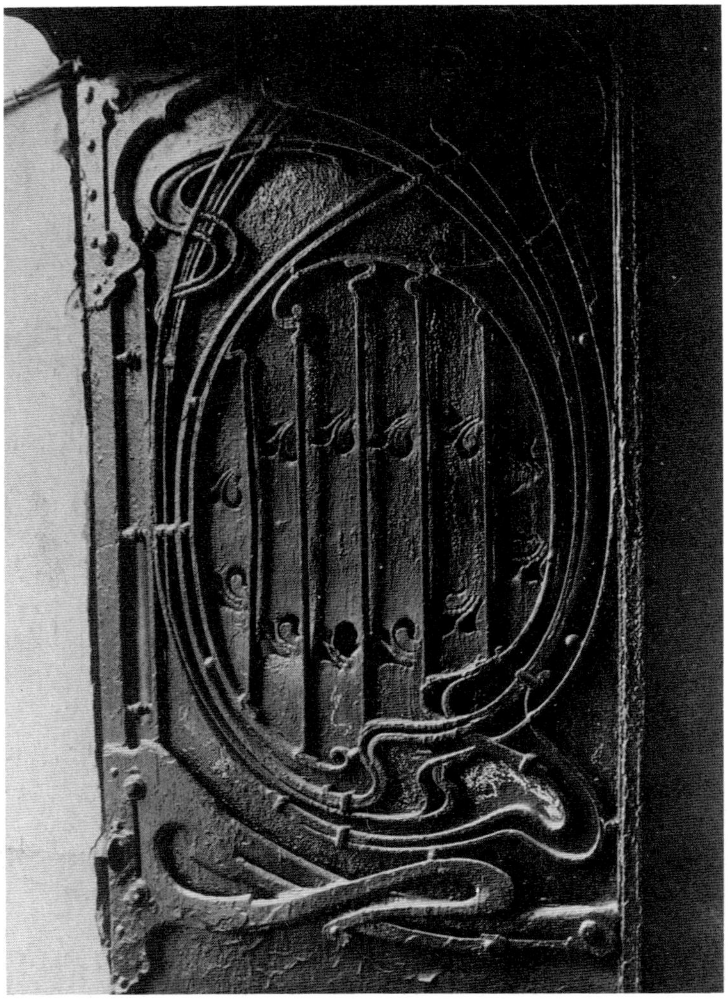

Kunst ist frei,
denn sie entsteht aus freiem, schöpferischem Drang

Kunst ist einzigartig,
denn ihre einzige Quelle ist die Seele

Kunst ist symbolisch

Kunst ist ewig,
denn sie ist das Abbild des Ewigen im Zeitlichen

Dieses Motto der russischen Symbolisten der Jahrhundertwende steht für Vielfalt und geistigen Reichtum des kulturellen Lebens im Rußland des letzten Zaren. Diese fruchtbare Phase in der russischen Kulturgeschichte wird als „das silberne Zeitalter" analog zum „goldenen" Puschkins bezeichnet. So bunt sich das Bild in den Städten mit den vielen Nationalitäten und Angehörigen der verschiedenen Konfessionen bot, so vielfältig war das Spektrum gleichzeitig existierender Kunstrichtungen und ihrer Experimente. Symbolismus, seine Gegenströmung, der Akmeismus, Impressionismus und beginnender Expressionismus, das alles lebte in Malerei, Theater, Musik und Literatur und gipfelte in den kühnen Steigerungen zu Kubismus und Futurismus, bis sich Begriffe wie Kubofuturismus prägen mußten. Auf all das mit all den Experimenten der revolutionären Avantgarde der Konstruktivisten hat man im Westen selbst in der Gegenwart mit wenig mehr geantwortet als mit Staunen. Nachträglich mag es ebenso erstaunlich anmuten, daß schon vor dem Ersten Weltkrieg Ausstellungen von Picasso und Manifestationen des aus Italien importierten Futurismus und später Dadaismus in Moskau stattfanden – und all das, während noch der ehrwürdige alte Leo Tolstoj und seine Romantradition lebten (er starb 1910), indessen Blok und Brjusow symbolistische Lyrik nach lautlichen Gesichtspunkten schrieben, Mejerhold Bewegungs- und Farbchoreographie im Theater praktizierte, Skrjabin bereits musikalisch atonal phantasierte und Prokofjew mit seinen Klavierkonzerten schockte.

Jugendstil in Rußland: Tor in Petersburg und Portal mit Relief und Wrubel *(linke Seite); auf dieser Seite:* Moskauer Wohnhaus, *unten von links nach rechts:* Fassade des Moskauer Künstler-Theaters, das durch Aufführungen von Werken Tschechows berühmt wurde (daher möwenförmige Türgriffe und Embleme); *daneben:* Villa in der Nowoslobodaja ulica in Moskau

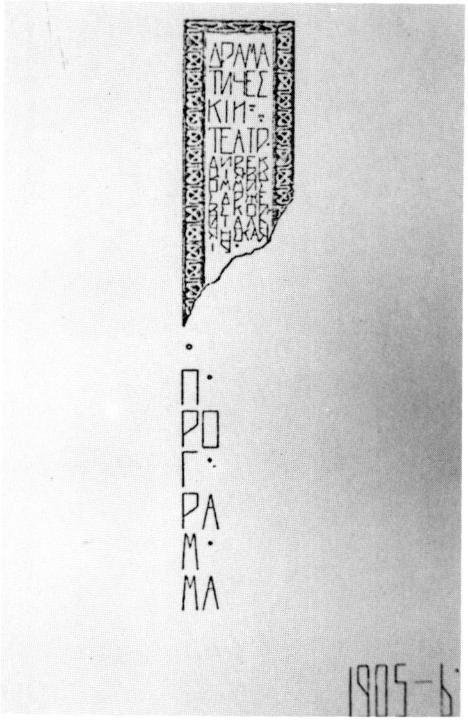

Links: Schild auf dem Petersburger „Dramatischen Theater der Komissarschewskaja“ *Rechts:* Deckblatt für ein Theaterjournal namens „Studio der Impressionisten“. „Studija“ besteht hier auf Figuren einer Theaterinszenierung

Gleichzeitigkeit in Rußland: Das Gemälde Nathan Altmans von der russischen Dichterin Anna Achmatowa aus dem Petersburger Künstlerkreis *(linke Seite)* kündigt schon den Kubismus an; *unten:* Folklore im russischen Jugendstil auf einer Balalaika; *rechts:* das provokante „Eisenbetongedicht“, ein graphisch organisiertes Poem von Kamenskij, für die erste russische futuristische Zeitung dem Künstler Burljuk gewidmet

Farblithographie von W. Burljuk um 1914 *(oben)*, N. Gontscharowa: „Engel und Flugzeuge“ *(rechts)*, W. Burljuks „Stutenmilch“ und „Der kaputte Mond“ *(links und rechts unten)*

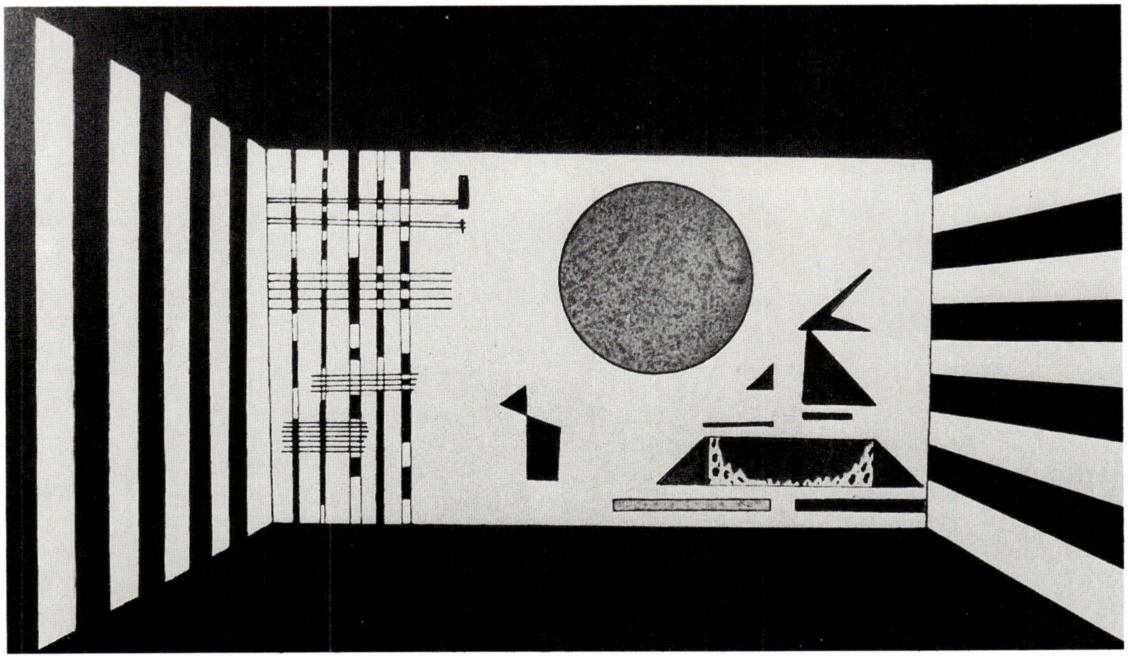

W. Kandinskij: Illustration zu Mussorgskijs Komposition „Bilder einer Ausstellung", die ursprünglich wiederum nach Gemälden Hartmanns geschaffen war; *unten:* K. Malewitsch „Morgen im Dorf nach dem Schneesturm" aus dem Jahre 1912

Letzte Höhepunkte der Zarenzeit

7. September 1912: Das 100-jährige Jubiläum der Schlacht bei Borodino wird gefeiert

Schlachtengemälde der Begegnung zwischen Napoleons und General Kutusows Armeen bei Borodino im September 1812

Im Jahr des 100. Jubiläums der Schlacht wird eine 500-Rubel-Note mit dem Porträt von Zar Peter dem Großen gedruckt.
Am Gedenktag wird das Schlachtfeld, an welchem hundert Jahre zuvor die anrückende französische Armee zum Stillstand gebracht wurde, noch einmal abgesteckt. Unter den Klängen der Zarenhymne reitet der Zar das Feld im Schritt ab. Am Endpunkt wird ihm ein Greis vorgestellt, der als junger Bursche schon an dieser Schlacht teilgenommen haben soll.

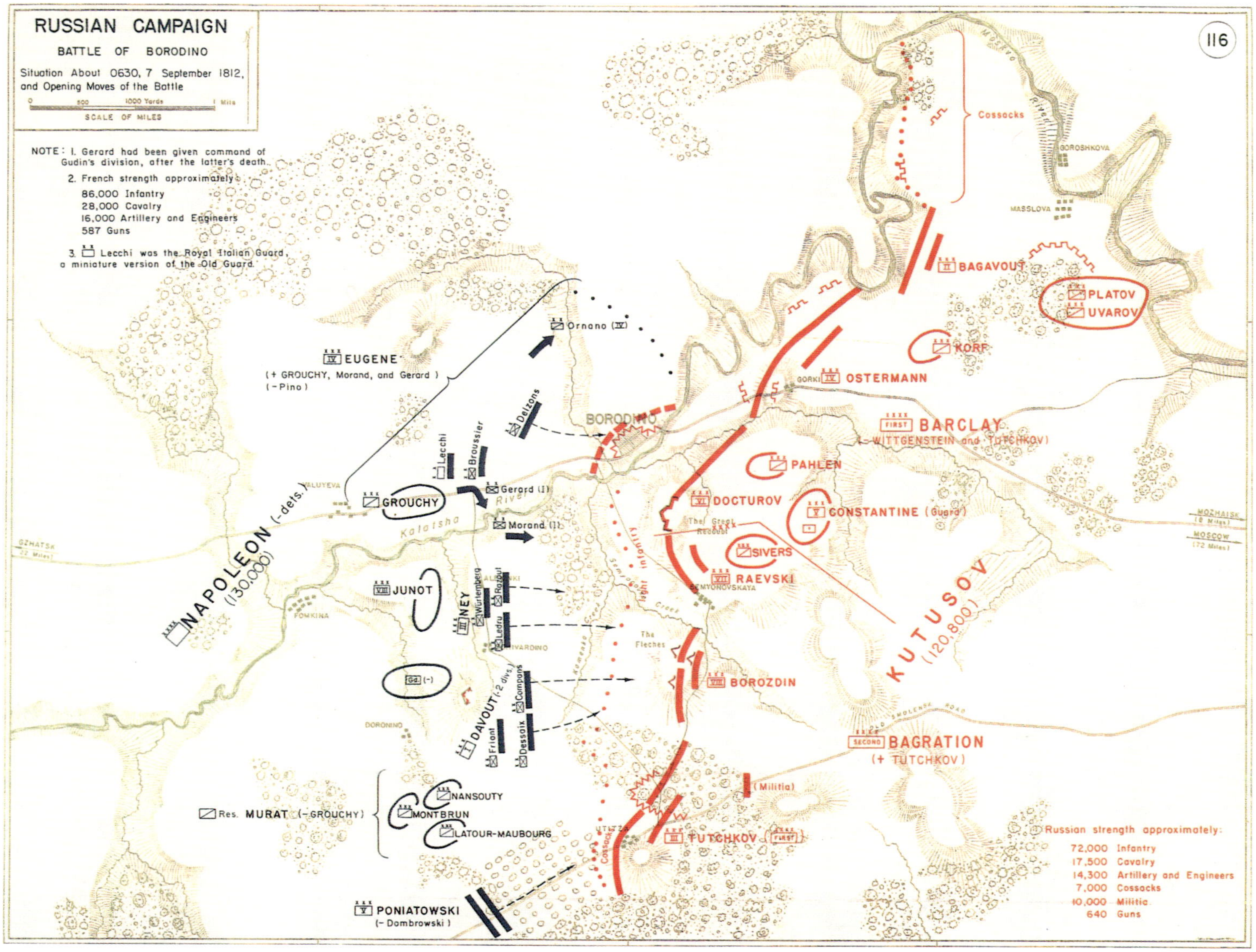

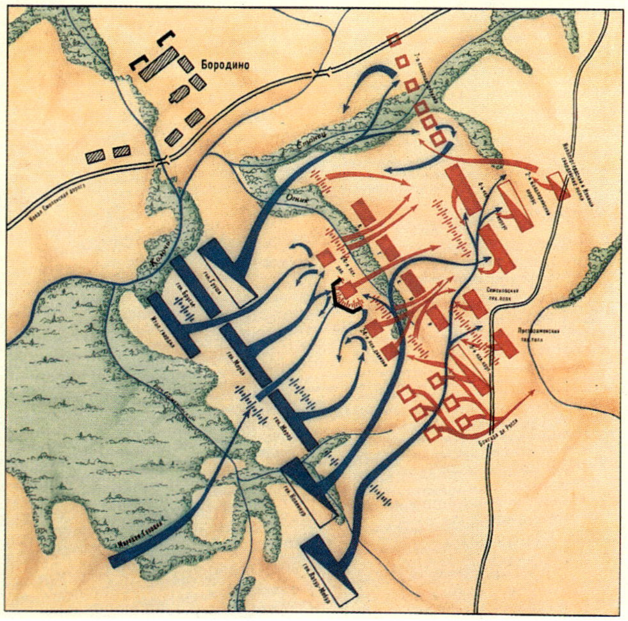

Eröffnung der Schlacht bei Borodino am 7. September 1812 um 6 Uhr 30 morgens *(oben)*, die Situation um 15 Uhr *(links)*: 3. Attacke auf das Rajewskij-Bataillon und schließlich *(rechts oben)* die Lage um 16 Uhr: der französische Angriff ist endgültig abgewehrt, die Grande Armee zum Stillstand gebracht worden. Zum Triumph erklingt die Zarenhymne

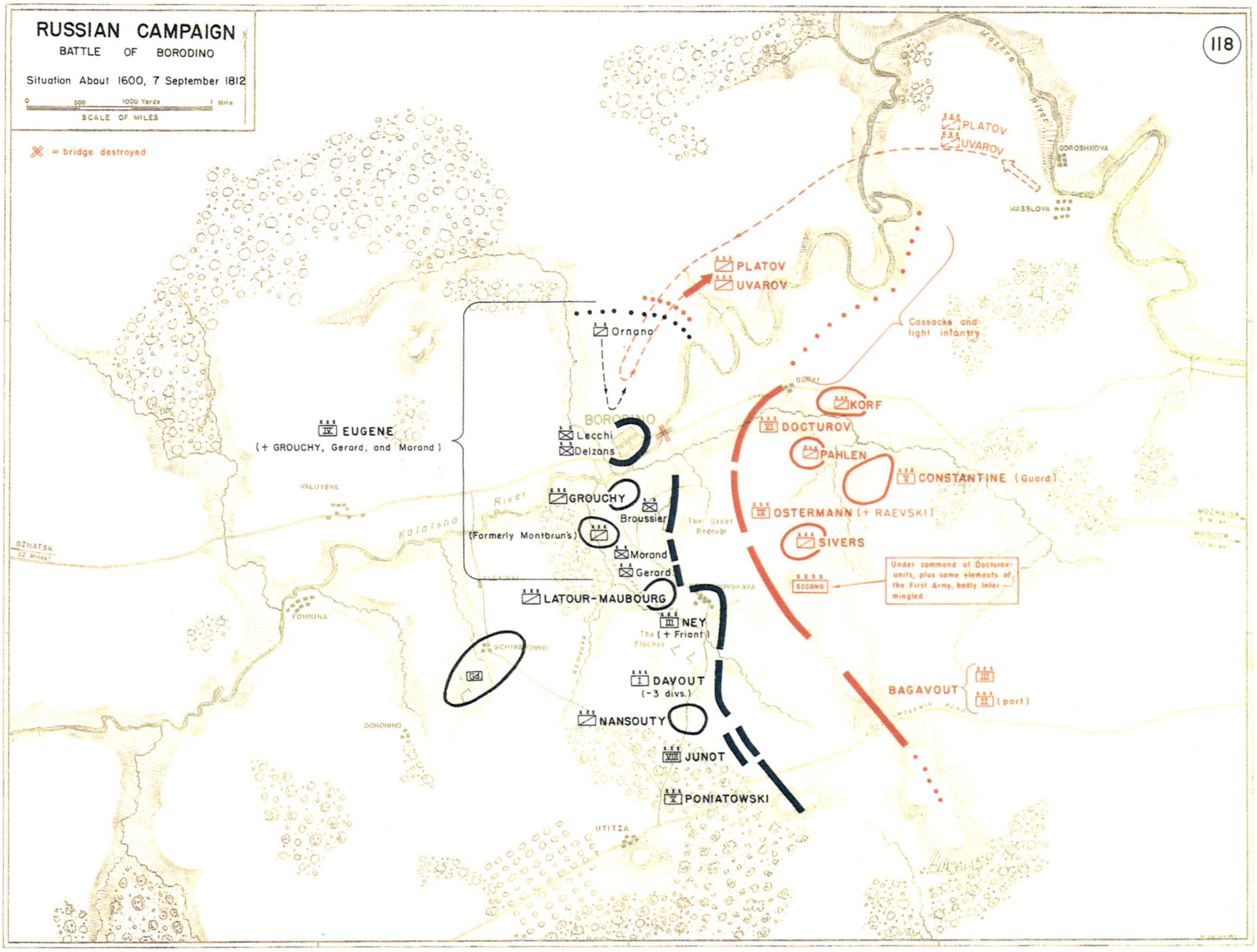

ЗА ВѢРУ, ЦАРЯ И ОТЕЧЕСТВО!

Боже, Царя храни!

Текстъ В. А. Жуковскаго. Русскій гимнъ. Музыка А. Ѳ. Львова

1913: Das 300-Jahr-Jubiläum der Dynastie Romanow

Als Zar Nikolaj II. 1913 das Jubiläum der Romanow-Dynastie begeht, ahnt niemand, daß er der letzte regierende Zar des russischen Herrscherhauses sein würde, das mit Zar Michajl Romanow 1613 den Thron übernommen hatte. Augenzeugen des festlichen Zuges (die Abbildung der Seiten 88/89 zeigt eine Prozession zu diesem Anlaß in Petersburg) meinten allerdings, es sei kein gutes Omen, daß der Thronfolger, Zarewitsch Alexej, wegen seines Gesundheitszustandes auf den Armen getragen werden müsse.

Unten: die Zarenfamilie. Rechts: Fabergé hatte zu diesem Anlaß ein Ei angefertigt, auf welchem sämtliche Zaren der Romanow-Dynastie abgebildet sind.

Stammtafel der Romanows

- Fürstin Maria Wladimirowna Dolgorukaja ∞ MICHAJL (1596–1613, † 1645) ∞ Jewdokia Lukjanowna Strjeschnewa

- Maria Iljinischna Miroslawskaja ∞ ALEXEJ (1629–1645, 1676) ∞ Natalja Kyrillowna Naryschkina

- Agafja Semjonowna Gruschetzkaja, Maria Matwejewna Apraxina ∞ FJODOR (1661–1676, † 1682)
- IWAN (1666–1682, † 1696) ∞ Praxowija Fjodorowna Saltykowa
- Jewdokija Fjodorowna Lopuchina ∞ PETER I. (1672–1682, † 1725) ∞ KATHARINA I. Alexejewna Skofronskaja (1683–1725, † 1727)

- Karl Leopold Herzog von Mecklenburg-Schwerin ∞ Katharina
- ANNA IWANOWNA (1693–1730, † 1740) ∞ Friedrich Wilhelm Herzog von Kurland
- Alexej ∞ Sophie Charlotte Prinzessin von Wolfenbüttel
- Anna ∞ Karl Friedrich Herzog von Schleswig-Holstein
- ELISABETH (1709–1741, † 1761)

- Anton Ulrich Herzog von Braunschweig-Lüneburg ∞ Anna Leopoldowna
- PETER II. (1715–1727, † 1730)
- PETER III. (1728–1761, † 1762) ∞ KATHARINA II. Alexejewna Prinzessin von Anhalt-Zerbst (1729–1762, † 1796)

- IWAN ANTONOWITSCH (1740–1740/41, † 1764)
- Natalja Alexejewna Prinzessin von Hessen-Darmstadt ∞ PAUL I. (1754–1796, † 1801) ∞ Maria Fjodorowna Prinzessin von Württemberg

- Elisabeth Alexejewna Prinzessin von Baden ∞ ALEXANDER I. (1777–1801, † 1825)
- NIKOLAJ I. (1796–1825, † 1855) ∞ Alexandra Fjodorowna Prinzessin von Preußen

- ALEXANDER II. (1818–1858, † 1881) ∞ Maria Alexandrowna Prinzessin von Hessen-Darmstadt

- Maria Fjodorowna Prinzessin von Darmstadt ∞ ALEXANDER III. (1845–1881, † 1894)
- Wladimir (1847–1909) ∞ Maria Pawlowna Herzogin v. Mecklenburg-Schwerin

- Alexandra Fjodorowna Prinzessin von Hessen-Darmstadt ∞ NIKOLAJ II. (*1868 - 1894–1917, † 1918)
- Michajl (1878–1918)
- Kyrill (1876–1938) ∞ Viktoria Fjodorowna Prinzessin v. Sachsen-Coburg-Gotha

- Alexej (1904–1918)
- WLADIMIR (derzeitiger Thronprätendent) ∞ Leonida Georgjewna Fürstin Bagration-Muchranskaja

РУССКОЕ СЛОВО

ТРЕХСОТЛѢТІЕ ДОМА РОМАНОВЫХЪ.

ИЗБРАНІЕ НА ЦАРСТВО.

Oben: Die Stammtafel der Romanows 1613–1913; *links:* Würdigung des Jubiläums in der russischen Presse; *rechts;* Gedenkmünze in Bronze

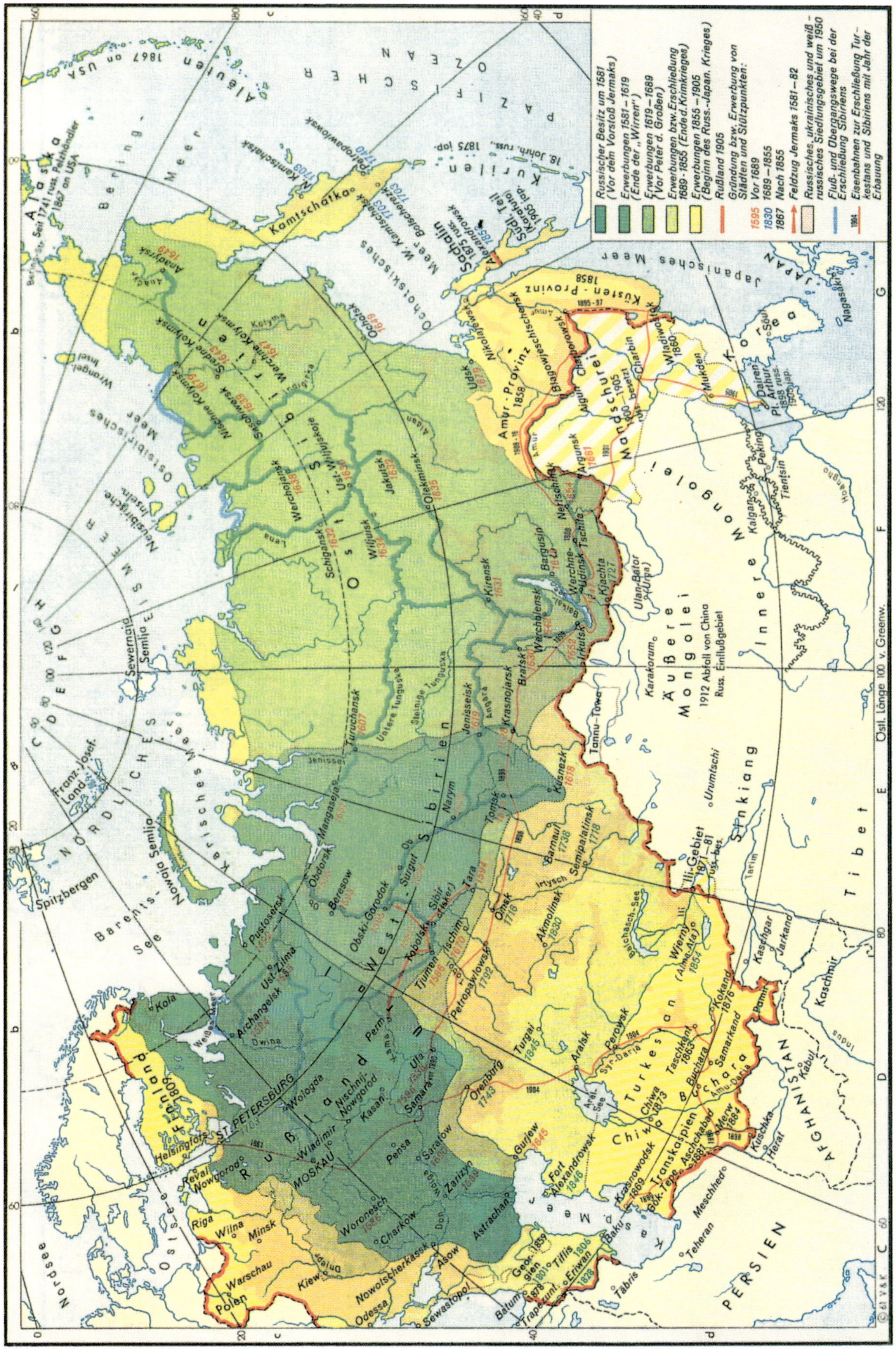

Das russische Reich unter dem letzten Zaren bis 1914

Frühere Wappen der wichtigsten russischen Städte

Kasan

Rjasan

Wilensk

Minsk

Orenburg

Pskow

Jaroslawl

Petersburg

Tula

Twev

Cherson

Wolynien

Tombowsk

Tschernigow

Olonezk

Astrachan

Grodensk

Smolensk

Mogilew

Orlow

Charkow

Nischegorod

Samara

Taurien

Woronesch

Poltawa

Livland

Wjatsk

Jekaterinoslaw

Podolsk

Saratow

Kurland

Nach den Feierlichkeiten des 300-jährigen Jubiläums der Dynastie Romanow in Petersburg und Moskau reiste das Herrscherpaar in alle russischen Städte, die in der Geschichte der Romanows eine Rolle gespielt hatten. Es war der letzte Höhepunkt auch für die Bevölkerung, bevor schon ein Jahr später mit dem Ausbruch des Ersten Weltkrieges der Vorabend vor dem Sturz des Reiches und der Dynastie anbrechen sollte.
Der russische Doppeladler mit dem Bild des Heiligen Georg im Zentrum in der älteren *(oben)* und der jüngeren Form

II
Unbewältigter Fortschritt

Seit dem 19. Jahrhundert und den Reformansätzen von Zar Alexander II. war im Grunde die Basis für eine gesunde Entwicklung des bäuerlichen Mittelstandes geschaffen worden. Seit der Aufhebung der Leibeigenschaft um 1866 hatten die Bauern die Möglichkeit, sich in der „Semstwo" zu organisieren – einer Selbstverwaltungsform zur Verbesserung der Bedingungen auf dem Lande, die parallel zu den Stadträten (einer Art Stadtparlament) eingerichtet worden war. Dieses Forum bestand bis 1917, als die Sowjetorgane alle Verwaltungsformen dieser Art aufhoben und lokale Behörden dem Moskauer Sowjet unterstellten. Um die Jahrhundertwende waren die Bauern zudem rechtlich mit anderen Ständen gleichgestellt und besaßen die Möglichkeit zu Pacht oder Erwerb von Grund und Boden mittels Krediten. Sie hatten außerdem die Möglichkeit, in Genossenschaften eingebunden zu werden. Je nach landschaftlichen Gegebenheiten und Erwerbsbedingungen war die Lage der Bauern freilich in den verschiedenen Gebieten des Landes unterschiedlich. Mit der aufkommenden Industrialisierung hatte sich allerdings ein Teil der weniger aussichtsreichen Erwerbstätigen in die neugegründeten Betriebe der im Aufbau begriffenen Industriezentren begeben und eine neue Klasse des Industrieproletariats entstehen lassen, für dessen Bedürfnisse noch keine sozialrechtliche Grundlage geschaffen war und der Staat blind zu sein schien. Die Stolypinschen Reformen, deren Planung bis ins Jahr 1922 reichte, hätten bei (etwa von einem Krieg ungestörter) konsequenter Ausführung auch diese Problematik auf evolutionärem Wege in den Griff bekommen können, aber dazu sollte es nicht nur durch die Ermordung des Ministers um 1911, sondern vor allem durch die nachfolgenden Ereignisse nicht mehr kommen. Stattdessen reagierten selbstherrliche Ordnungskräfte auf sozial bedingte Unmutsäußerungen verständnislos und brutal. Das konnte jene schwelenden Unruheherde nur schüren, sodaß es nur mehr der entsprechenden, an der Destabilisierung der Regierung interessierten Agitatoren bedurfte, sich der Konflikte zu bedienen und für ihre politischen Zwecke auszunutzen. Insgesamt Mechanismen, die auch in den Aufständen der Schwarzmeerflotte nach der russischen Niederlage gegen Japan eine Rolle bei der Revolution von 1905 spielten.

Die Methoden der Landarbeit waren noch sehr rückständig. Die Reformen zugunsten des Bauernstandes hatten erst langsam und unterschiedlich zu greifen begonnen

Die Realisierung des Reformkonzepts auf dem Lande hing auch vom guten Willen des Landadels und der Gutsbesitzer ab. Hier scheint das Zusammenleben mit den Gutsherren harmonisch, sie werden zum sonntäglichen Kirchgang ausgefahren

Zu vielen Gütern, wie dem auf nebenstehenden Bildern – es war an der Wolga gelegen –, gehörte eine eigene Kirche, hier auch ein eigener See

Rechte Seite:
Zeugnisse vergangener Idylle – hier eine typische russische Großfamilie im Süden Rußlands mit der „Nanja" (stehend), dem obligaten deutschen Hauslehrer und der französischen Gouvernante

Ein unbeschwertes Bild von Bauern, die sich zur Ausfahrt sammeln

Die Gutsbesitzerin trägt Volkstracht; in der warmen Jahreszeit spielte sich das Leben fast zur Gänze im Freien ab; nicht nur zum obligaten Tee, sondern auch zum Bewirten von Gästen, Amateurtheaterspiel und zum Einkochen der Beeren, Früchte und Pilze blieb man im Garten

Gutsbesitzer, die das ganze Jahr über auf dem Land lebten, engagierten für ihre Kinder Hauslehrer

Söhne nicht nur von Offiziersfamilien wurden in die nächstgelegenen Militärschulen geschickt. Die politische Gesinnung dieser Schichte war konservativ bis liberal, unter den Intellektuellen auch in der Provinz eher linksgerichtet

Rechts unten: Wappen einer Landadelsfamilie. Der erste Träger dieses Adelstitels war ein gewisser Iwan Kabath, der als Augenarzt zum Leibarzt von Zar Alexander II. avancierte und für seine Verdienste geadelt wurde

Letzte ungestörte Idylle: Die Hausfrau *(linke Seite)* bereitet im Garten Eingekochtes zu; der Bauer *(rechts)* entspricht ganz dem Habitus des typisch russischen Muschik; *unten:* Szene einer Heuernte

Ländliche Szenen eines großen Reiches

Es reichte von Europa bis Asien und vom Weißen bis zum Kaspischen Meer – das Leben und die Arbeit der Bevölkerung boten je nach Landschaft, Erwerbsmöglichkeit und den nationalen Traditionen ein Bild breitgefächerter Vielfalt

Типы Киргизъ.
Омскъ.

Китайскій извозчикъ (дженерикша).

Астрахань.
Арбузный рынокъ

Сибирь. — Sibérie. № 114.

Типы и виды по Ташкентской дорогѣ. № 6

Кокандъ. Сарты въ праздникъ на байгѣ.

2/60

39

М. Нестеровъ
„На Горах

На пути въ Саровъ.
313
Богомолки мордовки у Дивѣевскаго монастыря.
Собств. изд. фот. М. Дмитріева, Н.-Новгородъ.

Кокандъ. Бача и его обожатели.

Bachmatsch. № 7.

243

Типы цыганъ.

21. Н.-НОВГОРОДЪ.
Ивановскій съѣздъ и часовня Спасителя.
Изд. А. А. Бочкарева, Н.-Новгородъ. 1912 г.

Типы сѣвера.—Types du Nord.
L'économie domestique des Samoyédes.

Г. Екатеринбургъ.
№ 32 Въ Императ. гранильной фабрикѣ

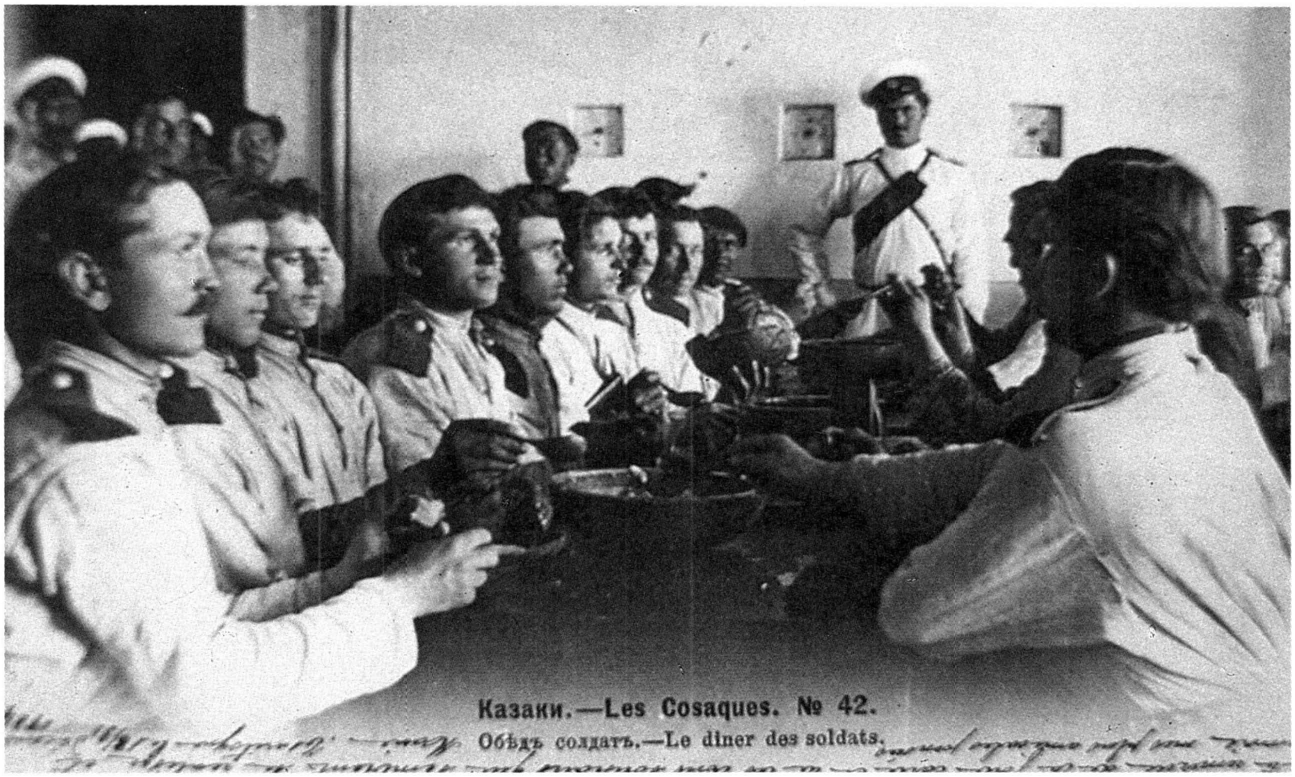
Казаки.—Les Cosaques. № 42.
Обѣдъ солдатъ.—Le diner des soldats.

фотогр М. Герасимовъ. 1914 г.
Псковъ.
Звонница церкви Восресенія со Стадища 16в.

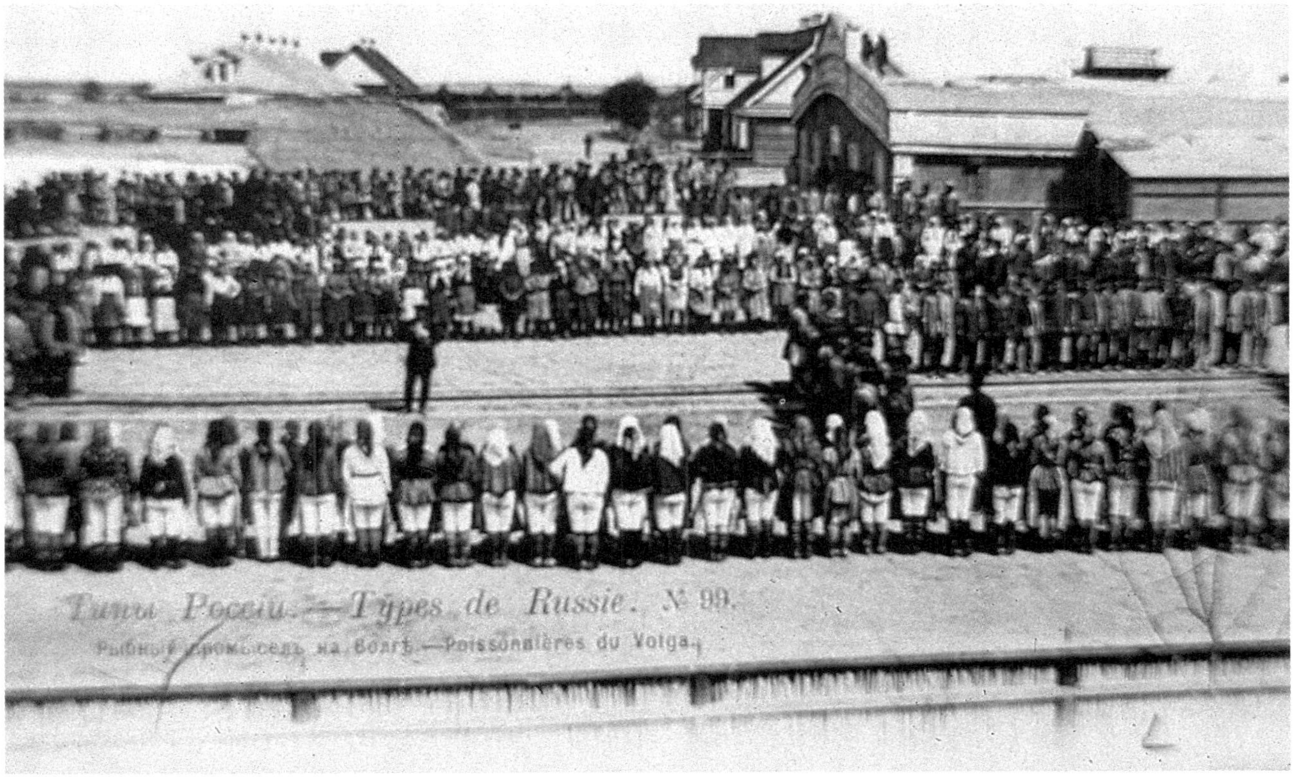
Типы Россіи. — Types de Russie. № 99.
Poissonnières du Volga.

Die Konflikte spitzen sich zu

Die Jahre 1904–1905 brachten eine schicksalhafte Verknüpfung außenpolitischer mit innenpolitischen Katastrophen. Die Russen waren der japanischen Reaktion auf deren Expansionspolitik im Osten – die Japaner überfielen den russischen Stützpunkt auf Port Arthur und brachen so einen Krieg vom Zaun – militärisch nicht gewachsen. In den nachfolgenden Reaktionen auf die Niederlage brachen auch soziale Konflikte aus, die sich in Aufständen von Industrie- und Bergbaugebieten über die Flotte bis in die Hauptstadt manifestierten.

Aus Bauern waren auf der Suche nach besserem Verdienst Bergbau- und Industriearbeiter geworden – eine Bevölkerungsschichte, die sozial vernachlässigt war. Das Fehlen einer wirtschaftlich akzeptablen und arbeitsrechtlich geregelten Existenzgrundlage förderte Unzufriedenheit, Verbitterung und die Bereitschaft zu Protestaktionen.

Minenarbeiter streiken, und in den Petersburger Putilow-Werken, einer Waffenfabrik, legen die Angestellten die Arbeit nieder. Die Behörden reagieren kopflos und brutal. Aufständische und revolutionäre Unruhestifter werden in die langen Schlangen nach Sibirien Verbannter eingereiht

Der Zar segnet in traditioneller Weise Armee-Einheiten, die nach Fernost ziehen.

Rechts: die Verteilung der russischen Landstreitkräfte in Ostasien.
Nachdem Rußland die Halbinsel Liaotung mit dem eisfreien Hafen Port Arthur auf 25 Jahre gepachtet hatte und durch Bau und Verwaltung der mandschurischen Eisenbahn das Gebiet kontrollierte (China gewährte diese Rechte), waren nun auch militärische Einheiten spätestens seit ihrer Entsendung zum Boxeraufstand um 1900 äußere Zeichen für den Status dieses Gebietes als de-facto-Kolonie.

Im Februar 1904 ist Japan zum Angriff bereit. Die russischen Landstreitkräfte erleiden bei Mukden, die Seestreitkräfte am 27. 5. 1905 durch Admiral Togo bei Tsushima die Niederlage.
Anläßlich dieser Ereignisse läßt übrigens der österreichische Kaiser den Hafen Pola stärker befestigen, „damit uns kein Port Arthur passiert“

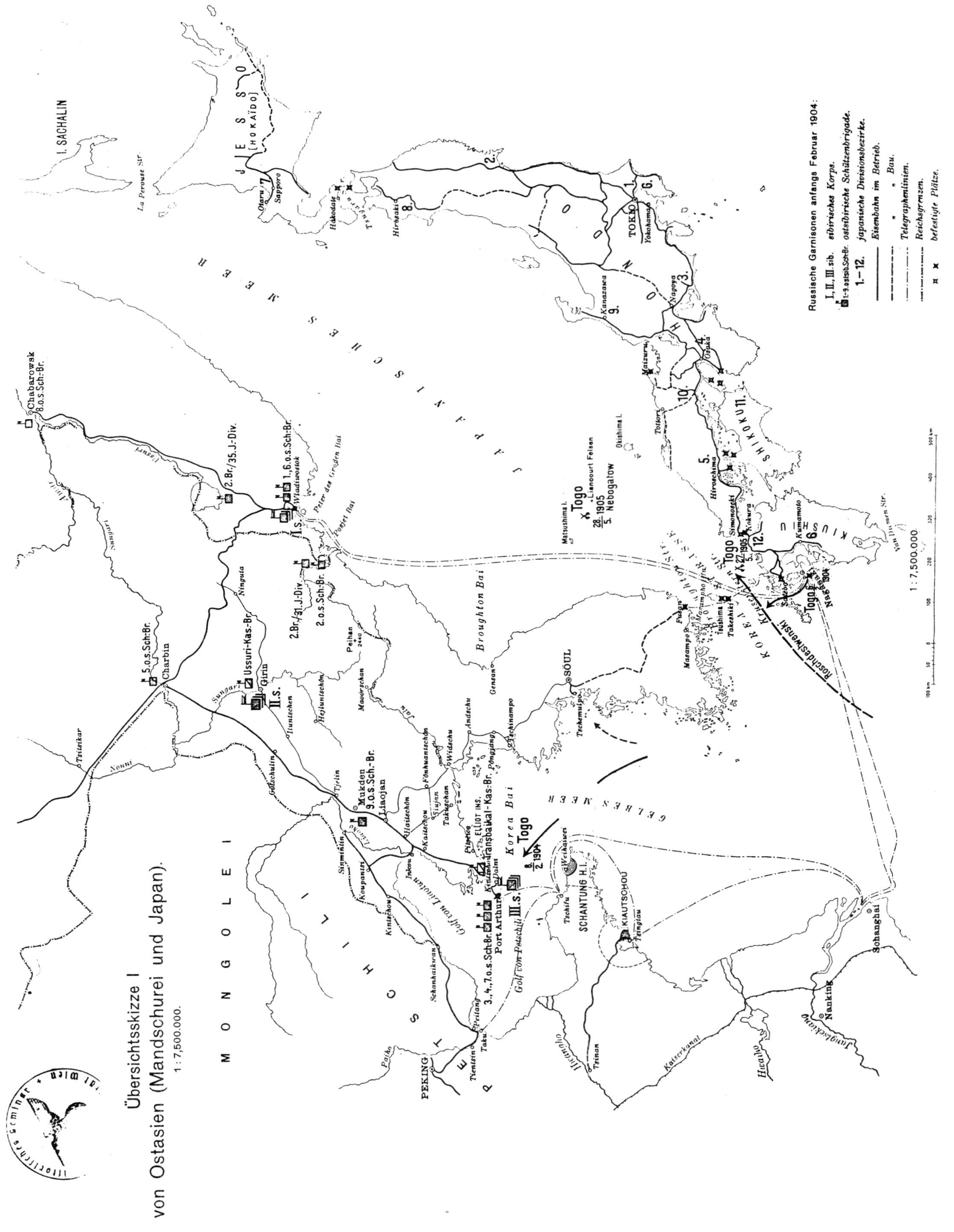
Übersichtsskizze I
von Ostasien (Mandschurei und Japan).
1 : 7,500.000.
Russische Garnisonen anfangs Februar 1904:
I., II., III. sib. sibirisches Korps.
1-9.ostsib.Sch-Br. ostsibirische Schützenbrigade.
1.–12. japanische Divisionsbezirke.
Eisenbahn im Betrieb.
" " Bau.
Telegraphenlinien.
Reichsgrenzen.
befestigte Plätze.
1 : 7,500.000
MONGOLEI
PETSCHILI
JAPANISCHES MEER
GELBES MEER
I. SACHALIN
La Perouse Str.
JESSO (HOKAIDO)
NIPPON
SHIKOKU
KIUSHU
KOREA
SCHANTUNG H.I.
Korea Bai
Broughton Bai
Golf von Liaotun
Golf von Petschili
Chabarowsk
8.o.s.Sch-Br.
2.Br./35.J.-Div.
1.,6.o.s.Sch-Br.
Wladiwostok
I.s.
2.Br./31.J.-Div.
2.o.s.Sch-Br.
Charbin
5.o.s.Sch-Br.
Ussuri-Kas.-Br.
Girin
II.s.
Mukden
9.o.s.Sch-Br.
Liaojan
Transbaikal-Kas-Br.
3.,4.,7.o.s.Sch-Br.
Port Arthur
III.s.
ELLIOT INS.
Togo
8./2. 1904
Togo
28./5. 1905
Nebogatow
Togo
27./5. 1905
Roschdestwenski
SÖUL
PEKING
KIAUTSCHOU
Schanghai
Nanking
TOKIO
Yokohama
Nagoya
Osaka
Hiroschima
Kumamoto
Sapporo
Hakodate
Kanazawa
Tschemulpo
Fusan
Masampo
Tsushima I.
Matsushima I.
Liancourt Felsen
Okishima I.
Weihaiwei
Tsingtau
Tientsin
Taku
Tsitsikar
Ninguta
Tschifu
Tsinan
Kaiserkanal
Jangtsekiang

1905 – das Jahr der Revolutionen: Im Sommer meutert die Besatzung des Panzerkreuzers Potjomkin – auslösendes Moment für die von der Niederlage gegen Japan demoralisierte Besatzung ist verdorbenes Fleisch. Der Aufstand greift auch auf andere Flottenverbände über. Schließlich legt ein Generalstreik das Eisenbahnnetz des Landes lahm.
Links: Die Rädelsführer der Meuterei werden verhaftet.

Das blutigste Datum dieser Periode der Auflehnung gegen unbewältigte Probleme, derer sich Agitatoren geschickt annehmen, ist der 9. Januar 1905. In der Hauptstadt Petersburg wird ein friedlicher Demonstrationszug von Arbeitern, die dem Zaren eine Petition überreichen wollen, zusammengeschossen. Es gibt hunderte Todesopfer. Der gar nicht in der Hauptstadt weilende Zar muß nachträglich davon erfahren, jedoch die politische Verantwortung trifft ihn.

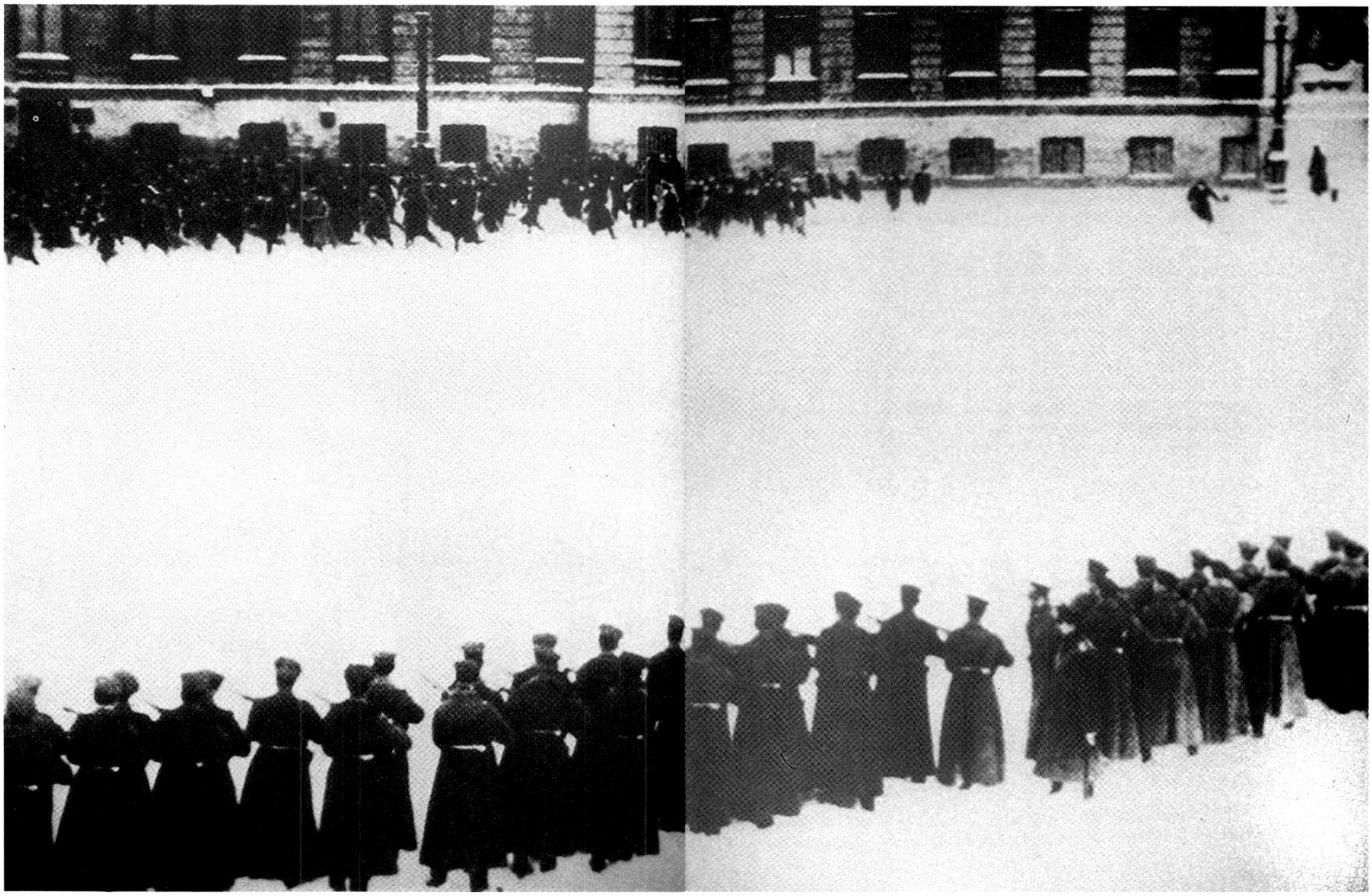

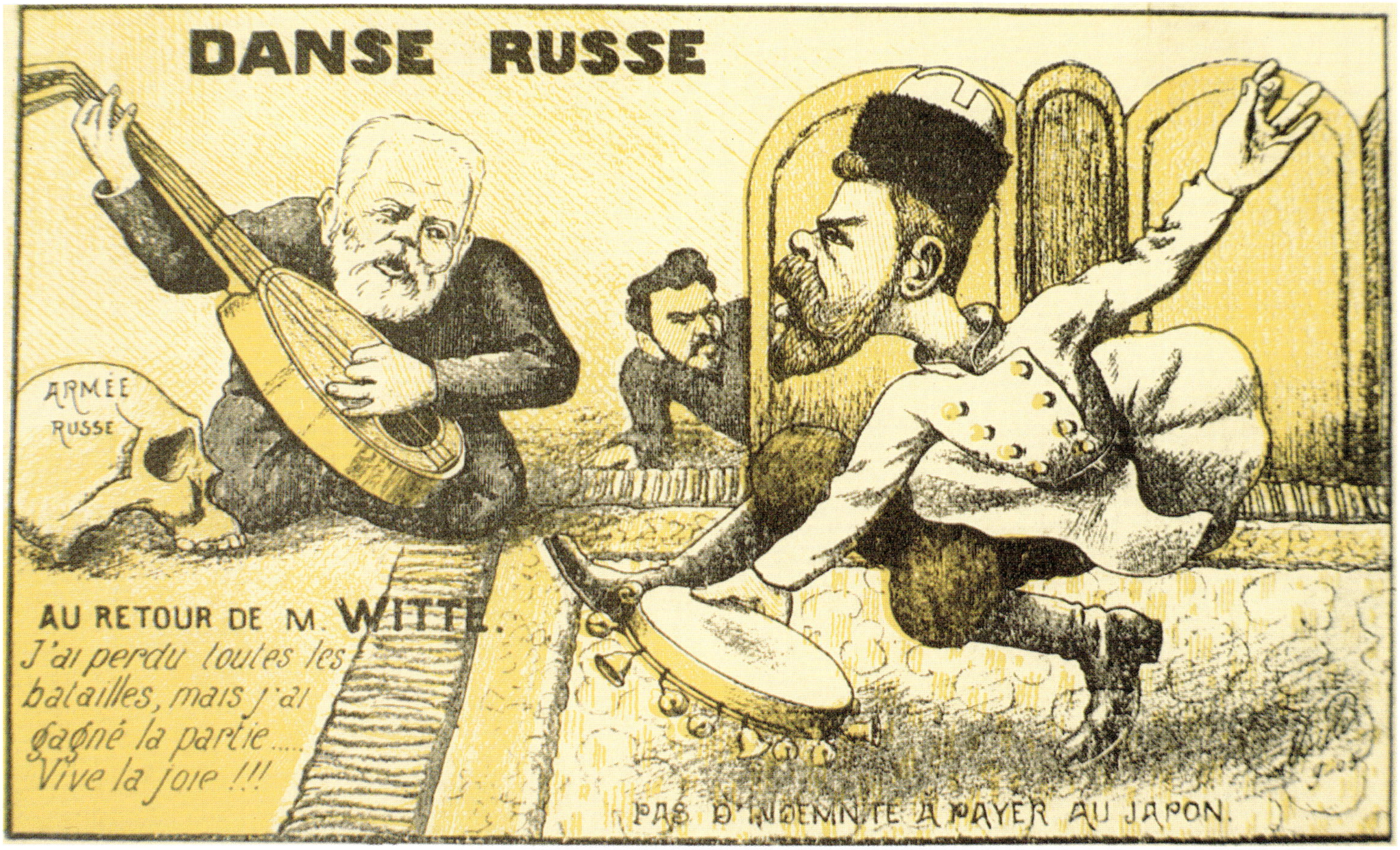
DANSE RUSSE
ARMÉE RUSSE
AU RETOUR DE M. WITTE.
J'ai perdu toutes les batailles, mais j'ai gagné la partie.....
Vive la joie !!!
PAS D'INDEMNITE A PAYER AU JAPON.

1905

Great Moments of History

The San Francisco Examiner

JAPANESE ARMY WILL ENTER PORT ARTHUR TO-DAY

GEN. STOESSEL'S TERMS ACCEPTED BY GEN. NOGI

TOKIO, January 3 (morning)—The Russian and Japanese commissioners appointed to arrange the terms of the capitulation of the Russian forces at Port Arthur signed the compact of surrender at 9:45 o'clock last night.

"The plenipotentiaries of both parties concluded their negotiations to-day at 4:30 o'clock. The Russian commissioner accepted as the whole the conditions stipulated by us, and consented to capitulate. The document has been prepared and signatures are now being affixed. Simultaneously with the conclusion of the negotiations both armies suspended hostilities."

It is expected that the Japanese army will enter the city of Port Arthur tomorrow.

RUSSIAN MASSES UNAWARE OF THE GREAT DISASTER

Defender of the Fortress Yielded to the Pleas of His Subordinates to Capitulate.

TERMS OF THE SURRENDER EMBRACE THESE THINGS

INTERIOR OF THE ITZESHAN FORT, PORT ARTHUR. THIS GREAT FORTIFICATION LIES TWO MILES SOUTHWEST OF METER HILL, THE FALLING OF WHICH PRECIPITATED THE SURRENDER OF THE CITY

ALLIANCE MEN MAY TRY TO INFLUENCE LEGISLATION

CATTLEMAN SAYS HE WAS ROBBED IN THE MIDWAY

VESSEL BLOWS UP AND ELEVEN MEN ARE KILLED

SIX-HOUR DAY FOR MONKEYS IS ADVOCATED

WILL INTRODUCE A BILL PROHIBITING FOOTBALL

Der ehemalige Finanzminister Graf Witte, der in seiner Amtszeit für einen gemäßigten Kurs mit wirtschaftlicher statt offener militärischer Expansion und Kontrolle plädiert hatte und 1903 demissionieren mußte, wurde nun als Fernostexperte für die Friedensverhandlungen mit den Japanern wieder zurückgeholt. Links eine satirische Lithographie über die russisch-japanischen Friedensverhandlungen und die bildliche Darstellung der russischen Niederlage in der satirischen Presse (auch rechte Seite).
Die Ergebnisse der Verhandlungen fielen relativ günstig aus: Rußland behielt die Kontrolle über die südliche Mandschurei und die Hälfte der Halbinsel Sachalin. Doch der Verlust an Menschen- und Kriegsmaterial, an Prestige und moralischem Rückhalt der Regierung in der Bevölkerung war groß.
Oben: Ereignisse aus der Sicht der amerikanischen Zeitung „San Francisco Examiner"; *rechts oben:* Generaladjutant Stressel, der nach der Aufgabe von Port Arthur politisch unter Beschuß gerät.

Politische Folge der blutigen Ereignisse: im Juni 1905 wird der Beschluß zur Errichtung der gewählten Volksvertretung „Duma" als „unerschütterlicher Wille" des Zaren verkündet.
Unten: Zar und Zarin auf dem Weg zur feierlichen Eröffnung der Duma, die im Taurischen Palais tagen wird;
Rechts: Ein Jahr später tritt die erste Duma zusammen. Sämtliche Parteien waren hier vertreten, die Mehrheit der Abgeordneten mit 422 Sitzen konservativ

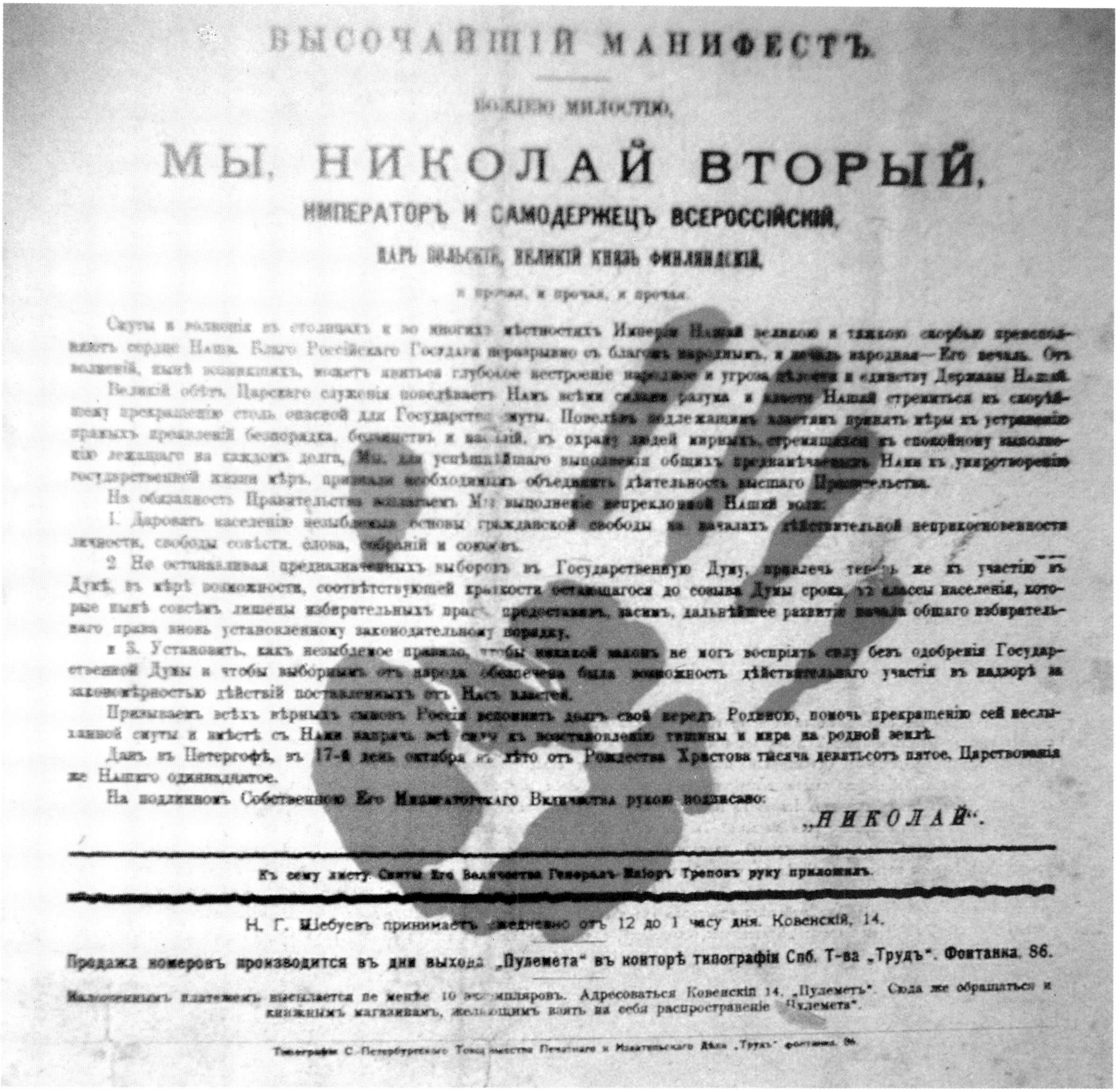

ВЫСОЧАЙШІЙ МАНИФЕСТЪ

БОЖІЕЮ МИЛОСТІЮ,

МЫ, НИКОЛАЙ ВТОРЫЙ,

ИМПЕРАТОРЪ И САМОДЕРЖЕЦЪ ВСЕРОССІЙСКІЙ,

ЦАРЬ ПОЛЬСКІЙ, ВЕЛИКІЙ КНЯЗЬ ФИНЛЯНДСКІЙ,

и прочая, и прочая, и прочая.

Смуты и волненія въ столицахъ и во многихъ мѣстностяхъ Имперіи Нашей великою и тяжкою скорбью преисполняютъ сердце Наше. Благо Россійскаго Государя неразрывно съ благомъ народнымъ, и печаль народная — Его печаль. Отъ волненій, нынѣ возникшихъ, можетъ явиться глубокое нестроеніе народное и угроза цѣлости и единству Державы Нашей.

Великій обѣтъ Царскаго служенія повелѣваетъ Намъ всѣми силами разума и власти Нашей стремиться къ скорѣйшему прекращенію столь опасной для Государства смуты. Повелѣвъ подлежащимъ властямъ принять мѣры къ устраненію прямыхъ проявленій безпорядка, безчинствъ и насилій, въ охрану людей мирныхъ, стремящихся къ спокойному выполненію лежащаго на каждомъ долга, Мы, для успѣшнѣйшаго выполненія общихъ предначертываемыхъ Нами къ умиротворенію государственной жизни мѣръ, признали необходимымъ объединить дѣятельность высшаго Правительства.

На обязанность Правительства возлагаемъ Мы выполненіе непреклонной Нашей воли:

1. Даровать населенію незыблемыя основы гражданской свободы на началахъ дѣйствительной неприкосновенности личности, свободы совѣсти, слова, собраній и союзовъ.

2. Не останавливая предназначенныхъ выборовъ въ Государственную Думу, привлечь теперь же къ участію въ Думѣ, въ мѣрѣ возможности, соотвѣтствующей краткости остающагося до созыва Думы срока, тѣ классы населенія, которые нынѣ совсѣмъ лишены избирательныхъ правъ, предоставивъ, засимъ, дальнѣйшее развитіе начала общаго избирательнаго права вновь установленному законодательному порядку,

и 3. Установить, какъ незыблемое правило, чтобы никакой законъ не могъ воспріять силу безъ одобренія Государственной Думы и чтобы выборнымъ отъ народа обезпечена была возможность дѣйствительнаго участія въ надзорѣ за закономѣрностью дѣйствій поставленныхъ отъ Насъ властей.

Призываемъ всѣхъ вѣрныхъ сыновъ Россіи вспомнить долгъ свой передъ Родиною, помочь прекращенію сей неслыханной смуты и вмѣстѣ съ Нами напрячь всѣ силы къ возстановленію тишины и мира на родной землѣ.

Данъ въ Петергофѣ, въ 17-й день октября въ лѣто отъ Рождества Христова тысяча девятьсотъ пятое, Царствованія же Нашего одиннадцатое.

На подлинномъ Собственною Его Императорскаго Величества рукою подписано:

„НИКОЛАЙ".

Къ сему листу Свиты Его Величества Генералъ-Маіоръ Треповъ руку приложилъ.

Н. Г. Шебуевъ принимаетъ ежедневно отъ 12 до 1 часу дня. Ковенскій, 14.

Продажа номеровъ производится въ дни выхода „Пулемета" въ конторѣ типографіи Спб. Т-ва „Трудъ". Фонтанка, 86.

Наложеннымъ платежемъ высылается не менѣе 10 экземпляровъ. Адресоваться Ковенскій 14, „Пулеметъ". Сюда же обращаться и книжнымъ магазинамъ, желающимъ взять на себя распространеніе „Пулемета".

Типографія С.-Петербургскаго Товарищества Печатнаго и Издательскаго Дѣла „Трудъ", Фонтанка, 86.

Lithographie des „Oktobermanifestes" in der Darstellung einer satirischen Zeitung mit blutroter Hand. Dieses Manifest vom 17. (30.) Oktober 1905 gewährte den russischen Staatsangehörigen alle Grundrechte freier Bürger ohne Standesunterschied und verbriefte Gewissensfreiheit, Rede- und Versammlungsfreiheit sowie allgemeines Wahlrecht. Nach dem Wortlaut wurde auch die Staatsduma mit Kontrollkompetenz über die gesetzmäßige Handhabung der Verwaltung ausgestattet, was über ihre Funktion als Volksvertretung und Beratungsgremium des Zaren hinausreichte.
Links: Graf Sergej Juljewitsch Witte, der Architekt des Manifestes

Pjotr Arkadewitsch Stolypin war der bedeutendste Minister und Vertrauter des Zaren. 1906 wurde er vom Innenminister zum Ministerpräsidenten bestellt, der er bis zu seiner Ermordung im Jahre 1911 blieb. Links seine Söhne, rechts seine Tochter, die später von den Bolschewiken ermordet wurde

Der Bankettsaal des Ministerpräsidenten im Winterpalais. Stolypin war der zielstrebigste und kompromißloseste Minister des letzten Zaren. Er erkannte, daß die unausgewogene Lage des Landes mit den krassen wirtschaftlichen und sozialen Gegensätzen nur durch ein langfristiges Reformkonzept zu bewältigen war; während dieser Phase sollte destabilisierenden Aktionen wie Aufständen und Terrorakten mit Härte entgegengetreten werden. So verband Stolypin seine Reformpläne für die Entwicklung des Landes zum Industrie- und Sozialstaat (wie er ihm vorschwebte) mit kompromißlosem Vorgehen gegen Aufrührer und Unruhestifter sowie jede Form des Terrorismus. Damit machte er sich in entsprechenden Kreisen, die ihn durch gezielte Provokationen noch herausforderten, verhaßt.

Rechts: Stolypin mit dem Gouverneur von Petersburg (rechts), der hinter den Kulissen gegen den Minister agierte, da er durch dessen Reformpläne, die auch die Fragen der inneren Sicherheit, Kompetenz der Ordnungskräfte und Garnisonen betrafen, um seine Karriere fürchtete.
Stolypin war sich bewußt, das seine Vorhaben im Ordnungswesen – er führte zum Beispiel das Standgericht wieder ein – und sein entschiedenes Vorgehen gegen radikale Elemente Kritik und Gefährdung seiner Person mit sich brachten.

Копія

Подлинникъ находится у Княгини Н. П. Волконской рожд. Столыпиной

Петръ Аркадьевичъ,

На днях я принимал крестьянина Тобольской губерніи — Григорія Распутина, который поднес мне икону Св. Симеона Верхотурскаго. Он произвел на Ея Величество и на меня замечательно сильное впечатленіе, так что вместо пяти минут разговор с ним длился более часа.

Он в скором времени уезжает на родину. У него сильное желаніе повидать вас и благословить вашу больную дочь иконою.

Очень надеюсь, что вы найдете минутку принять его на этой неделе.

Адрес его следующій: СПБ. 2ª Рождественская 4. Живет у священника Ярослава Медведь.

Жена бывшаго губернатора Балясного написала Ея Величеству слезное письмо, умоляя о скорейшем назначеніи пенсіи за 30 летнюю службу мужа. У них большая семья в бедственном положеніи.

Подписано Николай

Петергофъ. 16 Окт. 1906 г.

Николай

Петергофъ. 16 Окт. 1906.

Links unten: In diesem Brief berichtet der Zar Stolypin über den Besuch Rasputins bei Hof (er war als Naturheiler für den Zarewitsch empfohlen worden) und ersuchte ihn um sein Urteil.

Oben: General und Adjutant des Zaren, Sacharow, daneben seine Frau, die nach seinem Tod während der Hungersnot der Revolutionsjahre umkam.
General Sacharow selbst wurde Opfer eines Mordanschlages nach einem Muster, wie es auch in unserer Gegenwart vorkommt: Er hielt sich im Hause Stolypins in Saratow auf, das dieser bezogen hatte, um Aufstände unter Kontrolle zu bringen. Eine Terroristin verschaffte sich mit einem fingierten Empfehlungsschreiben Zutritt zu der Villa, und während Sacharow den Brief lesen wollte, zog die Frau ihren Revolver und erschoß ihn.

Телеграмма П.А.СТОЛЫПИНА Уездному Предводителю Дворянства Вилкт. 1906 г.

Телеграфъ.

Телеграмма.

Изъ Петербурга № 316

Принята 14 1906 г.

Сердечно тронутъ и благодарю за любезное вниманіе Мальчикъ здоровъ дочь медленно поправляется и уже по нескольку минутъ въ день сидитъ въ постели

Господь съ милостивостью надъ нами и есть надежда на полное выздоровленіе

Столыпинъ

1906 wurde der erste Versuch eines Attentats auf Stolypin unternommen: auf seine Villa wurde eine Bombe geworfen. Der Minister selbst war nicht anwesend und entkam so, doch gab es 36 Todesopfer und zahlreiche Schwerverletzte, darunter zwei der Kinder Stolypins. Das Haus wurde großteils zerstört. *Links:* Genesungstelegramm an Stolypin.

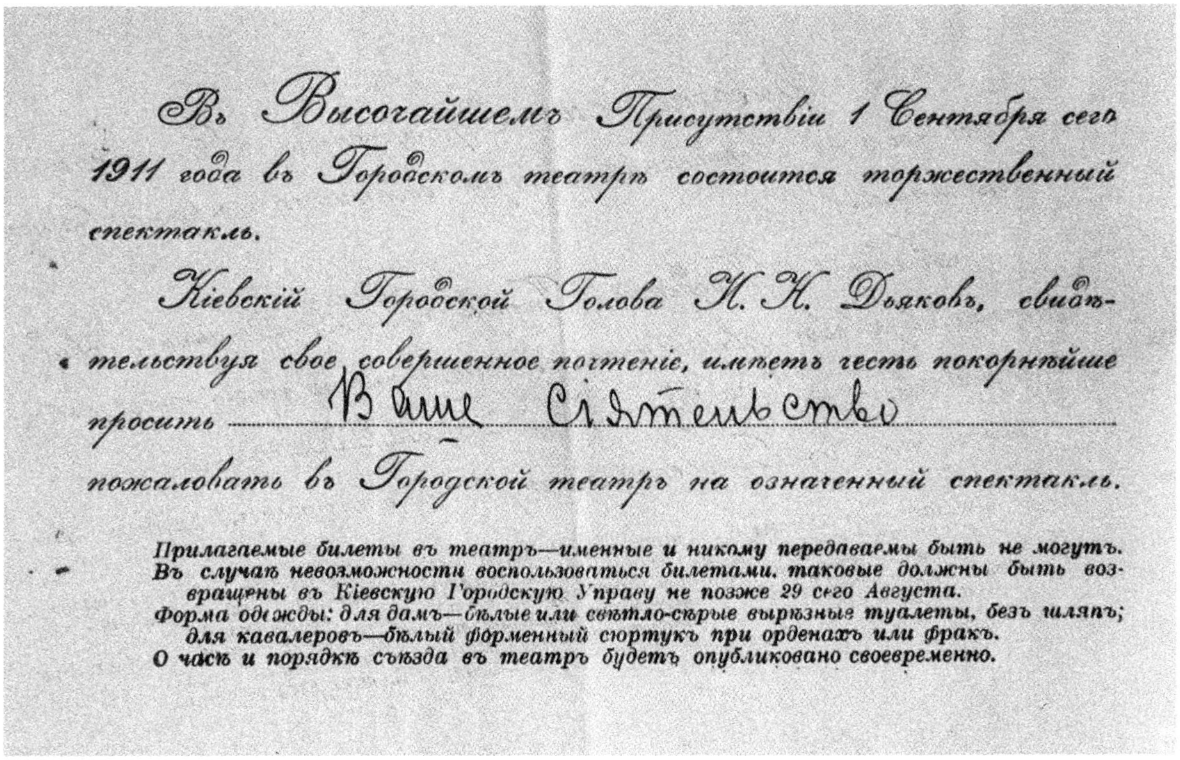

Въ Высочайшемъ Присутствiи 1 Сентября сего 1911 года въ Городскомъ театрѣ состоится торжественный спектакль.

Кiевскiй Городской Голова И. Н. Дьяковъ, свидѣтельствуя свое совершенное почтенiе, имѣетъ честь покорнѣйше просить Ваше Сiятельство пожаловать въ Городской театръ на означенный спектакль.

Прилагаемые билеты въ театръ—именные и никому передаваемы быть не могутъ.
Въ случаѣ невозможности воспользоваться билетами, таковые должны быть возвращены въ Кiевскую Городскую Управу не позже 29 сего Августа.
Форма одежды: для дамъ—бѣлые или свѣтло-сѣрые вырѣзные туалеты, безъ шляпъ; для кавалеровъ—бѣлый форменный сюртукъ при орденахъ или фракъ.
О часѣ и порядкѣ съѣзда въ театръ будетъ опубликовано своевременно.

Das tödliche Attentat auf Stolypin im Jahre 1911 war sorgfältig geplant. Der Minister sollte in der Kiewer Oper während einer Galavorstellung in Anwesenheit des Zaren ermordet werden. *Oben:* das letzte Photo Stolypins mit dem Gouverneur von Kiew im September 1911. *Unten:* Einladungskarte zu dieser schicksalhaften Opernvorstellung, in welcher zur Gala „in Allerhöchster Anwesenheit“ gebeten wird.

ЛЬЕВИЧЪ ПЕРЛОВЪ
БАНКЪ

Vorhergehende Seite:
Diesmal schlug das Attentat nicht fehl. Vom tödliche Schuß getroffen, erhob Stolypin noch seine rechte Hand in Richtung der Zarenloge und formte mit den Worten „Gott schütze den Zaren" ein Kreuz.
Zu Lebzeiten hatte er geäußert, er wolle im Falle seiner Ermordung an der Stelle seines Todes begraben werden. Ihm wurde in Kiew ein Denkmal errichtet, das jedoch die Bolschewiken zerstörten. Nach sowjetischen Berichten vom August 1990 soll es wiedererrichtet werden. Die Verdienste dieses Mannes sind auch angesichts seines rigorosen Vorgehens gegen revolutionäre Bewegungen nicht zu schmälern, denn er wollte Rußland in der – wie er richtig einschätzte – entscheidenden Phase der Entwicklung zu einem gesunden, modernen Staat nicht durch innere Unruhen gefährdet und destabilisiert wissen. Für den Fall eines Krieges während dieser auf zwei Jahrzehnte anberaumten Reformphase sagte er eine Revolution voraus, und damit das Ende für Rußland. Als Stolypins letzter Sohn acht Jahrzehnte später im Pariser Exil starb, kamen Menschen aus der Sowjetunion, seinen Sarg zu tragen und russische Erde in sein Grab zu schütten. Zeichen später historischer Einsicht und Reverenz oder Nostalgie?

Die Bevölkerung hatte wenig Verständnis für die Versuche der Regierung und deren Mitglieder, die gärende Unzufriedenheit ihrer Untertanen in Zaum zu halten. Neben linksgerichteten Bewegungen begannen auch rechtsgerichtete Kreise, zur Destabilisierung des Landes beizutragen. An Stammtischen und in den Zirkeln von Intellektuellen – nicht etwa in den Hütten traditionsgebundenener und obrigkeitsgläubiger Bauern oder den Elendsvierteln der Arbeiter – wurde der Ruf nach Erneuerung und Revolution laut.

III

Die gekaufte Revolution

Gratis. **Extra-Blatt.** Gratis.

Vossische Zeitung

Gegründet 1704.

Königlich privilegirte Berlinische Zeitung von Staats- und gelehrten Sachen.

Im Verlage von Ullstein & Co. Verantwortl. für die Redaktion und Anzeigenteil des Handelsteils: H. Bachmann in Berlin — Haupt-Geschäftsstelle Breite Str. 8/9, Berlin C. — Telephon: (Zentrale im Hause) Amt Zentrum 8689, 8690, 8691, 8692 für Ferngespräche Amt Zentrum 10640, 10641

Der österreichische Thronfolger und seine Gattin ermordet.

Einer grauenvollen Bluttat sind der Erzherzog-Thronfolger Franz Ferdinand von Oesterreich-Ungarn und seine Gattin, die Herzogin von Hohenberg, zum Opfer gefallen. Durch Schüsse serbischer Fanatiker wurden sie ermordet, nachdem sie einem Bombenattentat, durch das einige Offiziere aus ihrem Gefolge und einige Personen aus dem Publikum verwundet wurden, entgangen waren. Ueber das furchtbare Ereignis wird uns telegraphiert:

Sarajewo, 28. Juni. (Telegramm unseres Korrespondenten.) Als der Erzherzog-Thronfolger Franz Ferdinand und seine Gattin, die Herzogin von Hohenberg, sich heute Vormittag zum Empfange in das hiesige Rathaus begaben, wurde gegen das erzherzogliche Automobil eine Bombe geschleudert, die jedoch explodierte, als das Automobil des Thronfolgers die Stelle bereits passiert hatte. In dem darauffolgenden Wagen wurde der Major Graf Boos-Waldeck von der Militärkanzlei des Thronfolgers und Oberstleutnant Merizzi, der Personaladjutant des Landeshauptmanns von Bosnien, erheblich verwundet. Sechs Personen aus dem Publikum wurden schwer verletzt. Die Bombe war von einem Typographen namens Cabrinowitsch geschleudert worden. Der Täter wurde sofort verhaftet. Nach dem festlichen Empfang im Rathause setzte das Thronfolgerpaar die Rundfahrt durch die Straßen der Stadt fort. Unweit des Regierungsgebäudes schoß ein Gymnasiast der achten Klasse (Primaner) namens Prinzip aus Grabow aus einem Browning mehrere Schüsse gegen das Thronfolgerpaar ab. Der Erzherzog wurde im Gesicht, die Herzogin im Unterleib getroffen. Beide verschieden, kurz nachdem sie in dem Regierungskonak gebracht worden waren, an den erlittenen Wunden. Auch der zweite Attentäter wurde verhaftet, die erbitterte Menge hat die beiden Attentäter nahezu gelyncht.

Verantwortlicher Redakteur: Fritz Georg, Schöneberg. Druck und Verlag Ullstein & Co., Berlin SW.

Der erste Schuß für die Revolution von 1917 fiel nicht in Rußland, sondern in Sarajewo. Der Erste Weltkrieg bereitete den Boden für jenes Elend, auf dem revolutionäre Propaganda gedeihen konnte. Oberster Kriegsherr Rußlands war Zar Nikolaj II.

28. Juni 1914: Der Schuß, der den österreichisch-ungarischen Thronfolger traf, war zugleich der Anfang vom Ende dreier Kaiserreiche in Europa – der österreichisch-ungarischen Monarchie, des deutschen Kaiserreiches und des russischen Zarenreiches. Alle drei, Verbündete und Gegner, sollten in der Folge zu Fall gebracht werden.
Links: eine der letzten Aufnahmen des Thronfolgerpaars Erzherzog Franz Ferdinand und Erzherzogin Sophie vor ihrer Ermordung in Sarajewo.
Oben: August 1914 – Passanten in Petersburg lesen die Sonderausgabe der „Wetschernoje wremja" („Abendzeit")

MANIFEST DES ZAREN ÜBER DEN KRIEGSEINTRITT

Von Gottes Gnaden
erklären Wir, Nikolaj Der Zweite,
Kaiser und Selbstherrscher über ganz Rußland,
Zar von Polen,
Großfürst von Finnland
und so weiter usw.
all Unseren Untertanen:

Unserem historischen Auftrag entsprechend ist Rußland dem Schicksal der slawischen Völker, mit denen es durch den Glauben und das Blut eins ist, niemals untätig gegenübergestanden. In voller Einmütigkeit und mit besonderer Kraft haben sich in den letzten Tagen die brüderlichen Gefühle des russischen Volkes gegenüber den Slawen erhoben, als Österreich-Ungarn an Serbien für eine Staatsmacht offensichtlich unannehmbare Forderungen gestellt hat. Die entgegenkommende und friedliebende Antwort der serbischen Regierung verachtend und die wohlwollende Vermittlung Rußlands zurückweisend, ist Österreich unverzüglich zum bewaffneten Angriff übergegangen, indem es die wehrlose Stadt Belgrad unter Beschuß genommen hat.
Da Wir kraft der eingetretenen Umstände gezwungen sind, die erforderlichen Vorsichtsmaßnahmen zu ergreifen, haben Wir befohlen, Armee und Flotte mobilzumachen, jedoch gleichzeitig, da Uns das Blut und die Würde Unserer Untertanen teuer sind, alle in Unserer Macht stehenden Bemühungen zum friedlichen Ausgang der aufgenommenen Verhandlungen aufgeboten.
Inmitten freundschaftlicher Beziehungen hat das mit Österreich verbündete Deutschland entgegen Unseren auf jahrhundertealte gute Nachbarschaft bauenden Hoffnungen und ungeachtet Unserer Versicherung, daß die ergriffenen Maßnahmen keineswegs feindseligen Charakter ihm gegenüber haben, deren sofortige Einstellung gefordert und nach Zurückweisung dieser Forderung Rußland unverzüglich den Krieg erklärt.
Nunmehr steht nicht allein die Verteidigung der zu Unrecht beleidigten, Uns allen teuren Heimat bevor, sondern es gilt auch, die Ehre, Würde und Unverletzlichkeit Rußlands und seine Stellung unter den Großmächten zu wahren.
Wir sind unerschütterlichen Glaubens, daß zur Verteidigung der Russischen Erde einmütig und selbstbewußt alle Unseren treuen Untertanen aufstehen werden.
Möge in der schweren Stunde der Prüfung innere Zwietracht vergessen sein.
Möge das Band zwischen Zar und Volk enger werden und die Einheit festigen und möge Rußland, sich wie ein Mann erhebend, den dreisten Angriff des Feindes abwehren.
Im tiefen Glauben an die Gerechtigkeit Unserer Sache und im demütigen Vertrauen auf die Allmächtige Vorsehung erbitten Wir im Gebet den Göttlichen Segen für das Heilige Rußland und Unsere tapferen Truppen.

Gegeben zu Sankt Petersburg,
am zwanzigsten Tag des Juli
im Jahre Christi tausendneunhundertvierzehn,
im zwanzigsten Jahre Unserer Regentschaft.

NIKOLAJ

Nach der Verlesung des Manifestes zeigt sich das Herrscherpaar auf dem Balkon des Winterpalais der Menschenmenge, die sich auf dem Vorplatz der Eremitage versammelt hatte. Unmittelbar nach Erscheinen des Zaren stimmt die Bevölkerung, die noch zuvor in regierungskritische Lager verschiedener Richtungen gespalten war, nun angesichts der Situation in patriotischem Geist geeint in die Hymne „Gott schütze den Zaren" ein, manche fallen auf die Knie und halten Ikonen und Bilder des Herrscherpaars hoch.

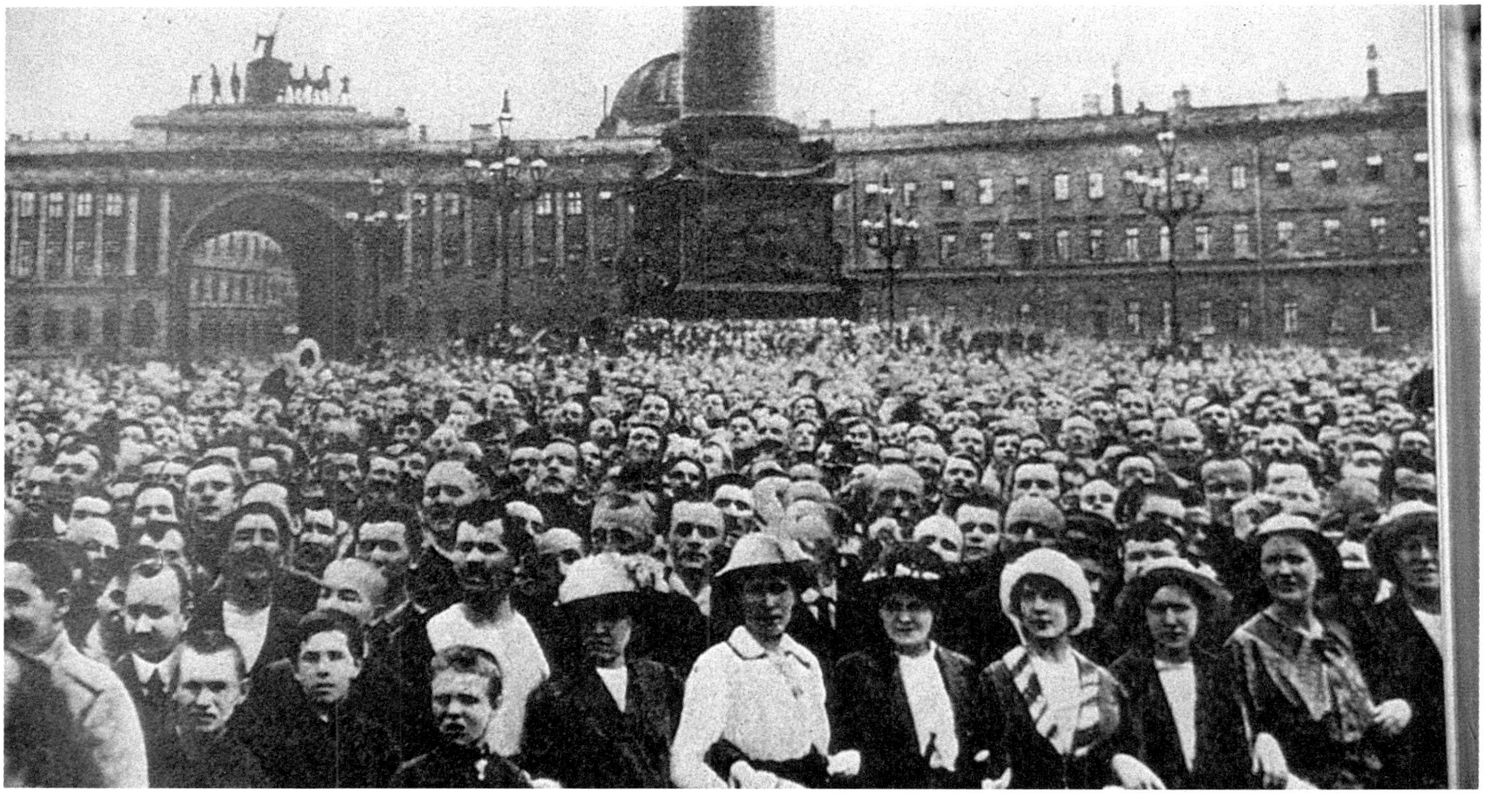

Zar Nikolaj II., nach der Verfassung oberster Kriegsherr, glaubt bis zuletzt, den Kriegseintritt Rußlands vermeiden zu können (s. Protokoll vom Juli 1914 im Anhang). Es ist ihm bewußt, daß seine Armee nicht darauf vorbereitet und der Zeitpunkt kritisch für sein Land ist. Am 2. August 1914 muß er jedoch das Manifest über den Eintritt Rußlands in den Krieg unterzeichnen.

Großfürst Nikolaj Nikolajewitsch (links) wird zum Höchstkommandierenden der russischen Streitkräfte bestimmt. Er wird in dieser Eigenschaft jedoch schon ein Jahr später aufgrund der Intervention der Zarin abgelöst und in den Kaukasus abgeschoben.
Links unten: Kriegsminister Suchomlinow sollte ebenfalls seine Funktion nur ein Jahr ausüben, da er wegen mangelhafter Organisation und Versorgung der Armee zur Verantwortung gezogen und verhaftet wird.

Das Militärbudget im I. Weltkrieg

(nach der russischen Zeitung „Russkoje bogatstwo" aus dem Jahre 1913)

Armee und Flotte nach Gesamtbudget in Mill. Rubel

Rußland	3002	662	22
Frankreich	1919	509	26
England	2270	667	29
Deutschland	1328	606	46
Österr.-Ungarn	196	187	
USA	1870	549	29
Japan	559	182	33
Italien	973		25

Das Kabinett des Zaren zu Kriegsbeginn 1914:

Kriegsminister W. A. Suchomlinow *(links oben)*
Innenminister J. A. Maklakow *(links unten)*
Außenminister S. D. Sasonow *(oben Mitte)*
Transportminister S. W. Ruchlow *(Mitte unten)*
Marineminister J. K. Grigorowitsch *(rechts oben)* und
Finanzminister P. A. Bark *(rechts unten)*

Deutscher Botschafter in Petersburg zu diesem Zeitpunkt war Graf Pourtalés, Botschafter von Österreich-Ungarn Graf Szapary (Graf Berchtold war bereits als Außenminister von Österreich-Ungarn wieder in Wien), französischer Botschafter Monsieur Paléologue und britischer Sir Buchanan.

Oben und rechts: Der Zar im Hauptquartier des Generalstabs in Mogilew.
Links: Georgskreuz in weißem Email für 25 Jahre Militärdienst (zum Unterschied von jenem in blauem Email für Offiziersanwärter)

General Michajl W. Alexejew, Oberkommandierender der russischen Armeen. Er stand bis 1917 im Dienste des Zaren und dann noch in jenem der Provisorischen Regierung bis Frühsommer 1917; kurz nach dem Oktoberputsch baute er vom Süden Rußlands her die Armee der Freiwilligen, „Weißen" im Kampf gegen die Rote Armee auf

Angesichts der österreichisch-ungarischen Mobilmachung war der russische Kriegsminister Suchomlinow ebenfalls zur Mobilmachung gezwungen. Der Zar hatte in Telegrammen den deutschen Kaiser, seinen Vetter, vergeblich um Vermittlung mit Österreich-Ungarn zu bewegen und die Situation in Einzelgesprächen mit den oben genannten Botschaftern zu retten versucht (s. dazu Protokoll im Anhang). Als die Haltung von Österreich-Ungarn und Deutschland unverändert blieb, kam Rußland seiner Bündnispflicht gegenüber Serbien nach und trat in den Krieg gegen Deutschland und Österreich-Ungarn ein.

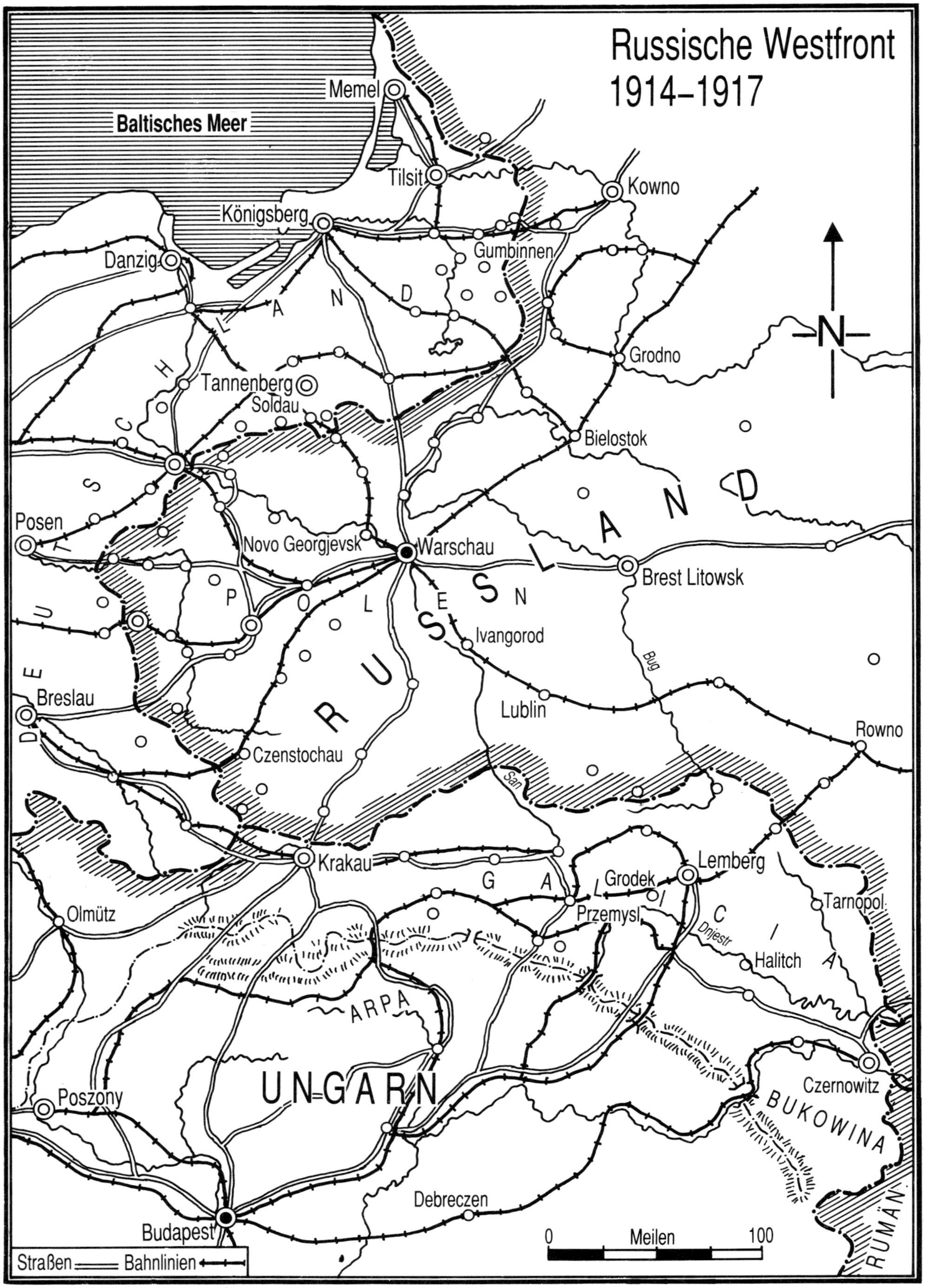

Die russische Westfront mit Deutschland und Österreich-Ungarn

Typische patriotische Kriegspostkarte mit dem Höchstkommandierenden Nikolaj Nikolajewitsch und der Aufschrift: „Er wird Rußland retten!“
Unten: Eine ähnliche Karte mit dem Bild des Zaren und dem Motto: „Der Herrscher, den der Feind fürchtet“

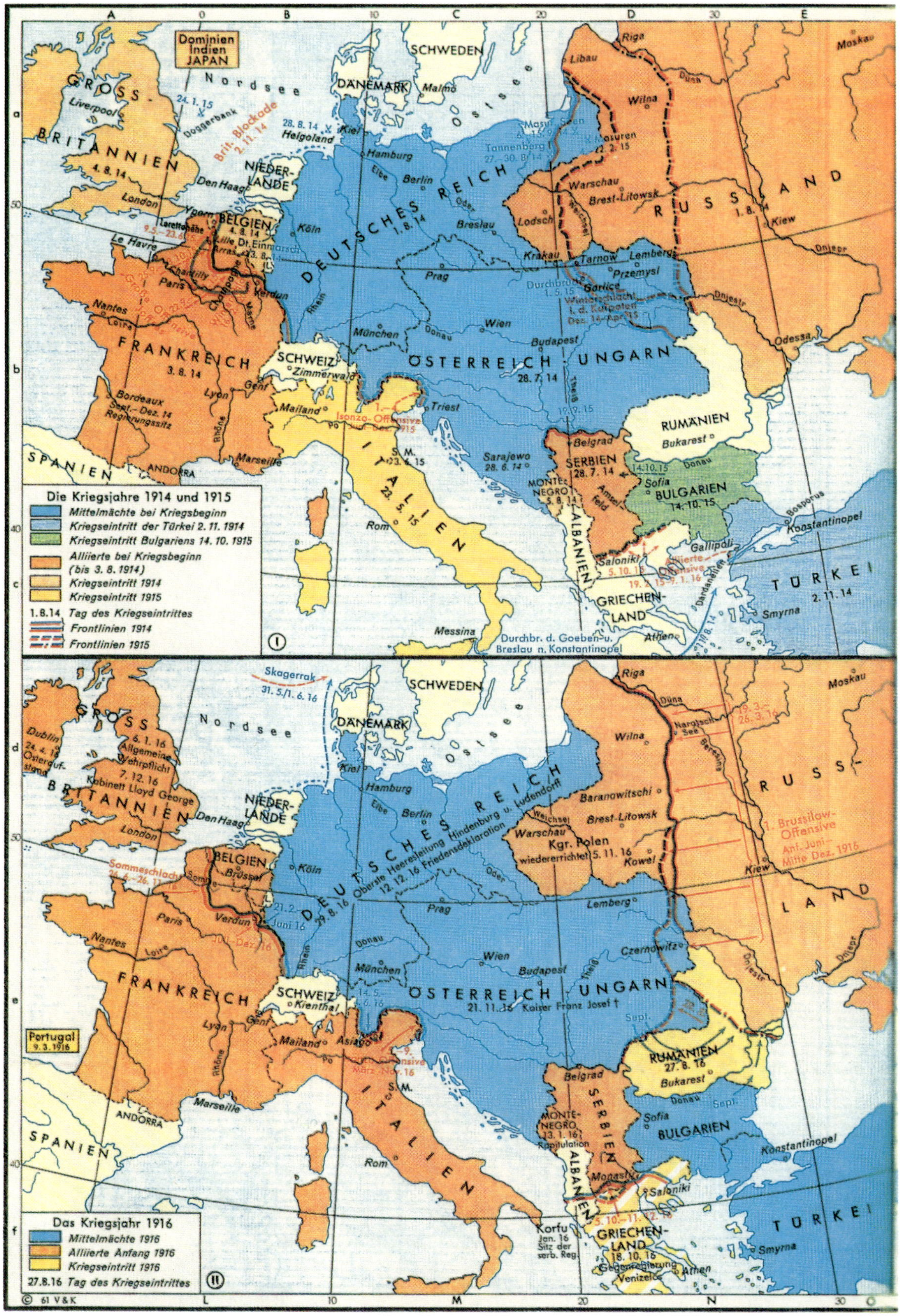
Dominien
Indien
JAPAN
GROSS-BRITANNIEN
4. 8. 14
Nordsee
Doggerbank
24. 1. 15
Brit. Blockade 2. 11. 14
28. 8. 14 Helgoland
SCHWEDEN
DÄNEMARK
Malmö
Ostsee
NIEDERLANDE
Den Haag
London
Liverpool
BELGIEN
4. 8. 14
Ypern
Le Havre
Paris
Nantes
Loire
Marne
Champagne
Verdun
FRANKREICH
3. 8. 14
Bordeaux
Sept.–Dez. 14
Regierungssitz
Lyon
Rhône
Marseille
ANDORRA
SPANIEN
SCHWEIZ
Zimmerwald
Genf
Mailand
Po
Isonzo-Offensive
1915
Triest
ITALIEN
23. 5. 15
Rom
Messina
DEUTSCHES REICH
1. 8. 14
Kiel
Hamburg
Elbe
Berlin
Oder
Breslau
Köln
Rhein
Prag
München
Donau
Wien
Budapest
ÖSTERREICH-UNGARN
28. 7. 14
Theiß
Sarajewo
28. 6. 14
Masur. Seen
Tannenberg
27.–30. 8. 14
Masuren
Riga
Libau
Düna
Wilna
Warschau
Weichsel
Brest-Litowsk
Lodsch
Krakau
Tarnow
Lemberg
Przemysl
Durchbruch
Gorlice
Winterschlacht i. d. Karpaten
Dez. 14–Apr. 15
RUSSLAND
1. 8. 14
Moskau
Kiew
Dnjepr
Dnjestr
Odessa
RUMÄNIEN
Bukarest
Belgrad
SERBIEN
28. 7. 14
MONTENEGRO
5. 8. 14
Amselfeld
ALBANIEN
BULGARIEN
14. 10. 15
Sofia
Donau
Saloniki
5. 10. 15
Gallipoli
Alliierte Offensive
19. 2. 15–9. 1. 16
Bosporus
Konstantinopel
Dardanellen
GRIECHENLAND
Athen
TÜRKEI
2. 11. 14
Smyrna
Durchbr. d. Goeben u. Breslau n. Konstantinopel
Die Kriegsjahre 1914 und 1915
Mittelmächte bei Kriegsbeginn
Kriegseintritt der Türkei 2. 11. 1914
Kriegseintritt Bulgariens 14. 10. 1915
Alliierte bei Kriegsbeginn (bis 3. 8. 1914)
Kriegseintritt 1914
Kriegseintritt 1915
1.8.14 Tag des Kriegseintrittes
Frontlinien 1914
Frontlinien 1915
I
Skagerrak
31. 5./1. 6. 16
Dublin
24. 4. 16
Osteraufstand
6. 1. 16
Allgemeine Wehrpflicht
7. 12. 16
Kabinett Lloyd George
Sommeschlacht
24. 6.–26. 11. 16
Somme
Brüssel
21. 2.–Juni 16
Juli–Dez. 16
Kienthal
Asiago
9. Offensive
März–Nov. 16
Portugal
9. 3. 1916
29. 8. 16 Oberste Heeresleitung Hindenburg u. Ludendorff
12. 12. 16 Friedensdeklaration
Baranowitschi
Kgr. Polen
wiedererrichtet 5. 11. 16
Kowel
Naroczsee
19. 3.–26. 3. 16
1. Brussilow-Offensive
Anf. Juni–Mitte Dez. 1916
Czernowitz
21. 11. 16 Kaiser Franz Josef †
RUMÄNIEN
27. 8. 16
MONTENEGRO
13. 1. 16
Kapitulation
Monastir
5. 10.–11. 12. 16
Korfu
Jan. 16
Sitz der serb. Reg.
GRIECHENLAND
18. 10. 16
Gegenregierung Venizelos
Das Kriegsjahr 1916
Mittelmächte 1916
Alliierte Anfang 1916
Kriegseintritt 1916
27.8.16 Tag des Kriegseintrittes
II
© 61 V&K

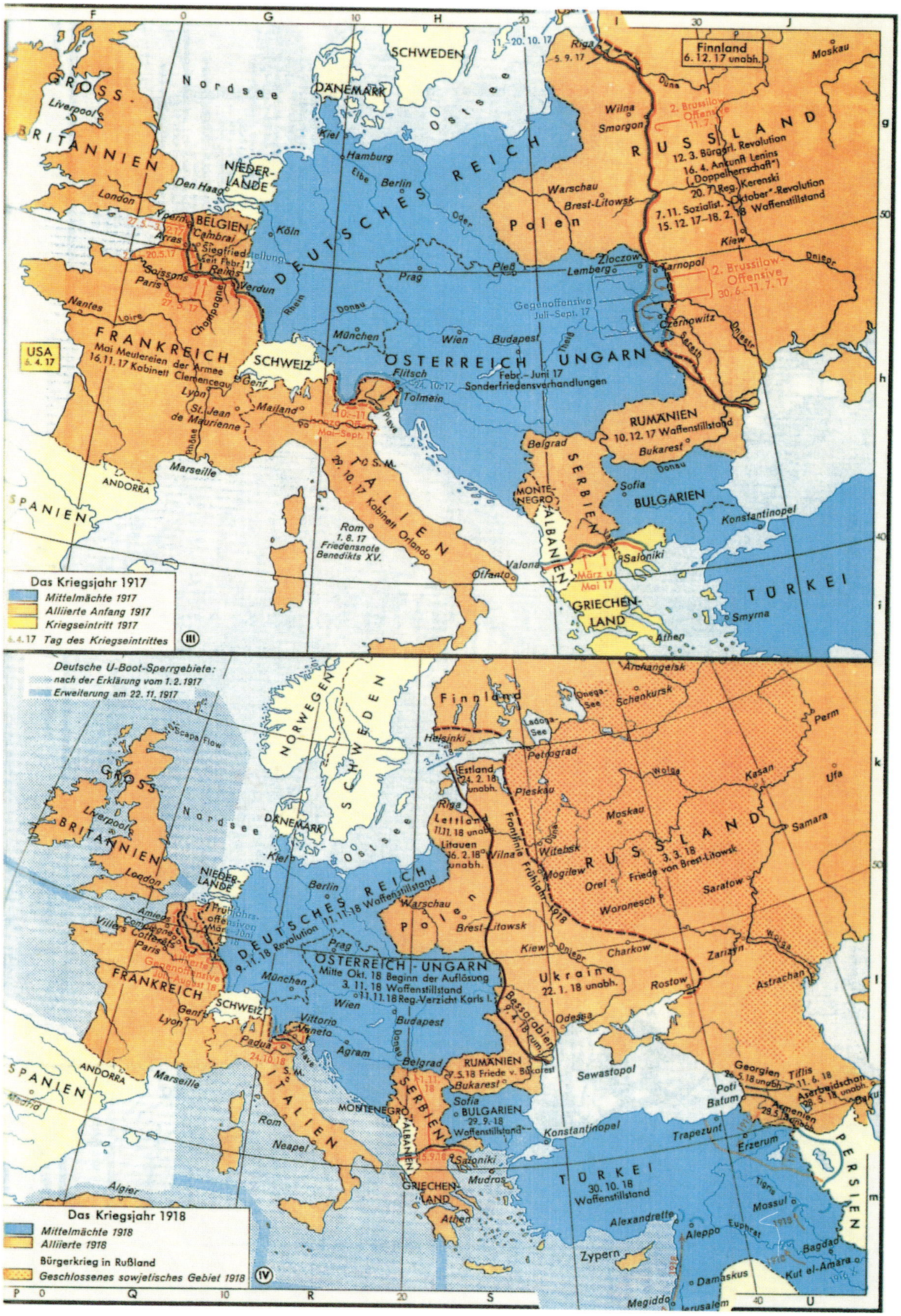

Geographische Darstellung des Ersten Weltkrieges in seinem historischen Ablauf

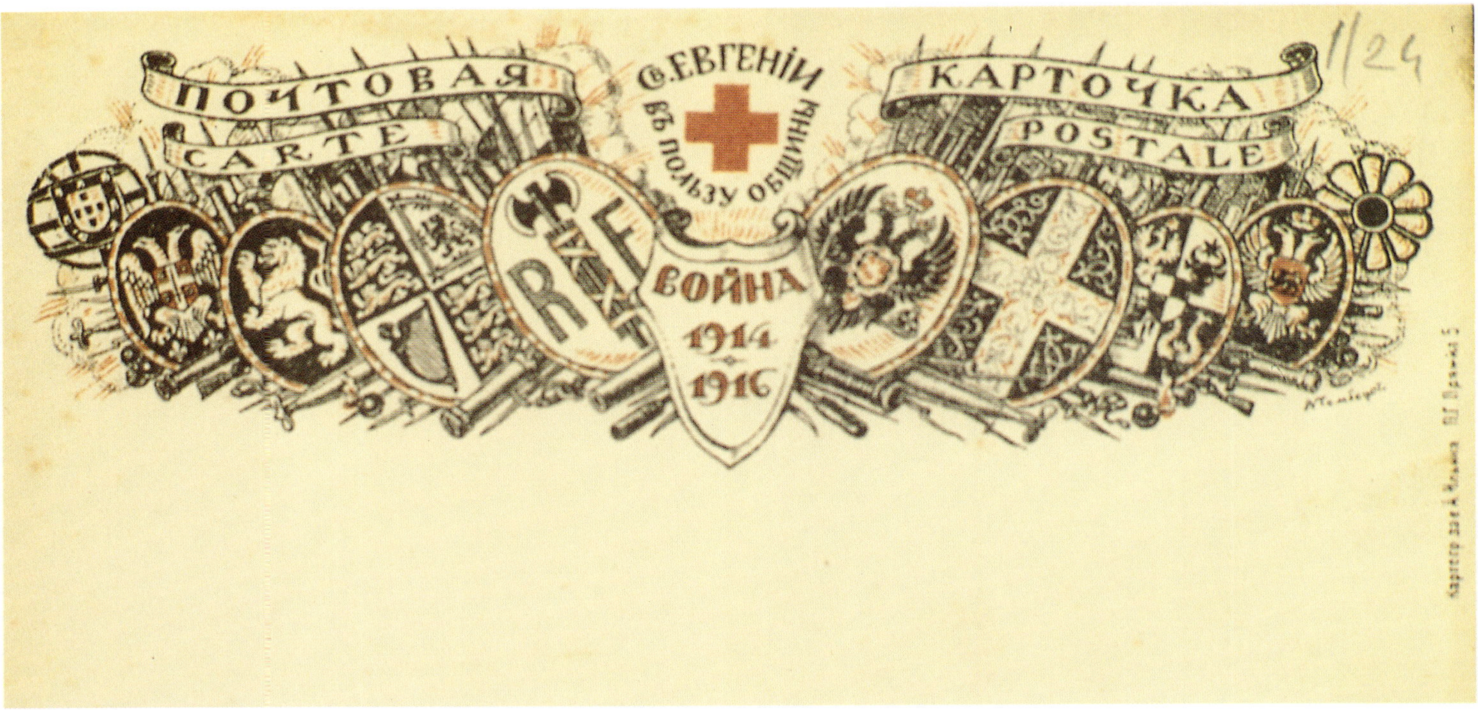

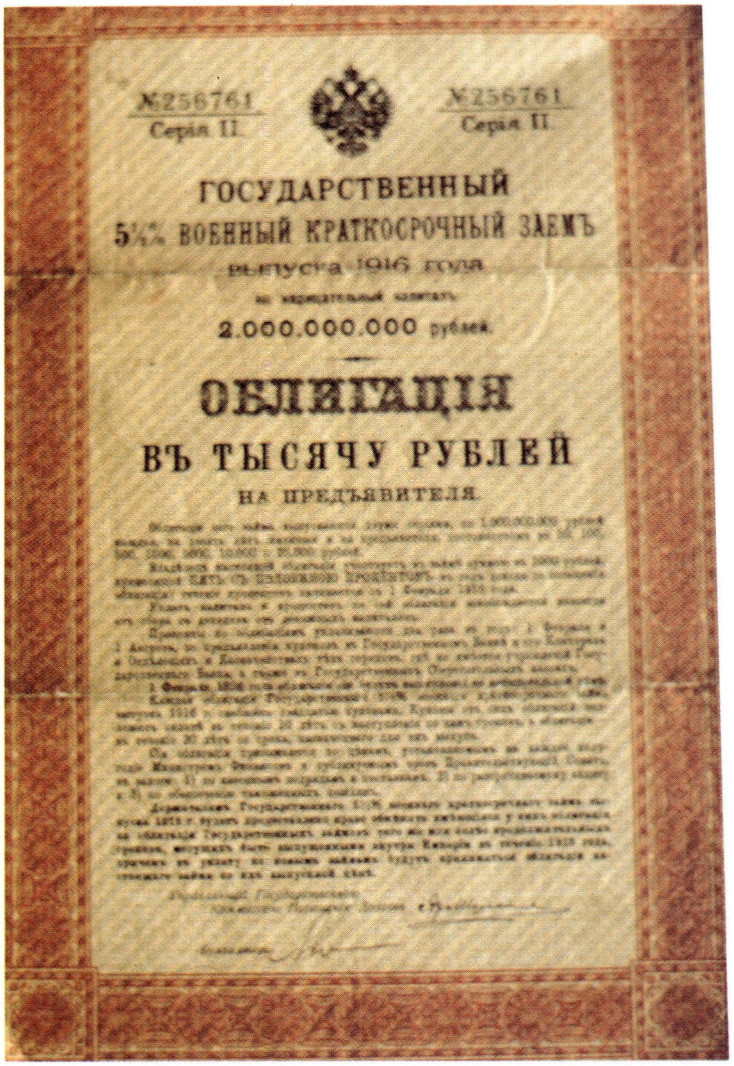
№256761
Серія II.

№256761
Серія II.

ГОСУДАРСТВЕННЫЙ
5½% ВОЕННЫЙ КРАТКОСРОЧНЫЙ ЗАЕМЪ
выпуска 1916 года

2.000.000.000 рублей

ОБЛИГАЦІЯ
ВЪ ТЫСЯЧУ РУБЛЕЙ
НА ПРЕДЪЯВИТЕЛЯ.

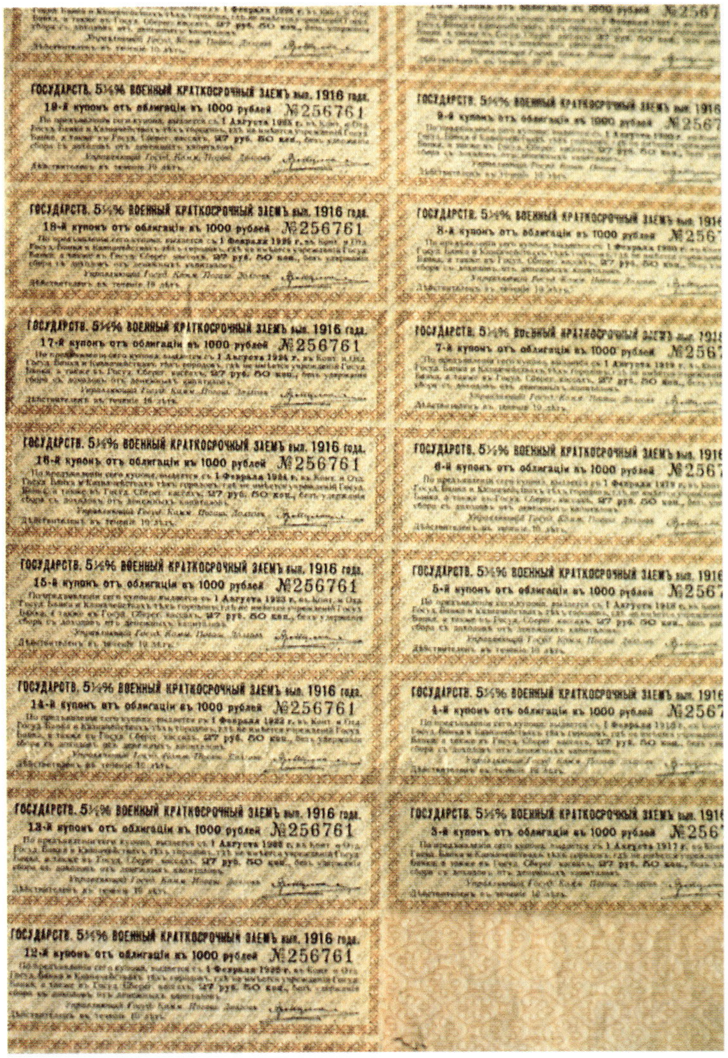
ГОСУДАРСТВ. 5½% ВОЕННЫЙ КРАТКОСРОЧНЫЙ ЗАЕМЪ вып. 1916 года.
19-й купонъ отъ облигаціи въ 1000 рублей №256761

ГОСУДАРСТВ. 5½% ВОЕННЫЙ КРАТКОСРОЧНЫЙ ЗАЕМЪ вып. 1916 года.
18-й купонъ отъ облигаціи въ 1000 рублей №256761

ГОСУДАРСТВ. 5½% ВОЕННЫЙ КРАТКОСРОЧНЫЙ ЗАЕМЪ вып. 1916 года.
17-й купонъ отъ облигаціи въ 1000 рублей №256761

ГОСУДАРСТВ. 5½% ВОЕННЫЙ КРАТКОСРОЧНЫЙ ЗАЕМЪ вып. 1916 года.
16-й купонъ отъ облигаціи въ 1000 рублей №256761

ГОСУДАРСТВ. 5½% ВОЕННЫЙ КРАТКОСРОЧНЫЙ ЗАЕМЪ вып. 1916 года.
15-й купонъ отъ облигаціи въ 1000 рублей №256761

ГОСУДАРСТВ. 5½% ВОЕННЫЙ КРАТКОСРОЧНЫЙ ЗАЕМЪ вып. 1916 года.
14-й купонъ отъ облигаціи въ 1000 рублей №256761

ГОСУДАРСТВ. 5½% ВОЕННЫЙ КРАТКОСРОЧНЫЙ ЗАЕМЪ вып. 1916 года.
13-й купонъ отъ облигаціи въ 1000 рублей №256761

ГОСУДАРСТВ. 5½% ВОЕННЫЙ КРАТКОСРОЧНЫЙ ЗАЕМЪ вып. 1916 года.
12-й купонъ отъ облигаціи въ 1000 рублей №256761

ГОСУДАРСТВ. 5½% ВОЕННЫЙ КРАТКОСРОЧНЫЙ ЗАЕМЪ вып. 1916
9-й купонъ отъ облигаціи въ 1000 рублей №2567

ГОСУДАРСТВ. 5½% ВОЕННЫЙ КРАТКОСРОЧНЫЙ ЗАЕМЪ вып. 1916
8-й купонъ отъ облигаціи въ 1000 рублей №2567

ГОСУДАРСТВ. 5½% ВОЕННЫЙ КРАТКОСРОЧНЫЙ ЗАЕМЪ вып. 1916
7-й купонъ отъ облигаціи въ 1000 рублей №2567

ГОСУДАРСТВ. 5½% ВОЕННЫЙ КРАТКОСРОЧНЫЙ ЗАЕМЪ вып. 1916
6-й купонъ отъ облигаціи въ 1000 рублей №2567

ГОСУДАРСТВ. 5½% ВОЕННЫЙ КРАТКОСРОЧНЫЙ ЗАЕМЪ вып. 1916
5-й купонъ отъ облигаціи въ 1000 рублей №2567

ГОСУДАРСТВ. 5½% ВОЕННЫЙ КРАТКОСРОЧНЫЙ ЗАЕМЪ вып. 1916
4-й купонъ отъ облигаціи въ 1000 рублей №2567

ГОСУДАРСТВ. 5½% ВОЕННЫЙ КРАТКОСРОЧНЫЙ ЗАЕМЪ вып. 1916
3-й купонъ отъ облигаціи въ 1000 рублей №2567

Der Zar hatte zu Kriegsbeginn Bankiers und wohlhabende Industrielle zu einer Versammlung einberufen und an sie appelliert, für den Krieg zu spenden. Als er damit wenig Erfolg hatte, setzte er sein Privatvermögen ein. Außerdem wurden russische Gelder von Berlin abgezogen. Wie überall wurden aber auch in Rußland Kriegsanleihen aufgelegt (das Beispiel auf der linken Seite zeigt eine russische Anleihe im Wert von 1000 Rubel); Hier sind Anleihen und Postkarten mit patriotischen Motiven zu sehen.

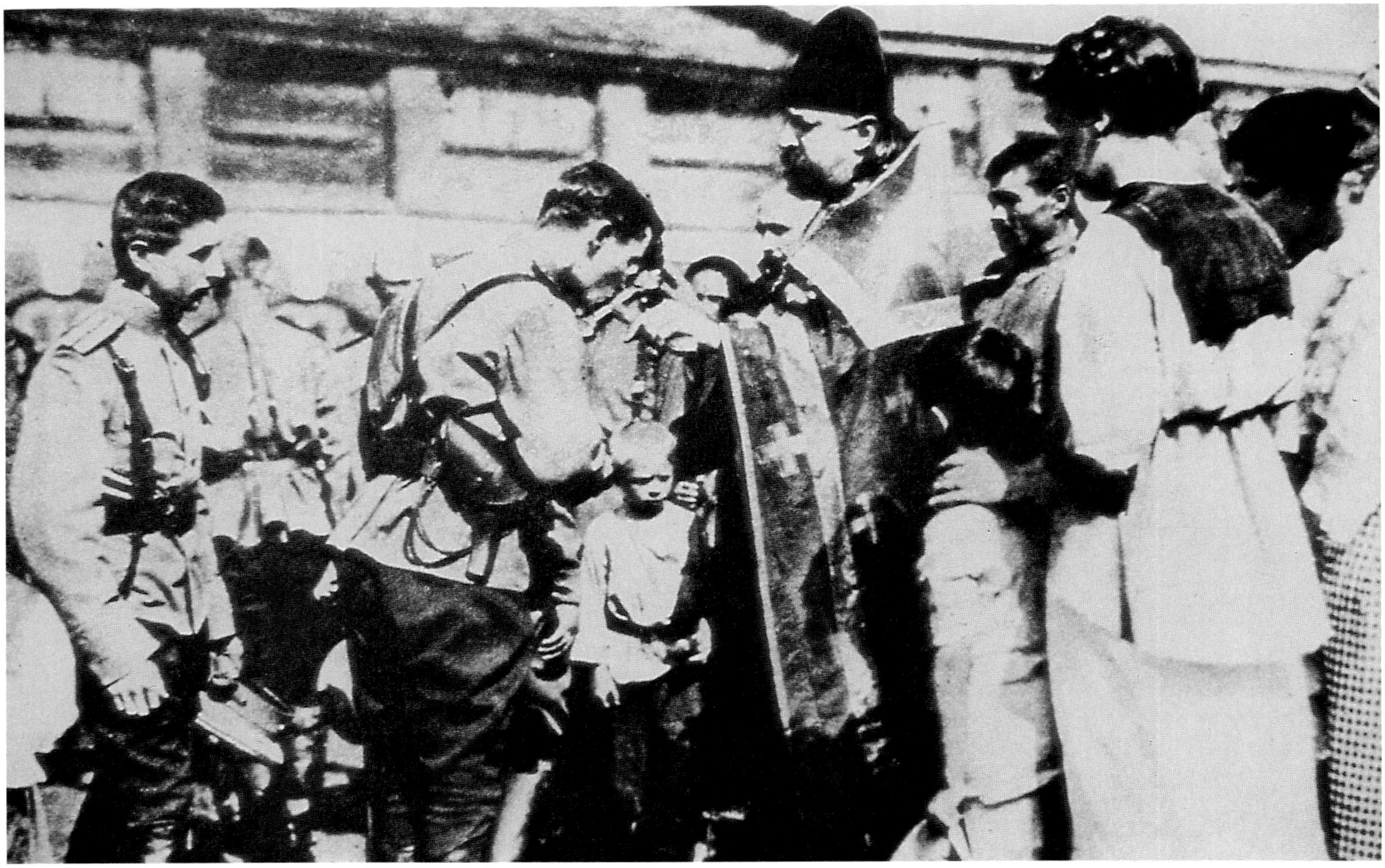

Soldaten, darunter sind viele Freiwillige, küssen nach russischer Tradition die Ikonen und nehmen den Segen entgegen, bevor sie einrücken.
Links: Russische Infanterie im Anmarsch

Oben: russische Soldaten vor einem Angriff;
rechts: russische Haubitzenbatterie

Oben: Schützenlinie in Russisch-Polen mit österreichisch-ungarischer Infanterie.
Links: der russische General Kornilow hier in österreichischer Gefangenschaft in Galizien, aus der er fliehen kann; Jahre später sollte er in einen angeblichen Militärputschversuch gegen Kerenskijs Provisorische Regierung verwickelt sein; nach Lenins Machtergreifung war er mit seinen Kosaken einer der bedeutendsten Führer der Weißen Armee

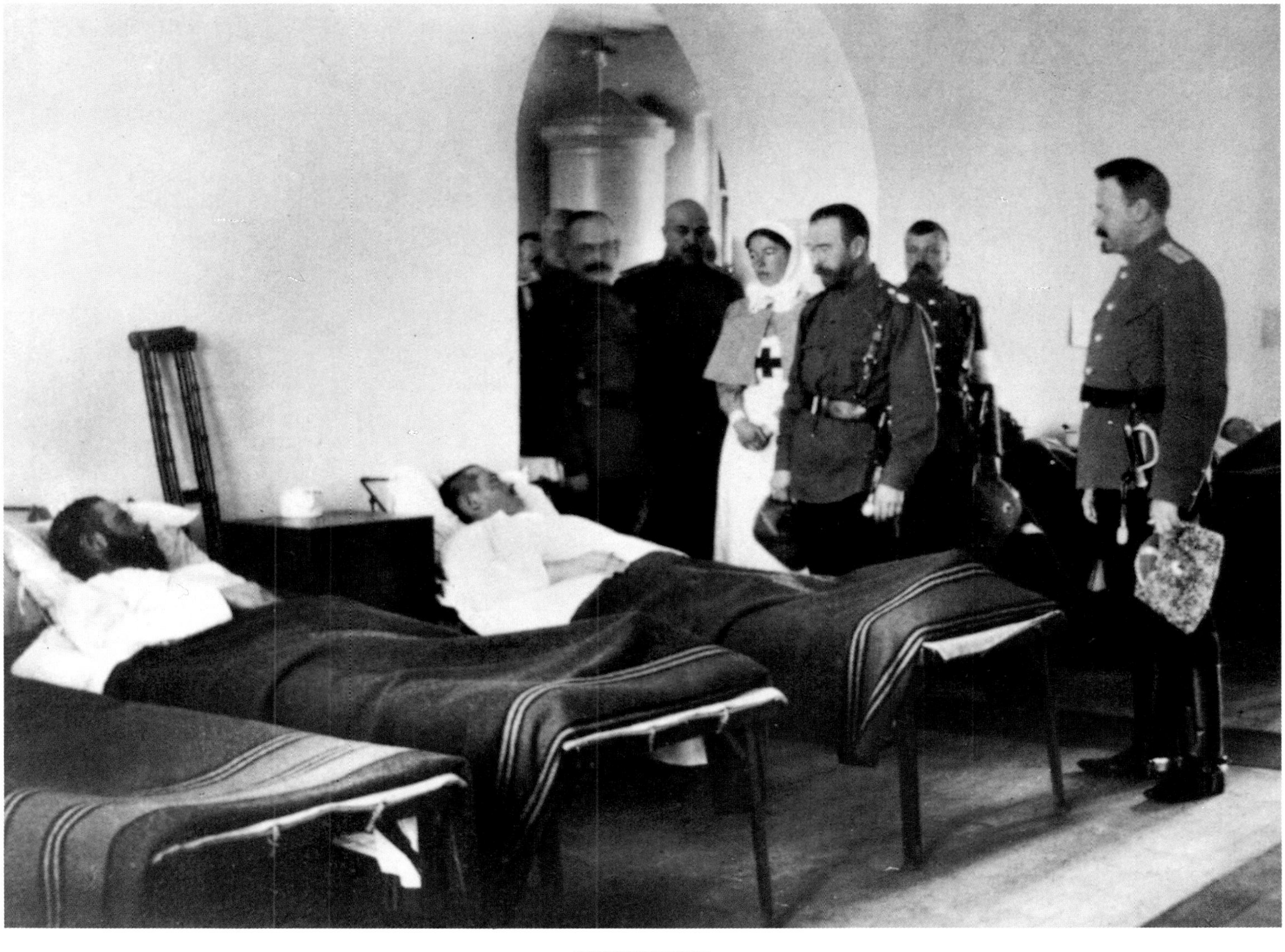

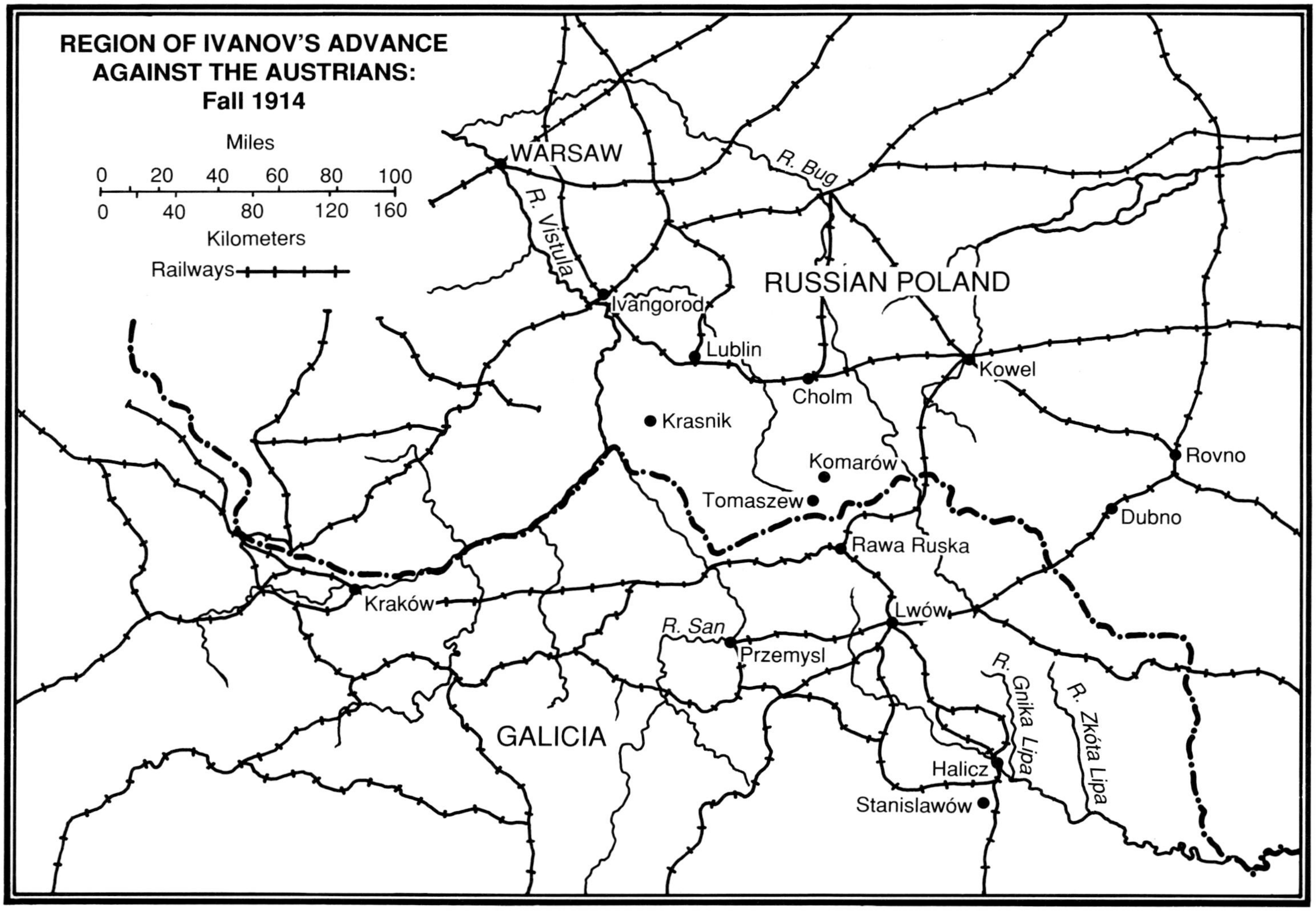

Erste erfolgreiche russische Offensive im Herbst des ersten Kriegsjahres: Vorstoß der Russen unter General Iwanow an der österreichischen Front *(oben)* gleichzeitig mit jenem der Generäle Rennenkampf und Samsonow nach Ostpreußen *(rechte Seite)*. Es mangelte jedoch trotz erfolgreicher Taktik an Koordination mit den Generälen anderer Frontabschnitte

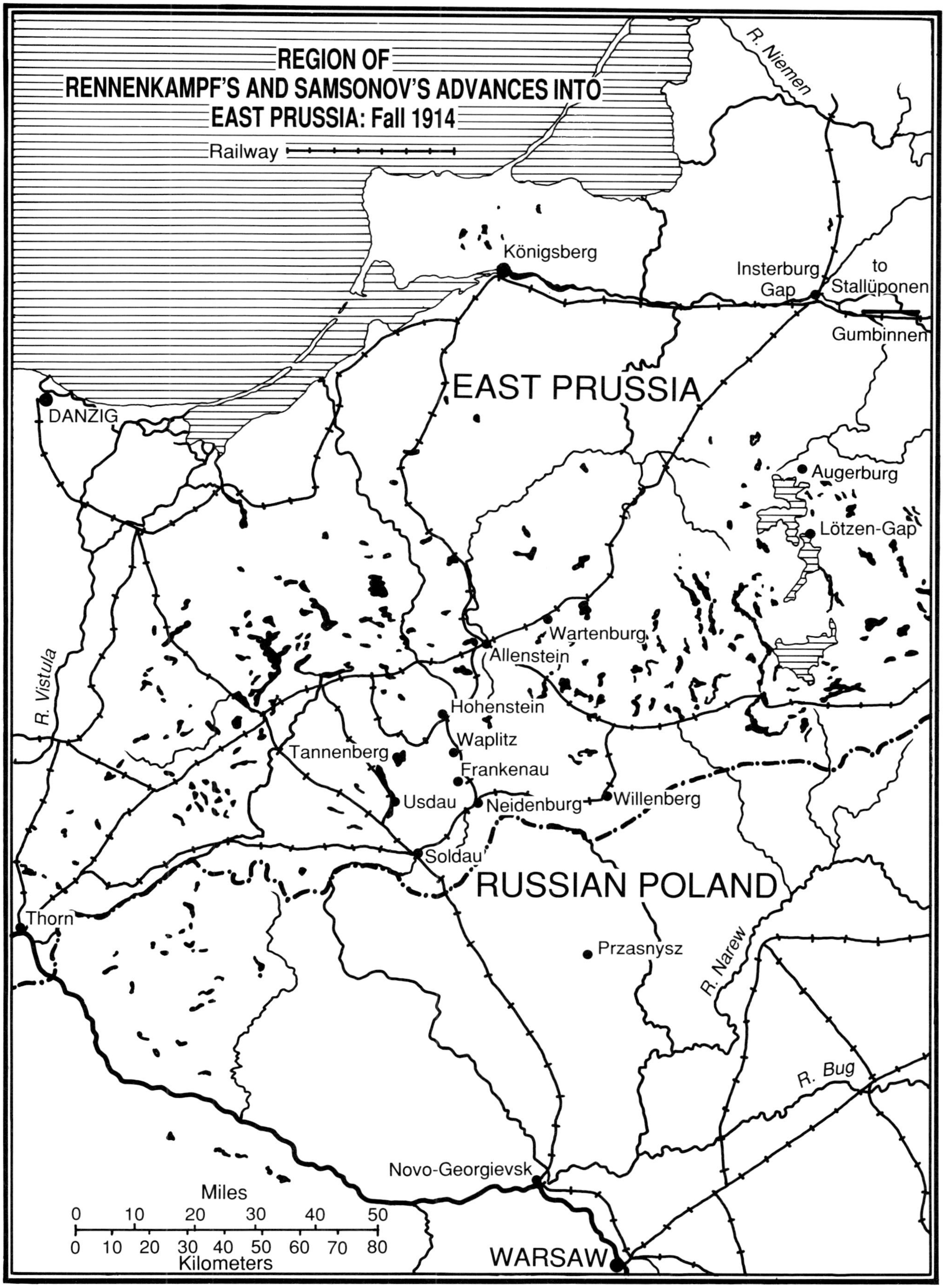
REGION OF
RENNENKAMPF'S AND SAMSONOV'S ADVANCES INTO
EAST PRUSSIA: Fall 1914
Railway
R. Niemen
Königsberg
Insterburg Gap
to Stallüponen
Gumbinnen
EAST PRUSSIA
DANZIG
Augerburg
Lötzen-Gap
Wartenburg
Allenstein
R. Vistula
Hohenstein
Waplitz
Tannenberg
Frankenau
Usdau
Neidenburg
Willenberg
Soldau
RUSSIAN POLAND
Thorn
Przasnysz
R. Narew
R. Bug
Novo-Georgievsk
Miles
0 10 20 30 40 50
0 10 20 30 40 50 60 70 80
Kilometers
WARSAW

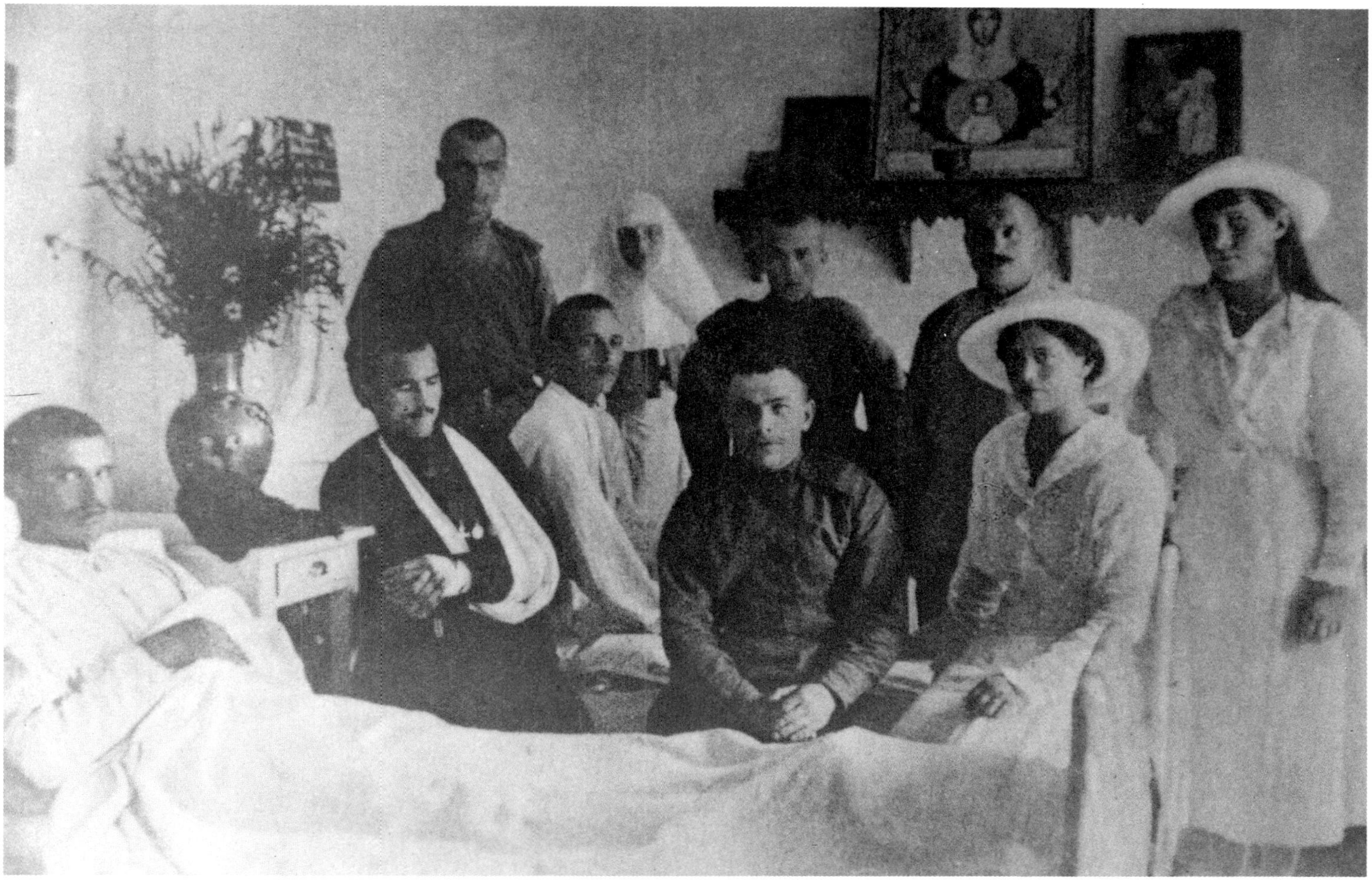

Der Zar reiste häufig mit dem Zarewitsch, aber auch anderen Familienmitgliedern an die Front, um die Soldaten zu motivieren, sich ihrer Versorgung zu versichern und Verwundete in den Lazaretten zu besuchen.

Die Töchter des Zaren besuchten ebenfalls Verwundete. Es war üblich für höhere Töchter und die weiblichen Angehörigen der adeligen Schichte, nach dem Vorbild der Großfürstinnen für Verwundete Kissen zu nähen und sich auch als Krankenschwester ausbilden und einsetzen zu lassen. *Links:* Tatjana Botkina, Tochter des Hofarztes.

Les manœuvres de 1913.

Zar Nikolaj II. besuchte verschiedene Abschnitte der Front, um sich ein Bild von der Lage zu machen, was ihm allerdings nur unzureichend möglich ist

Diese und die folgende Doppelseite:
Besuche des Zaren an der Front. Nach Berichten überlebender Soldaten als Augenzeugen war er von einfachem Wesen, auch zu jungen Männern von niedrigem militärischem Rang stets freundlich und pflegte sich nach dessen Familie zu erkundigen; sein besonderes Anliegen war die Sicherstellung der Versorgung und des Nachschubs für die Armee, wie der entsprechende Stabsoffizier berichtete. Gerade in diesem Bereich sollten aber aus verschiedenen Gründen wie Witterungsbedingungen, Organisationsfehler u. a. kritische Mängel auftreten, die zur Verschlechterung der Kampfmoral beitrugen. Wenn Sohn Alexej mit dem Zaren reiste, trug er die gleiche Uniform wie sein Vater, wie etwa die bevorzugte der Kosakenleibgarde.

Schon nach wenigen Wochen werden für die russischen Kämpfer die ersten Auszeichnungen vergeben. Die häufigsten sind das Georgskreuz verschiedener Klassen, der Orden des Heiligen Wladimir und der Heiligen Anna. Sie symbolisieren in der Ausführung den von Zar Nikolaj II. zu Kriegsbeginn formulierten Aufruf, „mit dem Schwert in der Hand und mit dem Kreuz im Herzen“ zu kämpfen – ein Motto, das schon Alexander I. anläßlich des Kampfes gegen die Armee Napoleons geprägt hatte.

Rechte Seite: Orden (von rechts nach links, von der oberen zur unteren Reihe) der Nikolajew-Militärschule, (daneben und darunter) Orden der Heiligen Anna verschiedener Klassen, (Mitte rechts) der Polnische Stanislaw-Orden, (unten) ein Wladimir-Orden und das Georgskreuz für besondere Tapferkeit.
Folgende Doppelseite: die Uniformen der wichtigsten russischen Regimenter

1914
ГОДА

20
КАМП

25
ЛѢТЪ

V. Robiquet

V. Robiquet

Étendard du 17e Dragons de
S. M. l'Empereur - 1914

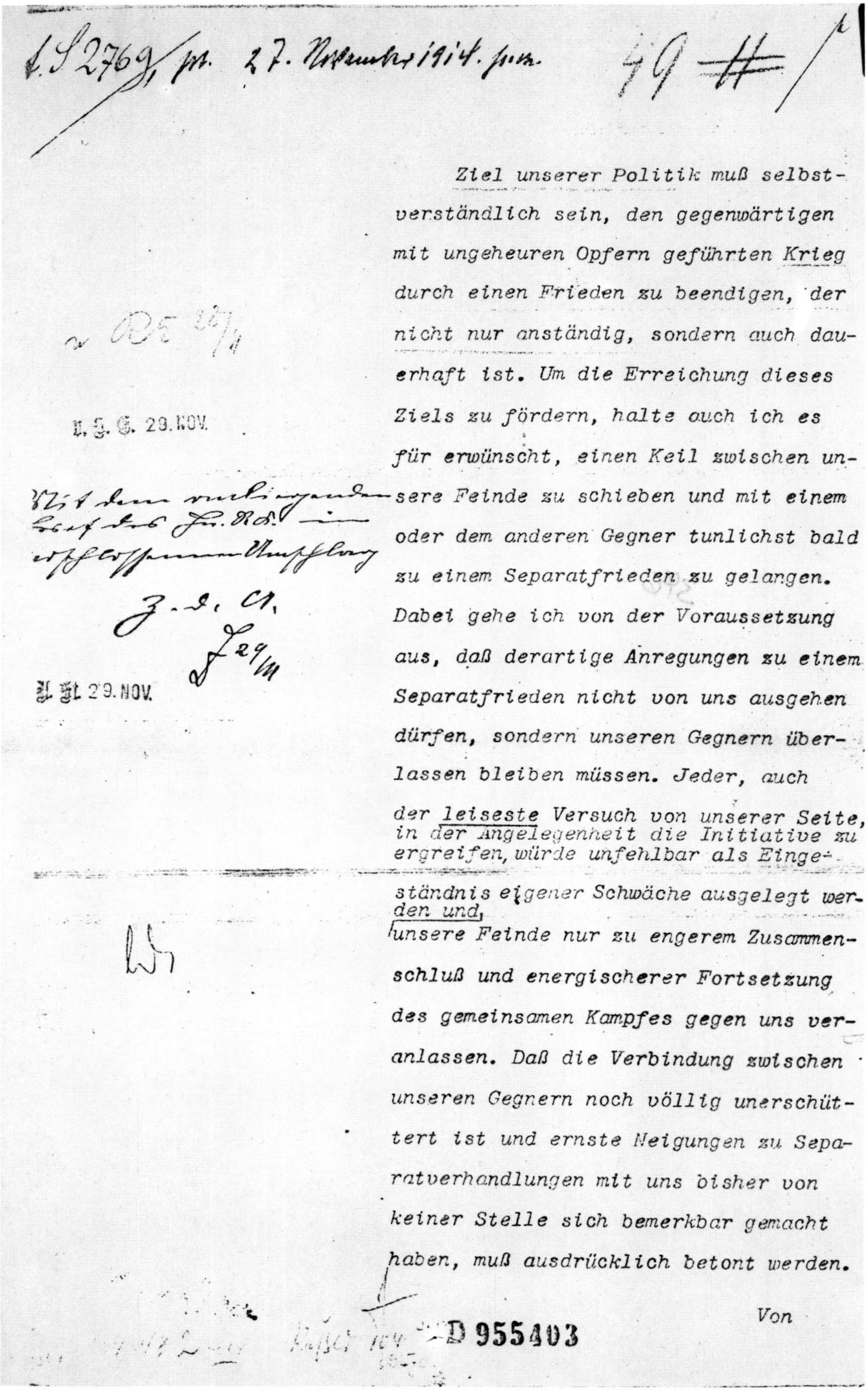
Ziel unserer Politik muß selbstverständlich sein, den gegenwärtigen mit ungeheuren Opfern geführten Krieg durch einen Frieden zu beendigen, der nicht nur anständig, sondern auch dauerhaft ist. Um die Erreichung dieses Ziels zu fördern, halte auch ich es für erwünscht, einen Keil zwischen unsere Feinde zu schieben und mit einem oder dem anderen Gegner tunlichst bald zu einem Separatfrieden zu gelangen. Dabei gehe ich von der Voraussetzung aus, daß derartige Anregungen zu einem Separatfrieden nicht von uns ausgehen dürfen, sondern unseren Gegnern überlassen bleiben müssen. Jeder, auch der leiseste Versuch von unserer Seite, in der Angelegenheit die Initiative zu ergreifen, würde unfehlbar als Eingeständnis eigener Schwäche ausgelegt werden und unsere Feinde nur zu engerem Zusammenschluß und energischerer Fortsetzung des gemeinsamen Kampfes gegen uns veranlassen. Daß die Verbindung zwischen unseren Gegnern noch völlig unerschüttert ist und ernste Neigungen zu Separatverhandlungen mit uns bisher von keiner Stelle sich bemerkbar gemacht haben, muß ausdrücklich betont werden.

Von

D 955403

Deutschland und der Erste Weltkrieg: Dieses Geheimdokument zeigt die deutsche Haltung in diesem Krieg und die politische Zielsetzung der Kaiserlichen Regierung, wie sie in einem vertraulichen Memorandum des deutschen Unterstaatssekretärs im Außenamt, Zimmermann, am 27. 11. 1914. festgehalten ist.

11

54

paratfrieden würde den unverkennbaren Vorteil haben, daß wir nicht allein unsere, sondern auch die österreichisch-ungarischen Truppen gegen Frankreich freibekämen, uns den Weg durch die Türkei nach Egypten eröffneten und der italienischen sowie rumänischen Sorge mit einem Schlage ledig wären.

Gerade wenn unsere militärische Stoßkraft zu Zweifeln Anlaß geben sollte, kann meines Erachtens nicht dringend genug empfohlen werden, alle irgend verfügbaren Kräfte, eventuell den letzten Mann der Landwehr und des Landsturms, schleunigst gegen Serbien anzusetzen. Serbien ist nach meiner Überzeugung der Punkt, wo wir zur Verbesserung unserer militärischen und politischen Situation mit einem Minimum von Kraftaufwand ein Maximum von Gewinn erzielen können.

Berlin, den 27. 11. 1914.

Zimmermann

955413

Aus dem elfseitigen Schreiben geht die deutsche Absicht hervor, den Krieg „bis zum siegreichen Ende“ weiterzuführen (man war ja erst von einem „Dreimonate-Krieg“ ausgegangen) und zu erreichen, daß die russische Seite die Initiative zu einem Separatfrieden ergreift, der dann die deutschen Truppen im Osten für den Westen gegen Frankreich freimachen würde. Das Konzept ist die Basis für das Interesse, das bald darauf der deutsche Generalstab an einem vom russischen Revolutionär im Exil, Alexander Parvus, vorgelegten Programm zum Sturz des Zaren und zu einer Revolution in Rußland entwickeln sollte.

"All the News That's Fit to Print."

The New York Times.

THE WEATHER
Fair and cooler today; fair tomorrow; fresh northeast winds.
For full weather report see Page 18.

VOL. LXIV...NO. 20,906. ... NEW YORK, WEDNESDAY, APRIL 21, 1915.—TWENTY-TWO PAGES. ONE CENT

'AMERICA FIRST,' WILSON'S SLOGAN

World Crisis Coming and We Are the Mediating Nation, He Tells Associated Press.

URGES STRICT NEUTRALITY

Not for Selfish Reasons, but to Qualify for Great Tasks Ahead.

NOYES ON UNBIASED NEWS

Explains Non-Partisan Standard of the Association—Publishers' Body Meets Today.

Strict neutrality, extreme caution in the publication of unconfirmed news, and "America first" were the keynotes of a speech by President Wilson that aroused great enthusiasm among newspaper editors and publishers from all parts of the country at the luncheon of The Associated Press at the Waldorf-Astoria yesterday.

Each telling point the President made in his speech, every word of which he seemed to weigh before uttering, was applauded by the audience of more than 300 at the tables and by a gallery of about 100 men and women.

The importance attached to his clear statement of the neutrality policy of his

them alone; one that is our servant and not our master. So we are here today, Democrats and Republicans; Protestants, Catholics, and Jews; Conservatives and Radicals, Wets and Drys; differing on every subject on which men differ, but all at one in demanding that, so far as is humanly possible, no trace of partisanship and no hint of propaganda shall be found in our news reports.

"Because of its traditions and its code, and perhaps also because of the never, ceasing watchfulness of 900 members, it has come to pass that few people on earth are capable of giving the management of The Associated Press any points on maintaining a strict, though benevolent, neutrality on all questions on which we can be neutral and still be what we are—loyal Americans. We know, too—none better—that the genuine neutral, the honest neutral, is always the target of every partisan, and we find some solace that this fact is now being demonstrated to the world at large.

"Today, however, we willingly lower our crest to one who has demonstrated in these agonizing times his mastership of the principles of true neutrality, and who, fully realizing the dreadful consequences of any departure from these principles, has nobly borne his terrible burden of responsibility in guarding the peace, the welfare, and the dignity of our common country.

"Our distinguished guest, who so honors us today, may surely know that in the perplexities and trials of these days, so black for humanity, he has our thorough, loyal, and affectionate support.

"God grant him success in his high aims for the peaceful progress of the people of the United States."

BIGGER ZEPPELINS ORDERED BY KAISER

Raid Results Disappoint, So Huge Fliers Are Building to Carry Large Bombs.

GENEVA, (via Paris,) Wednesday, April 21.—German and Swiss newspapers published in towns around Lake Con-

AUSTRIANS MASS ON ITALY'S BORDER

Yesterday Given as Latest Date Set for Consideration of Vienna's Proposals.

ISONZO RIVER FORTIFIED

German and Austrian Envoys Reported Ready to Leave Rome—Buelow Denies It.

PAPAL TROOPS ENLISTING

Accord Between Italy and Rumania Held to Presage Joint Intervention in the War.

Italy Requisitions Liners in New York Service.

GENOA, April 20, via Paris, April 21.—A number of Americans have been seriously inconvenienced because steamers, including the Italian liner America, on board which they had engaged passage, suddenly suspended their sailings for New York, owing to the fact that they had been taken over by the Italian Government.

The America was to have sailed today

ROME, April 20.—Reports received

rious reasons both countries considered it convenient to postpone the day of reckoning."

Special Cable to THE NEW YORK TIMES.

ROME, April 20, (Dispatch to The London Daily News.)—The German and Austrian Ambassadors accredited to the Quirinal and the Austrian Ambassador and Bavarian Prussian Minister accredited to the Vatican are secretly preparing for departure, evidently convinced that a rupture of diplomatic relations may occur at any moment.

The Austrian Ambassador at the Quirinal, Baron Macchio, has already sent his family to Innsbruck and granted leave of absence to the embassy staff. Prince Schonburg-Hartenstein, the Austrian Ambassador to the Holy See, will probably anticipate his Summer vacation and leave Rome at once.

The question of the custody of the archives of the several embassies has been already satisfactorily settled. The Pope yesterday received in audience Mgr. Csiszariz, the Austrian Embassay's ecclesiastical consultor, who on behalf of Emperor Francis Joseph, proposed that the custody of the Venetian Palace, which is the Ambassador's residence and Austrian Crown land, should be assumed by the Vatican. The German Embassy achives will probably be transferred to the Venetian Palace.

Prince von Buelow has transferred his villa to his brother-in-law, Prince Camporeale, with the idea doubtless of avoiding its sequestration in the event of war. The Prince's precaution is being copied by many German landowners in Italy, who are thus openly evading the law.

BRYAN SCORES PEARY FOR EXPANSION TALK

Calls It "Little Less Than a Crime" for a Prominent Man to Stir Up Neighboring Nations.

WASHINGTON, April 20.—Secretary Bryan said today that before criticising Rear Admiral Peary's recent speech on possible territorial expansion of the

Mit dem Frontwechsel Italiens nicht genug, ersuchen die Italiener sogar in Form einer geheimen Petition bei General Alexejew die russischen Streitkräfte um Hilfe, die durch Verstärkung ihrer Angriffe an der russisch-österreichischen Front die Südfront der Österreicher aufweichen und so die Italiener entlasten sollen.

Oben: eine Woche später, am 28. 4. 1915, ist in der „New York Times" von der Landung der Alliierten bei den Dardanellen die Rede.

"All the News That's Fit to Print."

The New York Times.

THE WEATHER
Local showers today and probably Thursday; cooler Thursday; moderate, variable winds.
For full weather report see Page 19.

VOL. LXIV...NO. 20,918. NEW YORK, WEDNESDAY, APRIL 28, 1915.—TWENTY-TWO PAGES. ONE CENT In Greater New York, Jersey City and Newark. Elsewhere TWO CENTS.

ALLIES BATTLE FOR A FOOTHOLD AT DARDANELLES

Report Troops Making Progress Ashore, but Turks Say Invaders Are Repulsed.

FRENCH HOLD KUM KALE

Seize Asiatic Side of Entrance to Strait While Other Forces Land on Gallipoli Peninsula.

TURKS RESIST STRONGLY

Announce That They Have Driven Many of the Troops Back to Their Ships.

FLEETS COVER THE LANDING

Constantinople Reports One British Torpedo Boat Sunk and Another Damaged—Heavy Losses Reported

LONDON, April 27.—On the narrow, rocky Gallipoli Peninsula in Turkey a picturesque assortment of allied troops have been taken and our forces are continuing their advance."

French Take 500 Prisoners.

PARIS, April 27.—An official communication on the operations at the Dardanelles, issued tonight, says:

During the disembarkation Sunday of the allied forces at the Dardanelles French troops, comprising infantry and artillery, had been designated particularly for operations at Kum Kale, on the Asiatic side. This mission was completely and successfully fulfilled.

Aided by the cannon of the French fleet and under the fire of the enemy our troops succeeded in occupying the village, and have continued its occupation despite seven counter attacks at night, supported by heavy artillery.

We took 500 prisoners, and the losses to the enemy appear to have been considerable.

The general disembarktion of the allied forces continues under good conditions.

Turks Tell of Repulsing Attack.

CONSTANTINOLE, April 27, (via Amsterdam and London.)—The Turkish War Department today gave out the following official statement:

Under the protection of warships the enemy attempted to land troops Sunday at four points on the west coast of Gallipoli, namely, at the south of Sighin Dere, on the coast in the district of Avi Burun, to the west of Gaba Tepeh, on the coast of Teke Burun and in the neighborhood of Kum Kale.

The troops of the enemy, which landed at Teke Burun, were forced to retreat at the point of the bayonet, and were pushed back to the coast. These forces on Monday night were obliged hastily to return to their ships. The Turkish attacks at all points are progressing successfully.

Simultaneously a fleet approached the Dardanelles in order to force the strait from the sea, but it was obliged to retreat before our fire.

The forces of the enemy which landed at Kum Kale advanced under the protection of warships, but, despite a heavy bombardment from all sides, our troops drove them back to the coast. Part of these forces on Monday night were obliged hastily to return to their ships.

SAVED BRITISH LINE BY NIGHT ASSAULT

Into a Dark Wood Held by Germans the Canadians Charged with Bayonets.

MOON ONCE SHONE FORTH

And Revealed the Terrible Struggle Over Dead and Dying—How Gas Routed French.

Special Cable to THE NEW YORK TIMES.

LONDON, Wednesday, April 28.—The Times publishes an account of the fighting near St. Julien from one who took part in it, clearly a Canadian Highlander. Describing the opening of the engagement, he says:

"It was 4:30 in the afternoon of Thursday that our pickets reported a sudden retiring movement on the part of our French allies on the left of the Canadian division on the Ypres-Langemarck Road.

"The strong northeast wind, which was blowing from the enemy's lines across the French trenches, became charged with a sickening, suffocating odor which was recognized as proceeding from some form of poisonous gas. The smoke moved like a vivid green wall some 4 feet in height for several hundred yards, extending to within 200 yards of the extreme left of our lines. Gradually it rose higher and obscured the view from the level.

"The rifle fire, which hitherto had been desultory, increased in volume, but tended to become more and more erratic, as is always the case when men fire at random or without any clear idea of their mark.

"Soon strange cries were heard and through the green mist, now growing thinner and patchy, there came a mass of dazed, reeling men who fell as they passed through our ranks. The greater number were unwounded, but they bore upon their faces the marks of agony.

"The retiring men were among the first soldiers of the world whose sang-froid and courage have been proverbial throughout the war. All were reeling through us and round us like drunken men."

After describing the earlier stages of the fight the writer goes on to tell how Canadians were sent to retake the wood near St. Julien, which the Germans had captured. It was a dark night before they came in front of the wood where the Germans had been entrenching themselves since 4 o'clock in the afternoon.

"Here a halt was made," says the soldier. "It was pointed out that the enemy were occupying a strong position in the rear of the British lines and that they must be driven out of it at all costs. It was whispered also that some British guns had been taken during the afternoon and that it would be our bit to retake them. It was well understood by all that we were in for bayonet work and that we should not be supported by artillery.

"We moved out in column of companies, forming by fours, to pass through a narrow gateway. This passed, we deployed in long lines of half companies, the second half of each company keeping about thirty yards in the rear of the first.

"All the battalions marched in this formation and each first half company knew that its pals in the second would not fail to support it when it came to

"The Tenth Battalion had the post of honor in the van. Its gallant Colonel, Russell Boyle, fell leading it.

"It wanted but a few minutes to midnight when we got to a hollow which was almost 300 yards from the wood. The moon now reappeared at intervals, and we could have done without her.

"Whispered orders were given to fix bayonets, which were obeyed in a flash. Overcoats, packs, and even officers' equipments were dropped, and we immediately advanced in light order.

"Scarcely had we reached a low ridge in full view of the wood when

APPEAL TO TURKEY TO STOP MASSACRES

The Russian Embassy today gave out a translation of a recent speech by the Minister of Foreign Affairs in the Duma, in which the presence of Russian

Die Ereignisse im Spiegel ausländischer Medien: die *„New York Times"* vom 21. April 1915 meldet Truppenkonzentrationen an der österreichisch-italienischen Front, die Befestigung am Isonzo, das Wiener Ultimatum und den Abzug des deutschen und des österreichischen Gesandten aus Rom: Ein Frontwechsel des zuvor österreichisch-deutschen Verbündeten Italien hat sich vollzogen.

Das russische Kriegsglück der ersten Monate hält nicht an – abgesehen davon, daß die anfangs dem französischen Verbündeten an die Marne zu Hilfe gesandte russische Militärelite bald im eigenen Land fehlen sollte.
Als die Deutschen Einheiten von der französischen Front an die Ostfront werfen und damit verstärkt in Ostpreußen russische Einheiten einkreisen (Schlacht bei Tannenberg, in der sich Hindenburg als Stratege profilierte), kommt es zu großen Verlusten auf russischer Seite, viele russische Soldaten ergeben sich *(links oben)* oder desertieren *(links unten)*.
Oben: deutsche Soldaten mit einem Hügel aus übereinandergeschlichteten russischen Gefallenen.

"All the News That's Fit to Print."

The New York Times.

THE WEATHER
Increasing cloudiness, rain by to-night and tomorrow; moderate shifting winds, becoming southeast.
For full weather report see Page 19.

VOL. LXIV...NO. 20,922. NEW YORK, FRIDAY, MAY 7, 1915.—TWENTY-TWO PAGES. ONE CENT In Greater New York, Jersey City and Newark. | Elsewhere TWO CENTS.

RUSSIANS ARE BEATEN, LOSE TARNOW; RETREATING FROM MOUNTAIN PASSES; AUSTRO-GERMAN ARMY SWEEPING ON

Three Rivers Crossed and Gorlice, Jaslo and Dukla Also Taken.

MAY CAPTURE FLEEING ARMY

High Mountain That Protected Great Base at Tarnow Taken by Storm.

LINE SMASHED BY NEW GUNS

German Armies Operating on a Scale Unparalleled in the History of War

LONDON, May 6.—The Germans, in consort with their Austrian allies, are putting forth an effort, the extent of which has never been approached in the history of war. Throughout virtually the whole length of the eastern front they are engaged with the Russians, while in the west, in addition to their attacks around Ypres, they are on the offensive at many points. At other points they are being attacked by the French, British, and Belgians.

Far up in the Russian Baltic Provinces, heretofore untouched by the war, the Germans are attempting to advance toward Libau and Riga. On the East Prussian frontier they are engaged in a series of battles, and with a big gun are bombarding at long range, as they did Dunkirk, the Russian fortress of Grodno. In Central Poland they have had to defend themselves against a Russian attack. In Western Galicia they are attacking with all their strength the Russian flank and compelling the Russians to abandon the Carpathian passes which were gained at such cost during the Winter.

tic; in Galicia, and in Belgium indicate that German forces are taking the offensive on a large scale, and that greater events are to be expected.

Further developments in Galicia are awaited with breathless interest, as it is believed that the events on this section of the front may give a decisive turn to the entire Eastern campaign. The view held here is that the whole Russian position in the Carpathians has now become precarious.

The operations of the Austro-German force which is now threatening the Russian lines between the Dunajec and Biala Rivers is regarded as a first-class performance, from a German military standpoint, particularly as it is the result of a frontal attack against strongly fortified positions.

The Austrians crossed the Dunajec near its confluence with the Vistula, although the Russians were strongly protected behind a dike on the eastern bank.

The Austrians, behind a dike on the west shore, advanced pontoons by night, cutting through the dike and depositing the pontoons among high reeds along the shore. They refilled and resodded the cut each night. In this way a sufficient number of pontoons was concealed in three nights for effecting a crossing of the river. When these preparations had been completed a terrific artillery bombardment enabled the Austrians to bridge the stream with comparatively little loss.

The Austro-German attack near Gorlice is described as an unparalleled artillery performance. The Russians believed their position to be absolutely impregnable. The artillery of the allies, from 42 centimeters down, so completely overwhelmed the Russians, however, that the Austro-German infantry was able to take the opposing positions at the first rush.

Attack on the Nida a Blind.

These operations were veiled by a heavy bombardment of the Russian positions along the Nida River last week, the Germans and Austrians meanwhile bringing up a powerful force, including an enormous amount of artillery, to the Dunajec for the great push eastward toward Lemberg.

Der Handel mit der Revolution

In diesem Augenblick der Kriegsereignisse, genauer, Anfang 1915, betritt ein gewisser Alexander Parvus alias Helfhand die politische Bühne. Da der russisch-jüdische Revolutionär im Exil auch in Deutschland als Persona non grata Einreiseverbot hat, wendet er sich in Konstantinopel, wo er dubiose Geschäfte betreibt, an die deutsche Botschaft, als die Türkei auf seiten Deutschlands in den Krieg eintritt. Er gibt zu verstehen, daß er behilflich sein könne, die deutsche Kriegsfront im Osten zu beenden, indem er das Programm für einen Umsturz in Rußland entwickeln und durchzuführen imstande sei.
Am 10. Januar 1915 telegrafiert der Staatssekretär im deutschen Außenamt, Jagow, an seine vorgesetzte Dienststelle in Berlin: „Bitte Doktor Parvus sofort zu empfangen" (siehe unten) – was auch prompt geschah.
Rechts: Alexander Helfhand, genannt Doktor Parvus. Den akademischen Titel hatte sich der Exilrevolutionär nicht erworben, sondern als Attribut einer seriösen Erscheinung zugelegt. Sein tatsächlicher Name war einfach Helfhand.

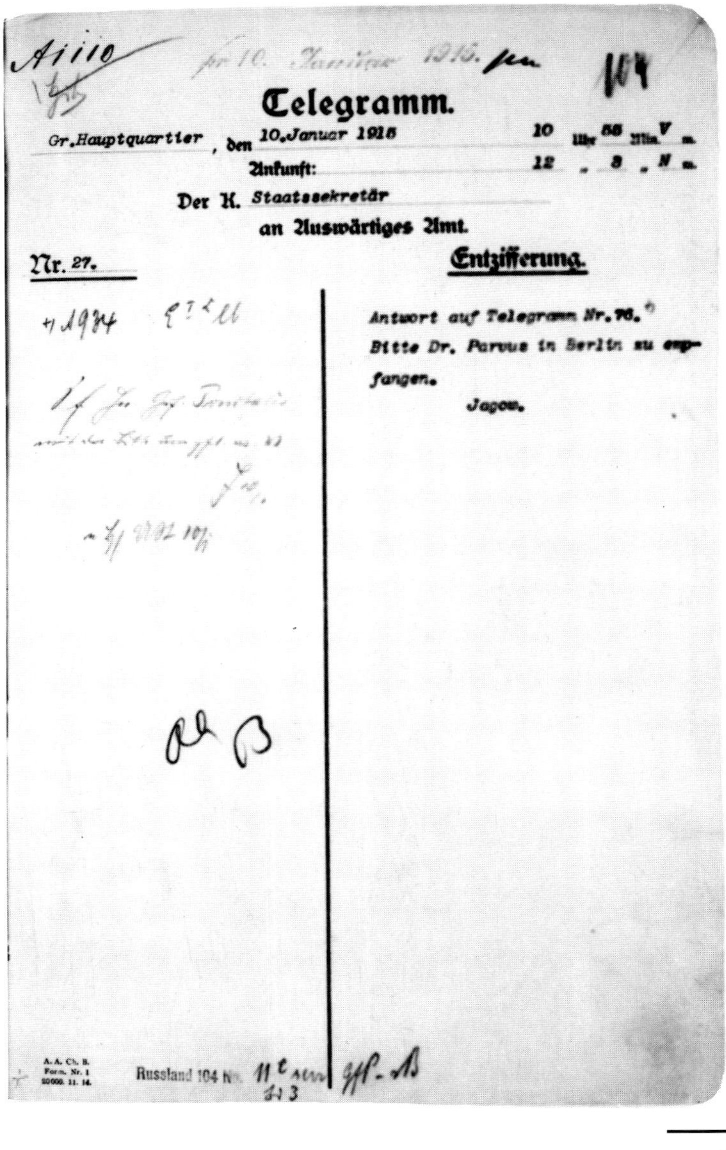

Telegramm.

Gr.Hauptquartier, den 10.Januar 1915 10 Uhr 55 Min. V.m.

Ankunft: 12 " 8 " N.m.

Der K. Staatssekretär

an Auswärtiges Amt.

Nr. 27.

Entzifferung.

Antwort auf Telegramm Nr. 76.

Bitte Dr. Parvus in Berlin zu empfangen.

Jagow.

Russland 104 Nr.

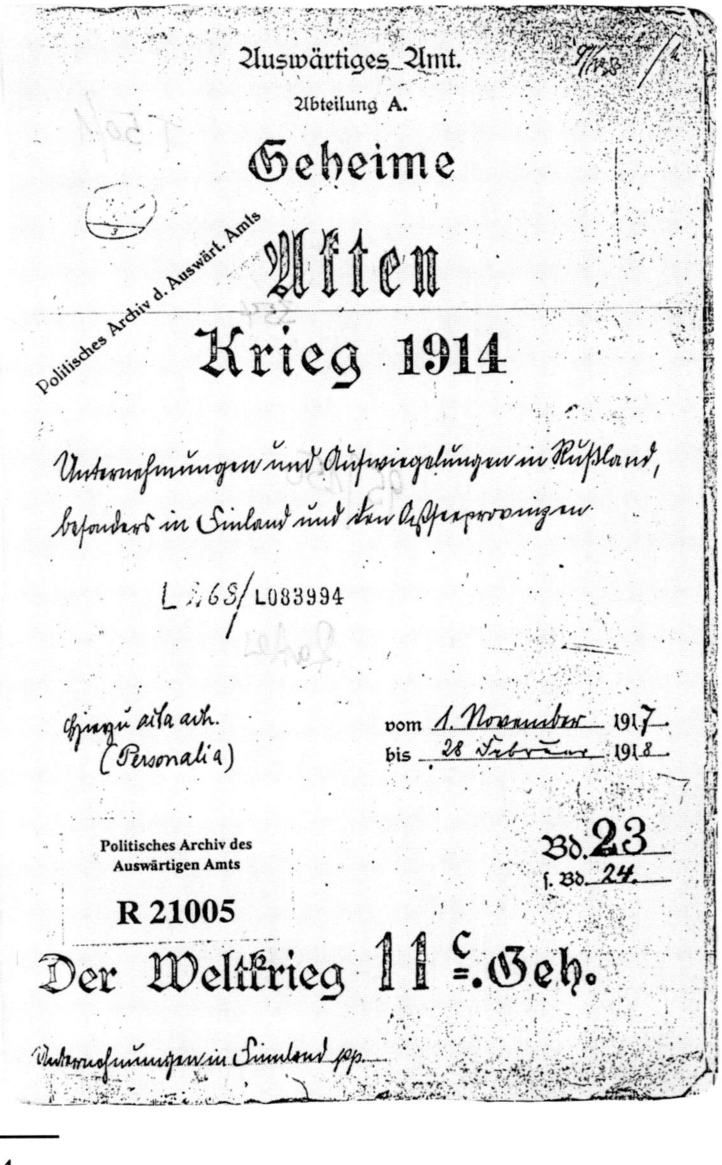

Auswärtiges Amt.

Abteilung A.

Geheime

Akten

Krieg 1914

Unternehmungen und Aufwiegelungen in Rußland, besonders in Finland und den Ostseeprovinzen

Politisches Archiv d. Auswärt. Amts

L 068/L083994

vom 1. November 1917

bis 28 Februar 1918

Politisches Archiv des Auswärtigen Amts

R 21005

Bd. 23

f. Bd. 24.

Der Weltkrieg 11 c. Geh.

Abschrift.

Vorbereitung eines politischen Massenstreiks in Russland.

Es soll für den Frühling ein politischer Massenstreik in Russland vorbereitet werden unter der Losung : Freiheit und Frieden. Das Centrum der Bewegung wird Petersburg sein; hier wiederum die Obnuhowschen, Putilowschen und Baltischen Werke. Der Streik soll die Eisenbahnverbindungen Petersburg-Warschau, Moskau - Warschau und die Süd-West-Eisenbahn erfassen. Der Eisenbahnstreik wird vor allem in den grossen Centralen mit starker Arbeiterschaft, den Eisenbahnwerkstätten etc. durchgeführt werden. Zum Zwecke seiner Verallgemeinerung werden überall womöglich die Eisenbahnbrücken gesprengt, wie dies auch bei der Streikbewegung 1904/1905 der Fall war.

Konferenz russischer sozialistischer Führer.

Dieses Werk kann nur unter der Leitung der russischen Socialdemokratie zustande kommen. Der radikale Teil der letzteren ist bereits in Aktion getreten. Es ist notwendig, dass sich auch die gemässigte Minoritätsfraktion anschliesse. Bis jetzt waren es zumeist die Radikalen, die eine Einigung verhinderten. Der Führer der letzteren, Lenin, hat aber vor zwei Wochen selbst die Frage nach einer Einigung mit der Minorität aufgeworfen. Eine Einigung auf einer mittleren Linie im Sinne der Notwendigkeit, die durch den Krieg geschaffene Schwächung des administrativen Apparates im Innern des Landes zur Einleitung einer energischen Aktion gegen den Absolutismus auszunützen, dürfte sich herbeiführen lassen. Es ist zu bemerken, dass der gemässigte Teil stets am stärksten unter dem Einfluss der deutschen Social-

demokratie

Parvus legt in Berlin ein Memorandum vor, das sich „Vorbereitung eines politischen Massenstreiks in Rußland" nennt.
Dieses achtzehn Seiten lange Programm (Wortlaut siehe Anhang) erstellt einen detaillierten Plan für eine Revolution zum Zweck des Sturzes der zarischen Regierung (und der Machtergreifung der Revolutionäre). Dazu gehören entsprechende Propaganda in der Hauptstadt, an der Front und bei der Flotte und das Stimulieren von Sympathiebewegungen sowie das Aufstellen von Gallionsfiguren im In- und Ausland. Nach entsprechender Vorbereitung dieser Art sollen Versorgungswege in die Hauptstadt und an die Front abgeschnitten werden. Die daraus resultierenden Mangelzustände sollen von Agitatoren ausgenützt und entsprechend in Demonstrationen gegen den Krieg und gegen die Regierung aufgegriffen und ausgeschlachtet werden. Demoralisierung an der Front und Verminderung der Kampfbereitschaft sollten durch nachfolgende Niederlagen den gegen den Krieg agitierenden Revolutionären Anhänger verschaffen. Lenin soll die Führerfigur sein. Für die Realisierung dieses Programms veranschlagt Parvus hohe Geldbeträge.

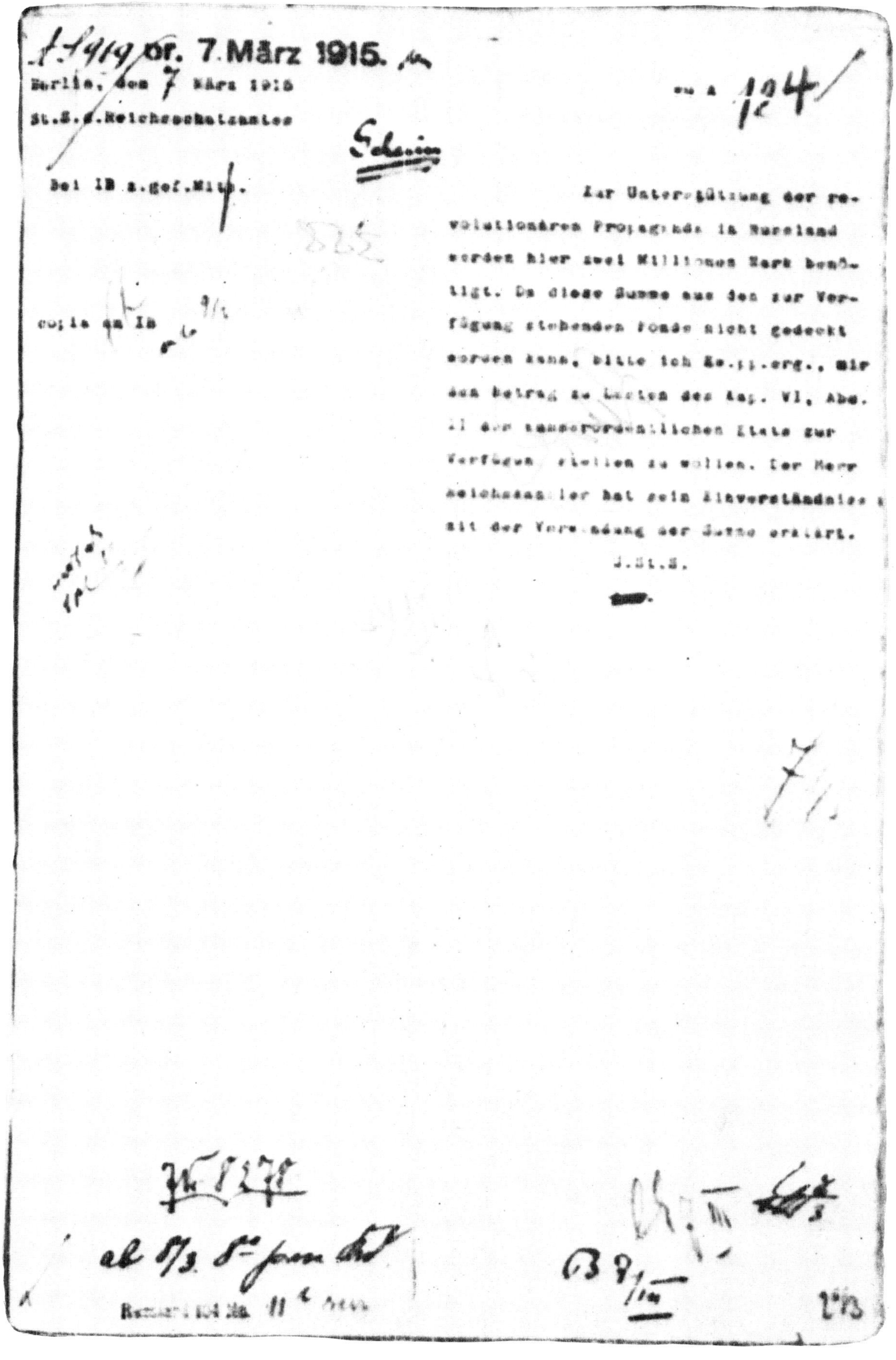

A 1919 pr. 7. März 1915.

A 124

Berlin, den 7 März 1915

St.S.d.Reichsschatzamtes

Geheim

Bei IB z.gef.Mitz.

copia an IA

Zur Unterstützung der revolutionären Propaganda in Russland werden hier zwei Millionen Mark benötigt. Da diese Summe aus den zur Verfügung stehenden Fonds nicht gedeckt werden kann, bitte ich Ew. Exz., mir den Betrag zu Lasten des Kap. VI, Abs. II des ausserordentlichen Etats zur Verfügung stellen zu wollen. Der Herr Reichskanzler hat sein Einverständnis mit der Verwendung der Summe erklärt.

J.St.S.

Telegramm des deutschen Reichsschatzamtes:
In diesem Telegramm vom 7. März 1915 ist die positive Reaktion des deutschen Außenamtes auf den Vorschlag von Parvus zu sehen.
Als Starthilfe werden über das Schatzamt sofort 2 Millionen Goldmark bewilligt. Bis Mitte 1918 sollten über 40 Millionen Goldmark fließen und dann noch einmal so viel, um das bis dahin erreichte Ergebnis zu sichern.
Parvus richtet in Stockholm ein „Büro für internationale Wirtschaftsbeziehungen“ ein und zieht von dort die Fäden zwischen Zürich, wo Lenin wartet, und den Geldgebern in Berlin und Petersburg. Das Rad der Geschichte rollt an und auf 1917 zu.

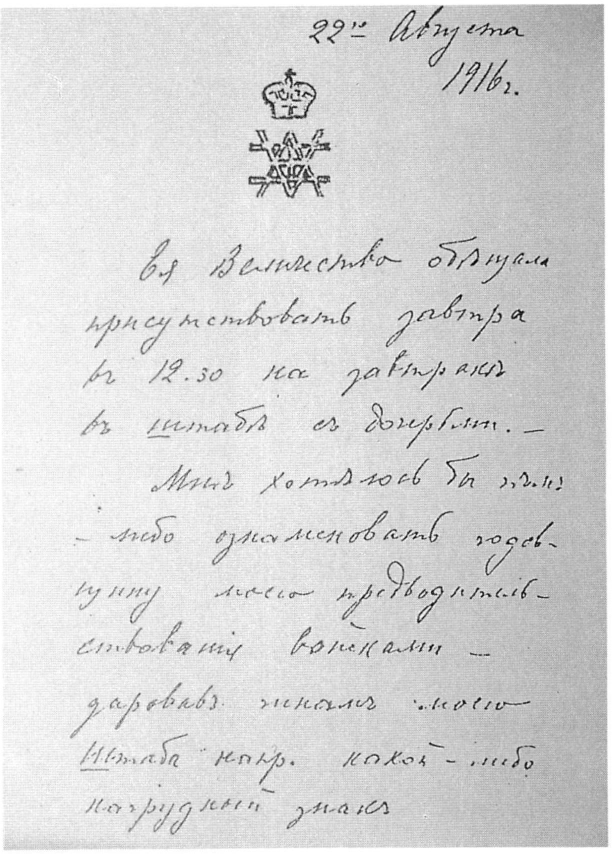

22-е Августа 1916 г.

Ея Величество обѣщала присутствовать завтра въ 12.30 на завтракѣ въ штабѣ съ дочерьми. — Мнѣ хотѣлось бы чѣмъ-либо ознаменовать годовщину моего предводительствованія войсками — даровавъ чинамъ моего Штаба и пр. какой-либо нагрудный знакъ

Zur gleichen Zeit schreibt der ahnungslose Zar besorgte Briefe an den Oberkommandierenden, General Alexejew, mit dem er hinsichtlich der Situation der Armee in ständigem Kontakt steht. Dieser Zeitpunkt fällt mit der Wende des Krieges zusammen.
Rechte Seite: Die wechselnde Lage an der Front spiegelt sich in der „New York Times" vom 3. Januar 1916 wider – wie auch die deutschfeindliche Haltung des Mediums.
Am 10. Januar 1916 meldet das Blatt die Aufgabe von Gallipoli *(rechts unten)*

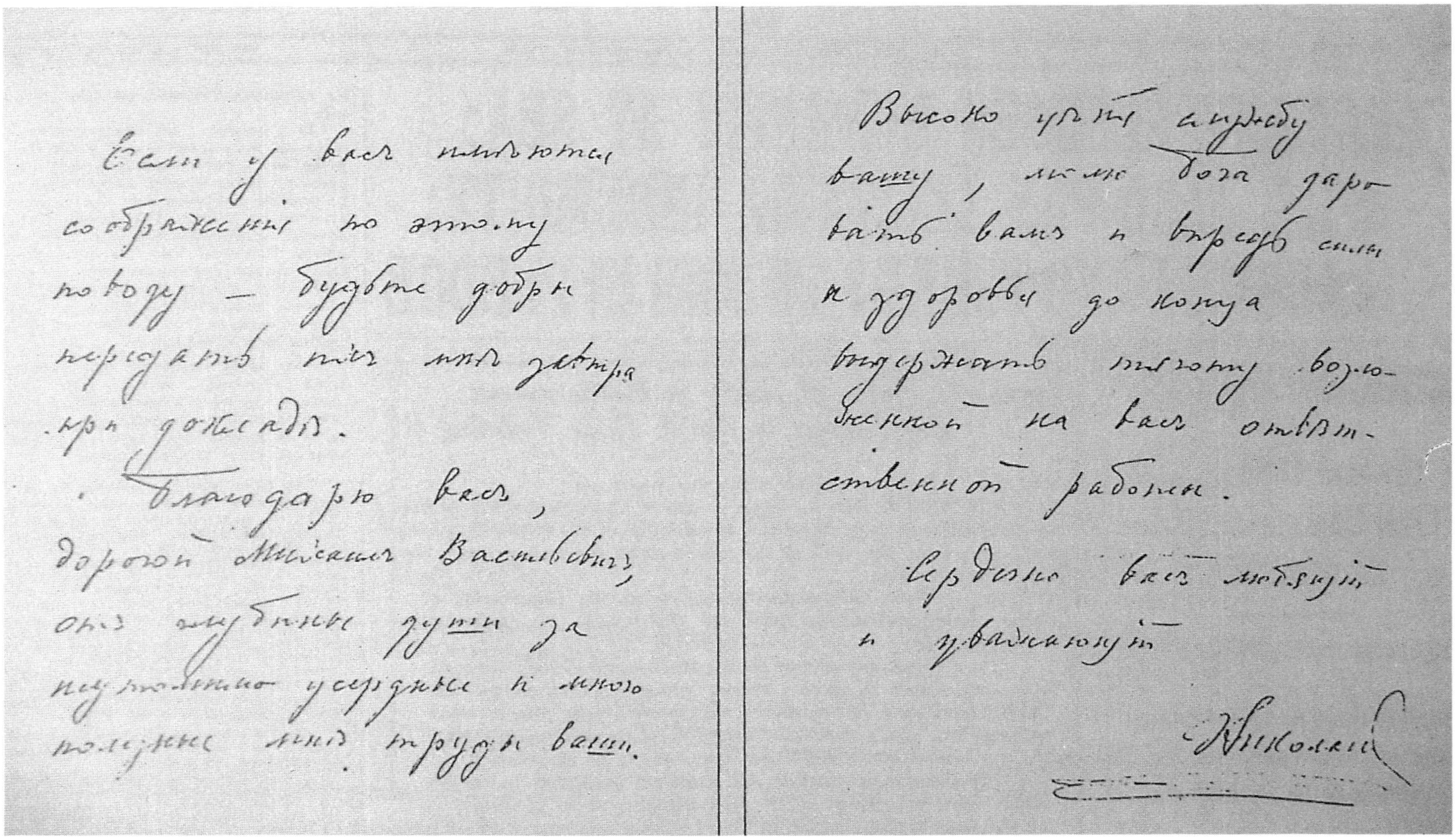

Если у васъ имѣются соображенія по этому поводу — будьте добры передать ихъ мнѣ завтра при докладѣ.

Благодарю васъ, дорогой Михаилъ Васильевичъ, отъ глубины души за неутомимо усердные и много полезные мнѣ труды ваши.

Высоко цѣня службу вашу, молю Бога даровать вамъ и впредь силы и здоровья до конца выдерживать тяжкую возложенную на васъ отвѣтственную работу.

Сердечно васъ любящій и уважающій

Николай

"All the News That's Fit to Print."

The New York Times.

THE WEATHER
Fair today, fresh northeast winds on the Coast; Sunday fair, slightly warmer.
For full weather report see Page 17.

VOL. LXV...NO. 21,168. ... NEW YORK, SATURDAY, JANUARY 8, 1916.—EIGHTEEN PAGES. ONE CENT In Greater New York, Jersey City and Newark. | Elsewhere, TWO CENTS.

GERMANY PLEDGES HUMANITY AT SEA; WILL ALSO PAY LUSITANIA INDEMNITY; AUSTRIA AND TURKEY TO JOIN IN PLEDGE

INCLUDES THE PERSIA CASE

Germany's Pledge of Safety in Mediterranean and Promise to Punish Those Violating It

ka, Mitrovitza, Prisrend, and finally Scutari.

"As a tourist I am acquainted with the Alps, the Carpathians, and the Pyrenees, but I have never seen such goat paths for roads running along the edges of terrible precipices and the sides of peaks in the clouds. The officials of the Serbian Government rode little mountain ponies, but often they had to abandon their mounts and go on foot. I have seen their horses slip and fall into abysses. Sometimes one had to go on all fours. Some, to avoid vertigo, had to be guided with closed eyes.

"Then there was snow, which caused fresh suffering. Roads were worn through the snow a yard deep. Albanian guerrillas were taking pot shots at us from behind rocks high up or from

"All the News That's Fit to Print."

The New York Times.

THE WEATHER
Cloudy, warmer Monday, rain by night; Tuesday rain or snow, colder; south to southwest gales, becoming northwest.
For full weather report see Page 19

VOL. LXV...NO. 21,170. .... NEW YORK, MONDAY, JANUARY 10, 1916.—TWENTY PAGES. ONE CENT In Greater New York, Jersey City and Newark. | Elsewhere, TWO CENTS.

ALLIES ABANDON ALL OF GALLIPOLI, ESCAPING FROM TURKS WITHOUT LOSS; MINE SINKS BATTLESHIP EDWARD VII.

was taken off without any loss of life. Only two men were injured."

The King Edward VII. represented an investment of nearly £1,600,000 ($8,000,000), and was one of the finest of the last class of predreadnoughts, corresponding in general to the American ships of the New Jersey and Nebraska type. She was only slightly older than the Natal, which was sunk by an internal explosion about a week ago.

Special Cable to THE NEW YORK TIMES.

LONDON, Monday, Jan. 10.—Naval critics speak of the sinking of the King Edward VII. as a serious loss because, although she was nearly eleven years old, she was a valuable unit. She and her seven sister ships constituted a swift, powerful and homogeneous squadron."

She is the eighth battleship lost in the war, not one of which was destroyed in action. She also was the heaviest vessel lost, her displacement being 16,350 tons, against the Blücher's 15,500 tons.

There is much satisfaction over the fact that the officers and crew, numbering more than 800, were saved, in spite of the rough weather and heavy seas, attesting the discipline and resource of those aboard. The naval critics point out that, notwithstanding the British naval losses to date, the grand fleet is actually and relatively stronger than it was when hostilities opened.

A dispatch to The Daily Mail from Chatham says that a trainload of men from the sunken battleship King Edward VII. arrived there Sunday afternoon, and were taken direct to the naval barracks.

The King Edward VII. was a barbette

The King Edward VII. Sunk By a Mine

comment with satisfaction and relief on the success of the operation of withdrawal. They consider, despite General Monro's generous tribute to Generals Birdwood and Davies, that credit for the remarkable double retirement should be attributed to General Monro himself. The Times says editorially

"Twice within a few weeks General Monro has managed to remove his men and guns under the eyes of the Turks and their German officers. We doubt if a precedent for such an achievement can be found in the annals of war.

"The extraordinary freedom from casualties at Helles is explainable to some extent by the fact that, unlike Anzac and Suvla, it gave us one beach sheltered from the enemy's fire. But neither operation would have been possible with any but the boldest and steadiest troops. The Government may be congratulated on their prompt decision on the complete evacuation of the peninsula."

As regards the wisdom of the movement, The Daily Chronicle says:

"The evacuation of Suvla meant the renunciation of any offensive on the peninsula. That being so, the abandonment of Cape Helles is no longer a loss. It is a difficult and costly area to hold, for every spot in it is within range of the enemy's artillery, and could be shelled not only from the front, but across the strait from the forts on the Asiatic shore. Its occupation conferred on us no power of blocking the strait which we cannot still exercise through our occupation of Imbros and Tenedos, and it is not too much to say that the only motive left for holding it was the difficulty of getting the men off. Now this has been overcome there is ground for heartfelt satisfaction."

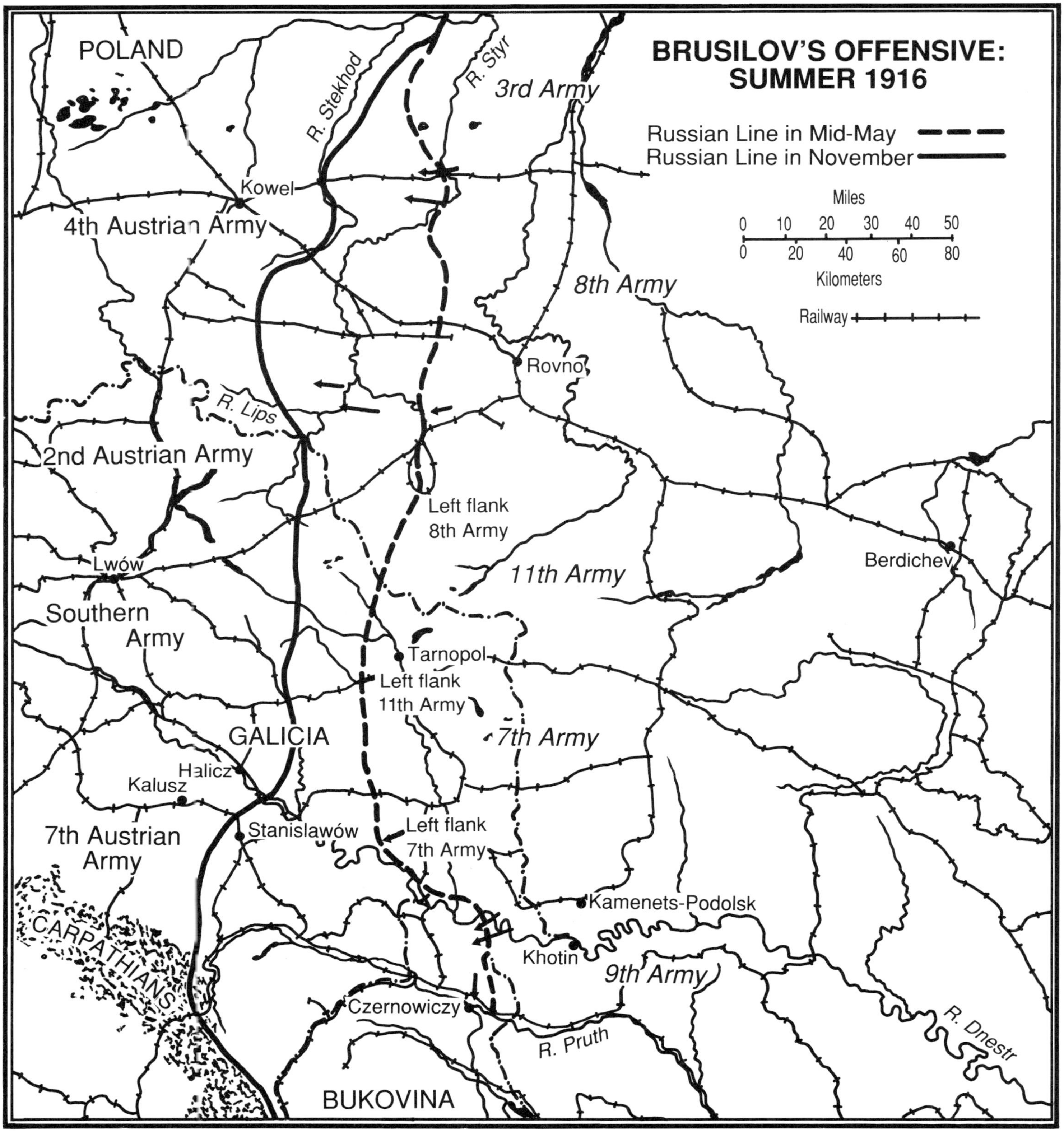

Im Sommer 1916 soll General Brjusilow durch einen erfolgreichen Angriff den Kriegsverlauf wieder zugunsten der russischen Seite beeinflussen

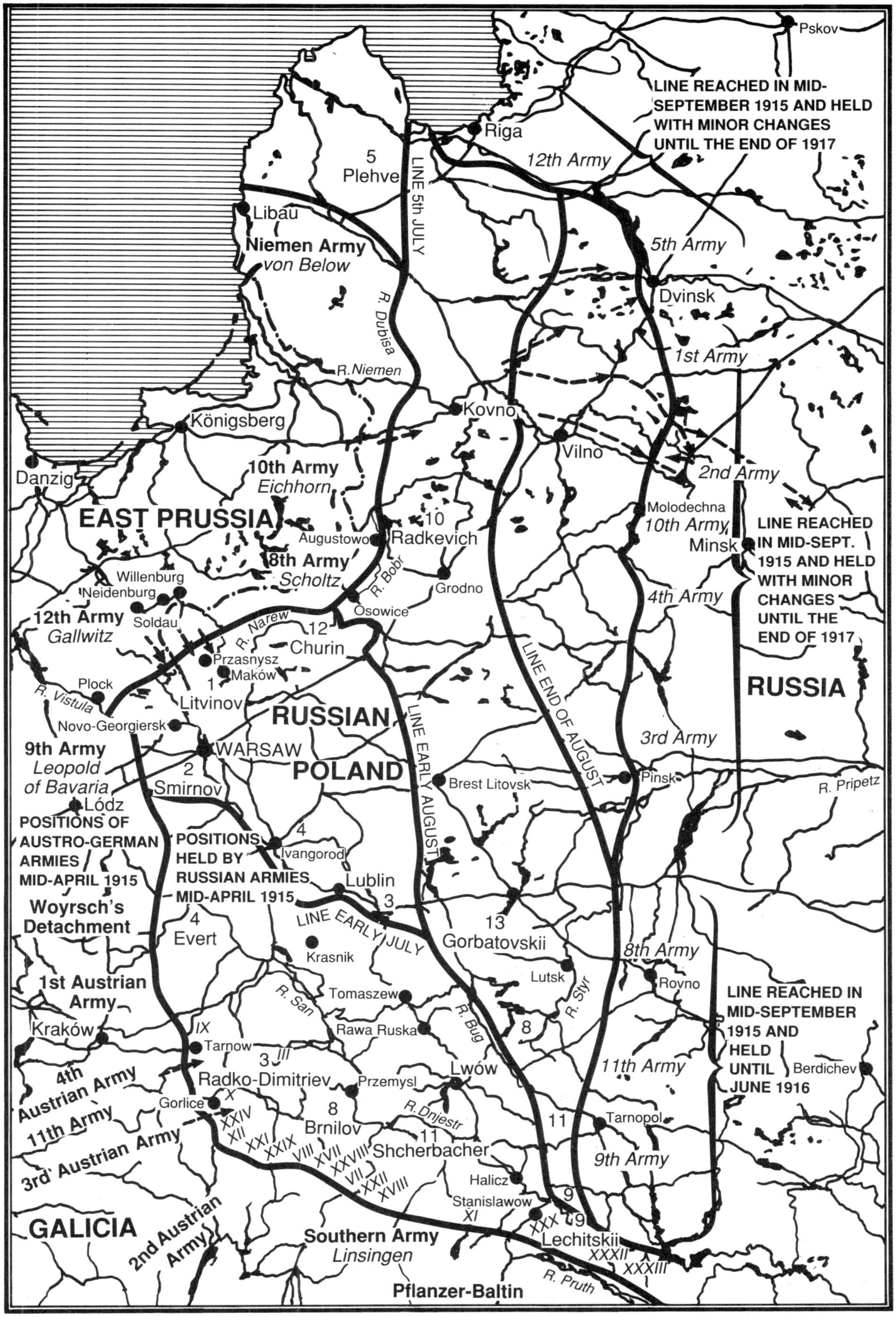

Links und rechts: die russische Westfront während der Brjusilow-Offensive Mitte 1916, an der russisch-österreichischen Linie erfolgreich für die Russen. Die Generäle anderer Frontabschnitte ziehen jedoch nicht mit, im Süden etwa landen russische Soldaten in den Sümpfen Rumäniens. Auf der durchbrochenen Linie wird die russische Position im Mai 1916, auf der undurchbrochenen ihre Position im November 1916 angezeigt

Im Jahr des militärischen Rettungsversuches auch ein innenpolitischer: Fürst Felix Jusupow, ein Neffe des Zaren, ermordet Grigorij Rasputin. Ihm war es in den vorangegangenen Jahren durch Heilerfolge am kränkelnden Zarewitsch gelungen, die Zarin in verschiedenen Fragen zu beeinflussen, was nur fatale Folgen für die Politik am Zarenhof haben konnte.
Doch dieser patriotischeste Mord der russischen Geschichte kam viel zu spät

Rechts: Fürst Felix Jusupow und seine Frau Irina. Nach Augenzeugenberichten war die Reaktion auf die Ermordung Rasputins überwiegend positiv, sieht man von der Bestürzung der Zarin und einiger Hofdamen ab. Manche Leute beglückwünschten Jusupows Freunde, deren Mittäterschaft bekannt wurde, ganz offen, und dem Zaren, der im Generalstab von der Tat erfuhr, soll seine Erleichterung anzusehen gewesen sein. Dennoch mußte er Jusupow und seine Helfer verhaften und dann verbannen lassen

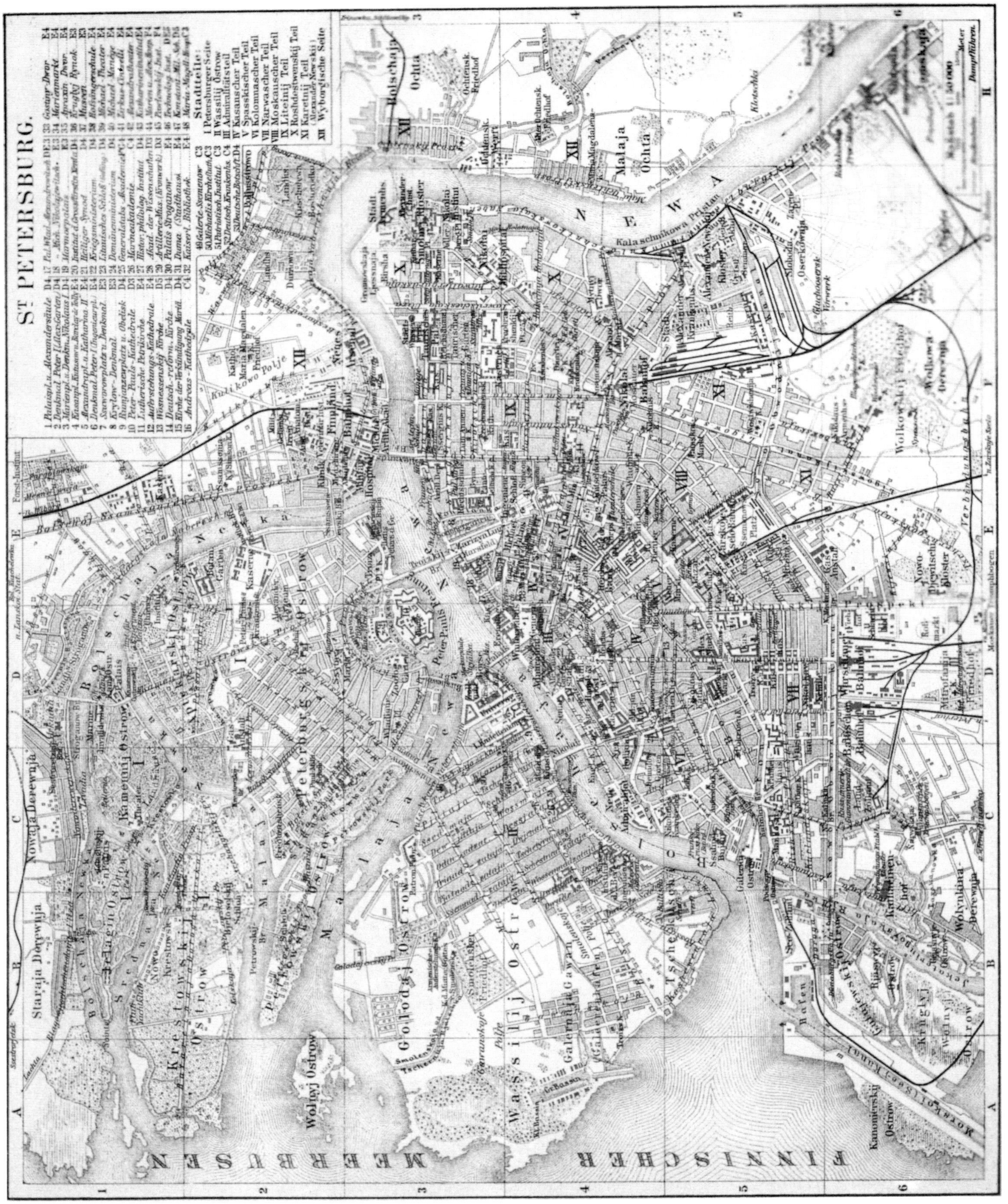
St. PETERSBURG.
FINNISCHER MEERBUSEN
NEWA

"All the News That's Fit to Print."

The New York Times.

THE WEATHER
Rain Thursday; fair, cold wave by night Friday.
For full weather report see Page 21.

VOL. LXVI...NO. 21,558. ... NEW YORK, THURSDAY, FEBRUARY 1, 1917.—TWENTY-TWO PAGES. ONE CENT

GERMANY BEGINS RUTHLESS SEA WARFARE; DRAWS 'BARRED ZONES' AROUND THE ALLIES; CRISIS CONFRONTS THE UNITED STATES

Die Hauptstadt Petersburg war mit Kriegseintritt Rußlands gegen Deutschland wieder in die russische Namensform Petrograd umbenannt worden *(oben ein Plan aus der Zeit)*. Im Stadtgebiet zwischen dem Winterpalais an der Newa und dem anderen Ende des Newskij-Prospekts spielten sich nun die kommenden historischen Ereignisse ab. Die Fabriksviertel, Zielpunkte revolutionärer Agitation und in der Folge Zentren der Streiks, liegen im Norden der Stadt. Allmählich stellen die Bürger dieser Stadt die Kriegsopfer in Frage, und der Boden für entsprechende Propaganda ist vorbereitet.

Kriegsberichterstattung: in der „New York Times" vom 1. Februar 1917 *(oben)* wird das Verhalten der deutschen Marine kritisiert. Der in der Ausgabe vom 4. Februar 1917 (unten) gemeldete Abbruch der deutsch-amerikanischen Beziehungen ist nur mehr eine Formsache

"All the News That's Fit to Print."

The New York Times.

THE WEATHER
Fair, warmer today; fair, colder Monday.
For full weather report see Page 19.

VOL. LXVI...NO. 21,561. .. NEW YORK, SUNDAY, FEBRUARY 4, 1917.—96 PAGES, In Eight Parts, PRICE FIVE CENTS.

RELATIONS WITH GERMANY ARE BROKEN OFF; AMERICAN SHIP HOUSATONIC SUNK, CREW SAFE; MILITIA CALLED OUT; GERMAN SHIPS SEIZED

BREAK WITH AUSTRIA, TOO

Notice of Her Blockade Arrives as President Is Speaking.

EXPECTS NEUTRAL SUPPORT

President Expresses Belief That They Will Follow America's Course.

STILL HOPES AGAINST WAR

Mr. Wilson Unable to Believe That Germany Means to Carry Out Threat.

German merchant ships at American ports are being closely guarded, and some have been seized. Our war vessels are said to have received precautionary orders. Army arsenals have been told to guard against danger. Public buildings here and elsewhere are being guarded also.

Break with Austria, Too.

Diplomatic relations with Austria-Hungary are to be severed also. This was made certain by the receipt by the State Department today of a note from the Vienna Government containing notice of adherence to the German submarine blockade policy. President Wilson did not know this when he went to the Capitol. Count Tarnowski von Tarnow, the newly accredited Ambassador of Austria-Hungary, who had reached the United States on Thursday, went to the State Department today to arrange for his formal presentation to President Wilson. Word was brought to him that Secretary Lansing would be unable to receive him. Hardly had the Ambassador gone when the department received a cable message from Frederic C. Penfield, the American Ambassador at Vienna, giving the text of the Austro-Hungarian adherence to the German war zone order. As Count Tarnowski has not been formally received by this Government he may not be dismissed in the same way as Count von Bernstorff was, but he will be invited to leave the country, with the members of his suite and

COUNT JOHANN VON BERNSTORFF

ЗЕМЛЯ
И
ВОЛЯ

Der Funke springt über.
Die Menschen gehen auf die Straße. Ihre Transparente tragen die Forderungen der kriegsmüden Bevölkerung in die Menge, die nach der Propaganda der Agitatoren formuliert sind: „Nieder mit dem Krieg!“ „Weg mit der alten Regierung!“ „Land, Freiheit!“ (die Versprechen der Revolutionäre) und „Nieder mit der alten Welt!“
Die Aufständischen bewaffnen sich – es sind vorwiegend Arbeiter und Soldaten – und nennen sich „Rote Garde“. Das wolhynische Leibregiment, eine zuhilfegerufenen Elitetruppe, verbrüdert sich mit der Menge

In den Petrograder Garnisonen gibt es keine Sicherheitskräfte mehr, auf die die alte Regierung noch zählen kann, um Ruhe und Ordnung aufrechtzuerhalten. Diejenigen Einheiten, die diese Aufgabe erfüllt hätten, waren an die Front beordert und von Reservisten ersetzt worden. Diesen mangelte es – oft aus entlegenen Teilen des Landes hierherbeordert – an Ausbildung und Loyalität, vor allem aber an Einsicht über ihre Aufgabe. Bald schon verbrüderten sie sich mit der Bevölkerung. Geschäfte wurden geplündert, Weinkeller geleert, Polizisten verjagt, Offiziere von den eigenen Soldaten erschossen.
Soldaten ziehen gemeinsam mit streikenden Arbeitern durch die Stadt.

27. Februar 1917: ein Bild der Revolution.
Eine organisierte Gruppe von Demonstranten erreicht die Duma, das Parlamentsgebäude. Mit der Bildung des Arbeiter-und Soldatenrates ist der Keim zum Sowjetstaat gelegt. Das Programm von Parvus ist zur Hälfte durchgeführt und das Ziel der ersten Etappe erreicht. Nun steht der endgültige Sturz des Zaren und der auch nach ihm an der Fortführung des Krieges festhaltenden Provisorischen Regierung bevor.

ВПЕРЕД ЗА

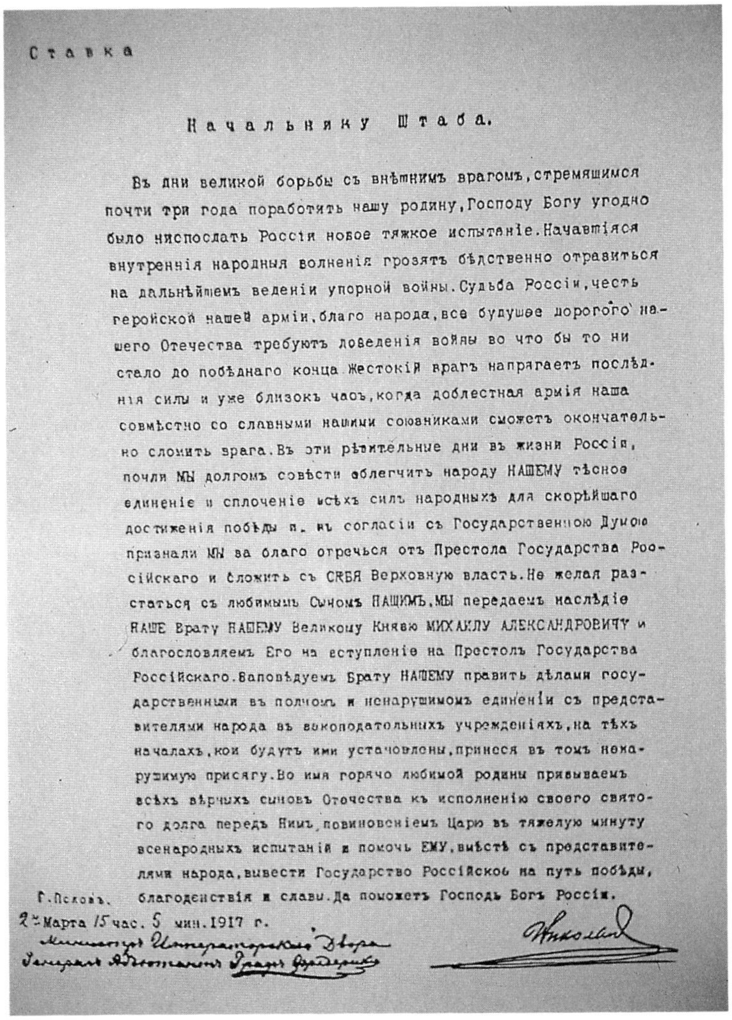

Ставка

Начальнику Штаба.

Въ дни великой борьбы съ внѣшнимъ врагомъ, стремящимся почти три года поработить нашу родину, Господу Богу угодно было ниспослать Россіи новое тяжкое испытаніе. Начавшіяся внутреннія народныя волненія грозятъ бѣдственно отразиться на дальнѣйшемъ веденіи упорной войны. Судьба Россіи, честь геройской нашей арміи, благо народа, все будущее дорогого намего Отечества требуютъ доведенія войны во что бы то ни стало до побѣднаго конца. Жестокій врагъ напрягаетъ послѣднія силы и уже близокъ часъ, когда доблестная армія наша совмѣстно со славными нашими союзниками сможетъ окончательно сломить врага. Въ эти рѣшительные дни въ жизни Россіи, почли МЫ долгомъ совѣсти облегчить народу НАШЕМУ тѣсное единеніе и сплоченіе всѣхъ силъ народныхъ для скорѣйшаго достиженія побѣды и, въ согласіи съ Государственною Думою признали МЫ за благо отречься отъ Престола Государства Россійскаго и сложить съ СЕБЯ Верховную власть. Не желая разстаться съ любимымъ Сыномъ НАШИМЪ, МЫ передаемъ наслѣдіе НАШЕ Брату НАШЕМУ Великому Князю МИХАИЛУ АЛЕКСАНДРОВИЧУ и благословляемъ Его на вступленіе на Престолъ Государства Россійскаго. Заповѣдуемъ Брату НАШЕМУ править дѣлами государственными въ полномъ и ненарушимомъ единеніи съ представителями народа въ законодательныхъ учрежденіяхъ, на тѣхъ началахъ, кои будутъ ими установлены, принеся въ томъ ненарушимую присягу. Во имя горячо любимой родины призываемъ всѣхъ вѣрныхъ сыновъ Отечества къ исполненію своего святого долга передъ Нимъ, повиновеніемъ Царю въ тяжелую минуту всенародныхъ испытаній и помочь ЕМУ, вмѣстѣ съ представителями народа, вывести Государство Россійское на путь побѣды, благоденствія и славы. Да поможетъ Господь Богъ Россіи.

г. Псковъ.
2 Марта 15 час. 5 мин. 1917 г.

Während dieser Ereignisse befindet sich der Zar im Generalstab. Dumapräsident Rodsjanko (oben rechts), der den Zaren schon zuvor zu einer Regierungsumbildung zu überreden versucht hatte, legt diesem nun in einem Telegramm die Abdankung nahe. Abgesandte der Duma reisen dem Zaren, der wegen der Unruhen bereits unterwegs in die Hauptstadt ist, entgegen und überbringen ihm diese Forderungen.
Am 3. (16. nach westlichem Kalender) März unterzeichnet der Zar in seinem in Pskow angehaltenen Zug die Abdankungsurkunde:

„An den Chef des Generalstabes, Hauptquartier, 2. (15.) März 1917 in den Tagen des großen Kampfes gegen den äußeren Feind, der sich seit drei Jahren bemüht, Unser Vaterland zu unterjochen, hat Gott Rußland neue schwere Prüfungen gesandt. Innere Schwierigkeiten drohen, eine verhängnisvolle Rückwirkung auf den endgültigen Ausgang des erbarmungslosen Krieges auszuüben. Das Schicksal Rußlands, die Ehre unserer heldenmütigen Armee, das Wohl des Volkes und die ganze Zukunft unseres teuren Vaterlandes fordern, daß der Krieg um jeden Preis bis zum siegreichen Ende geführt wird. Der grausame Feind unternimmt seine letzten Anstrengungen, und der Augenblick ist nicht mehr fern, da unser ruhmreiches Heer gemeinsam mit unseren glorreichen Verbündeten den Feind endgültig niederwerfen wird. In diesen für das Leben Rußlands entscheidenden Tagen hielten Wir es für unsere Gewissenspflicht, Unserem Volk den engsten Zusammenschluß und die Konzentration aller seiner Kräfte erleichtern zu sollen, damit ein schneller Sieg verwirklicht werden kann. Deshalb haben Wir im Einvernehmen mit der Reichsduma für gut befunden, der Krone des Russischen Reiches zu entsagen und die Oberste Herrschaft niederzulegen. Da Wir uns nicht von Unserem geliebten Sohne trennen wollen, übertragen Wir die Erbfolge auf Unseren Bruder Großfürst Michajl Alexandrowitsch, dem Wir bei der Besteigung des Thrones des Russischen Reiches unseren Segen erteilen. Wir geben Unserem Bruder den Auftrag, in voller Übereinstimmung mit den Volksvertretern in den gesetzgebenden Körperschaften die Regierung zu führen auf den Grundlagen, die von ihnen festgesetzt werden, und auf sie einen unverletzlichen Eid zu leisten. Im Namen der heißgeliebten Heimat rufen Wir alle treuen Söhne des Vaterlandes auf, ihre heilige Pflicht gegenüber diesem zu erfüllen, dem Zaren in dem schweren Augenblick nationaler Prüfungen zu gehorchen und ihm gemeinsam mit den Volksvertretern zu helfen, das Russische Reich auf den Weg des Sieges, des Wohles und des Ruhmes zu führen.
Gott, der Herr, schütze Rußland!
Pskow, 3. (16.) März 1917, 15 Uhr 5 Minuten

(gez.) Nikolaj

Der Minister des Kaiserlichen Hofes
Generaladjutant (gez.) Graf Fredericks"

Das Manifest der Abdankung von Zar Nikolaj II. Der Zar dankt für sich und seinen Sohn zugunsten seines Bruders Michajl ab. Dieser verzichtet, ebenfalls unter dem Druck von Dumamitgliedern – allen voran Kerenskij – seinerseits auf die Bürde des Throns. Damit ist die Herrschaft der Romanowdynastie vorerst beendet. In seinem Abschiedsbefehl bestätigt der Zar die neue Regierung unter Fürst Lwow und ruft zu Loyalität ihr gegenüber auf – ein letzter Erlaß, der von der Provisorischen Regierung in Rücksicht auf mögliche Sympathiekundgebungen für den Ex-Zaren nicht publiziert wird

Links: Der Zar und seine Familie werden in der Sommerresidenz Zarskoje Selo unter Hausarrest gestellt. Sein Wunsch, sich als Privatmann mit der Familie auf die Krim zurückziehen zu können, wird ihm von Kerenskij verwehrt. Die Ausreise zu den englischen Verwandten scheitert an der Haltung des Königshauses, das es „für nicht opportun" hält, die russischen Verwandten aufzunehmen. Bald darauf wird die Familie nach Sibirien gebracht.
Oben: Das Straßenbild der Städte wird von Miliz dominiert, die statt der bisherigen Polizei eingesetzt ist. Die öffentliche Sicherheit ist beeinträchtigt, die Kriminalität steigend

"All the News That's Fit to Print."

The New York Times.

THE WEATHER
Fair today; tomorrow rain or snow; moderate northwesterly winds.

VOL. LXVI...NO. 21,601. NEW YORK, FRIDAY, MARCH 16, 1917.—TWENTY PAGES.

REVOLUTION IN RUSSIA; CZAR ABDICATES; MICHAEL MADE REGENT, EMPRESS IN HIDING; PRO-GERMAN MINISTERS REPORTED SLAIN

ARMY JOINS WITH THE DUMA

Three Days of Conflict Follow Food Riots in Capital.

POPULACE TAKE UP ARMS

But End Comes Suddenly When Troops Guarding Old Ministers Surrender.

CZAR FINDS CAPITAL GONE

Returns from Front After Receiving Warning from Duma and Gives Up His Throne.

Empress Reported Under Guard or Hiding From Angry People

Special Cable to The New York Times

A new national Cabinet is announced, with Prince Lvoff as President of the Council and Premier, and the other offices held by the men who are close to the Russian people.

Petrograd has been the scene of one of the most remarkable risings in history, beginning with minor food riots and labor strikes last week Thursday. The people's cry for food reached the hearts of the soldiers, and one by one the regiments rebelled, until finally those troops which had for a time stood loyal to the Government gathered up their arms and marched into the ranks of the revolutionists.

Duma President Leading Figure.

Michael V. Rodzianko, President of the Duma, was the leading figure among the Deputies, who unanimously decided to oppose the imperial order, issued last week, for a dissolution of the House. They continued their sessions, and M. Rodzianko informed the Emperor, then at the front, that the hour had struck when the will of the people must prevail.

Even the Imperial Council realized the gravity of the situation, and add-

Czar Nicholas under guard at the palace at Tsarskoe-Selo (now called Pushkin) where he was held prisoner following his abdica-

"All the News That's Fit to Print."

The New York Times.

THE WEATHER
Rain by tonight; wind south; Sunday rain, strong northwesterly winds.
For full weather report see Page 10.

VOL. LXVI...NO. 21,602. NEW YORK, SATURDAY, MARCH 17, 1917.—TWENTY PAGES.

THE ROMANOFF DYNASTY ENDED IN RUSSIA; CZAR'S ABDICATION FOLLOWED BY MICHAEL'S; CONSTITUTIONAL ASSEMBLY TO BE CONVOKED

WIDE REFORMS PLANNED

Universal Suffrage and

not listen to the promptings of the agents of the old régime. Listen to your officers. Long live free Russia!"

The speech was greeted by a storm of cheering.

The labor leader, Chkheidse, addressing the officers and soldiers, paid a glowing tribute to the soldiers and workingmen who had participated in

The factories have formed a police service for patrolling the factory districts, enrolling one out of every ten of their workmen.

The question of naming officers to replace those who were disarmed by their own troops is one which will be decided promptly.

In the present spirit of the officers and the men in the ranks there is no reason to apprehend disciplinary trou-

Trains Are Rushing Food to Hungry Russian Cities

LONDON, March 16.—"Train service has continued throughout the revolution," says Reuter's Petrograd

Die Ereignisse im Spiegel der „New York Times" vom 16. und 17. März 1917 (linke Seite); An der Spitze der neuen „Provisorischen" Regierung steht Fürst Lwow (links).
Unten: Schillerndste Figur dieser Regierung ist der linksliberale und als Lot zwischen den extremen Richtungen agierende Justizminister Alexander Kerenskij, der schon Monate später selbst Ministerpräsident wurde *(unten, zweiter von rechts)*

Прощальный приказъ Государя

Въ послѣдній разъ обращаюсь къ вамъ, горячо любимыя мною войска. Послѣ отреченія моего за себя и сына моего отъ Престола Россійскаго власть передана Временному Правительству, по почину Государтвенной Думы возникшему.

Да поможетъ ему Богъ вести Россію по пути славы и благоденствія.

Да поможетъ Богъ вамъ, доблестныя войска, отстоять нашу Родину отъ злого врага. Въ продолженіи двухъ съ половиною лѣтъ вы несли ежечасно тяжелую боевую службу, много пролито крови, много сдѣлано усилій, и уже близокъ часъ, когда Россія,

Der Zar im Generalstab: Nach Unterzeichnung des Abdankungsdokuments in seinem Zug in Pskow reist er nochmals nach Mogilew, um sich von den Generälen, Offizieren und Soldaten zu verabschieden.
In seinem Abschiedsbefehl vom 8. (21.) März 1917 *(links)* dankt er den Soldaten seiner Armee für ihren Dienst an Rußland und ruft sie zum Festhalten an patriotischen Zielen auf, „damit der deutsche Feind die Krise nicht für sich nutzen könne." Dieser auch schriftlich ergangene Befehl wird von der neuen Regierung nicht veröffentlicht

Kerenskij reist wiederholt an die Front, um die Soldaten durch seine flammenden Reden zu besserer Kampfmoral zu motivieren. Obwohl wie erwähnt linksliberal, tritt er für die Fortsetzung des Krieges „bis zum Sieg“ ein. Nach wenigen Monaten übernimmt er nach dem Justiz- das Kriegs- und Marineministerium und nach einem Zerwürfnis mit Lwow auch dessen Amt als Ministerpräsident. Wichtig ist die Beibehaltung der außenpolitischen Linie, derer die Aliierten (Frankreich, England) versichert werden.
Der 1000-Rubelschein *(unten)* aus dem Jahre 1917 heißt „Kreditschein“ und ist wenig wert. Als Spiegel seiner Zeit trägt er nicht mehr die bis vor kurzem geltenden Reichssymbole

ПОСТАНОВЛЕНІЕ
ПЕТРОГРАДСКАГО СОВѢТА
РАБОЧИХЪ и СОЛДАТСКИХЪ ДЕПУТАТОВЪ.

21 апрѣля во время уличныхъ демонстрацій въ Петроградѣ имѣли мѣсто провокаторскіе выстрѣлы по безоружнымъ гражданамъ, повлекшіе за собой раненія и смертные случаи.

Въ виду царящаго сильнаго возбужденія, дающаго поводъ къ столкновеніямъ различныхъ манифестирующихъ группъ, Совѣтъ Рабочихъ и Солдатскихъ Депутатовъ въ общемъ собраніи своемъ 21 апрѣля, для предотвращенія смуты, грозящей дѣлу революціи, единогласно постановилъ:

1. Въ теченіе двухъ дней воспрещаются всякія уличные митинги и манифестаціи.

2. Предателемъ и измѣнникомъ дѣлу революціи объявляется каждый, кто будетъ звать въ эти дни къ вооруженнымъ демонстраціямъ или производить выстрѣлы, хотя бы въ воздухъ.

3. Случаи стрѣльбы, имѣвшіе мѣсто 21 апрѣля, должны подвергнуться самому тщательному разслѣдованію при участіи Исполнительнаго Комитета С. Р. и С. Д.

Петроградскій Совѣтъ Раб. и Солдат. Депутатовъ

Dieses Plakat des nun formierten Petrograder „Revolutionsrates der Arbeiter- und Soldatendeputierten" ruft per Verordnung zu Ruhe und Ordnung auf. Ebenso vergeblich wie die Verlautbarungen anderer Regierungsparteien.
Unten: Die „New York Times" vom 27. Februar 1917 berichtet indessen auf der Titelseite von Präsident Wilsons besorgter Rede an den amerikanischen Kongreß. Seiner Ansicht nach gefährdet der von der deutschen Regierung verhängte Kriegszustand zur See auch den neutralen Schiffsverkehr außerhalb des deutschen Hoheitsgebietes. Wilson fordert Gegenmaßnahmen; ohne Bewaffnung amerikanischer Handelsschiffe breche der Handel mit Europa zusammen.

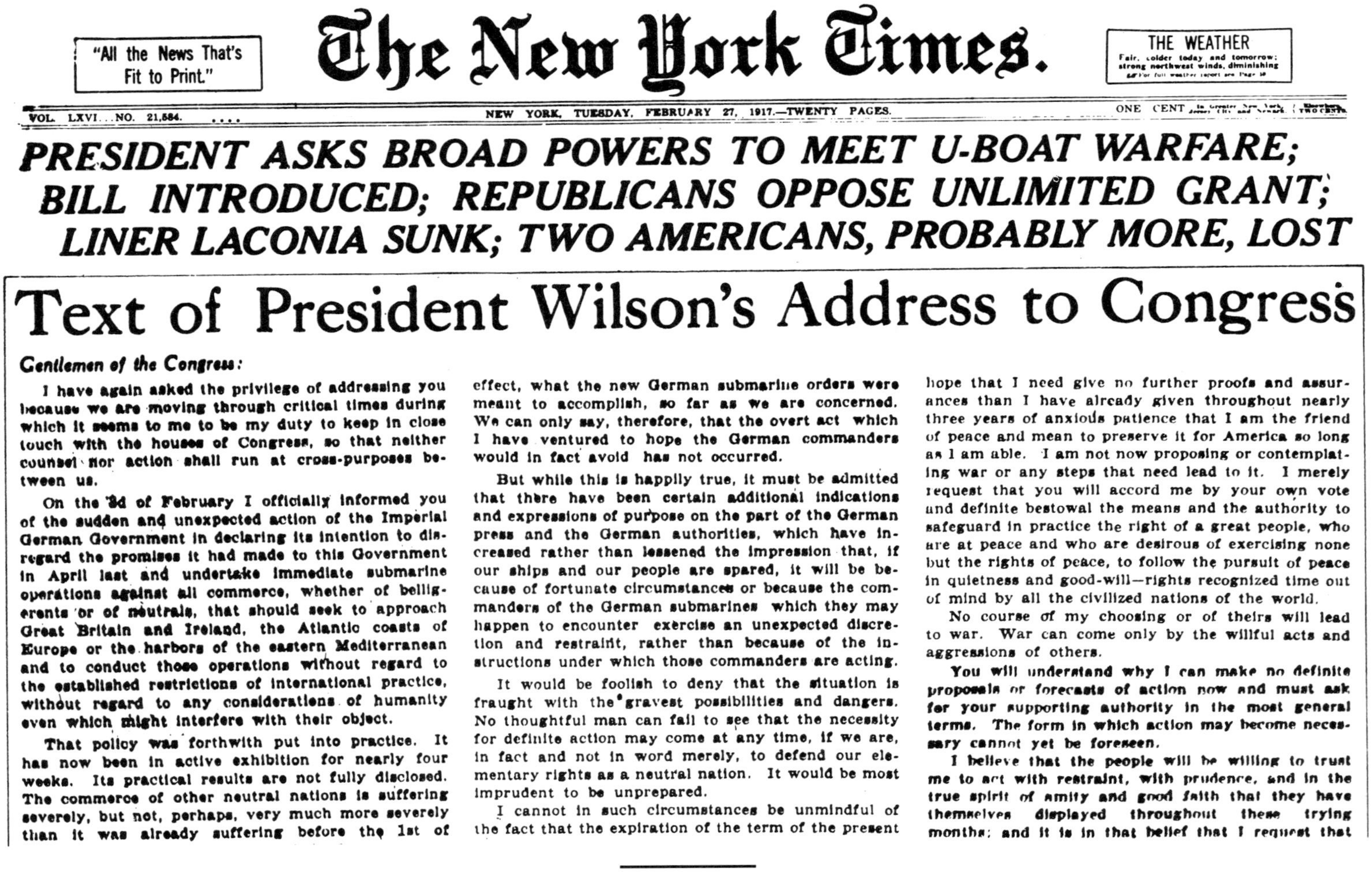

"All the News That's Fit to Print."

The New York Times.

THE WEATHER

VOL. LXVI...NO. 21,584. NEW YORK, TUESDAY, FEBRUARY 27, 1917.—TWENTY PAGES. ONE CENT

PRESIDENT ASKS BROAD POWERS TO MEET U-BOAT WARFARE; BILL INTRODUCED; REPUBLICANS OPPOSE UNLIMITED GRANT; LINER LACONIA SUNK; TWO AMERICANS, PROBABLY MORE, LOST

Text of President Wilson's Address to Congress

Gentlemen of the Congress:

I have again asked the privilege of addressing you because we are moving through critical times during which it seems to me to be my duty to keep in close touch with the houses of Congress, so that neither counsel nor action shall run at cross-purposes between us.

On the 3d of February I officially informed you of the sudden and unexpected action of the Imperial German Government in declaring its intention to disregard the promises it had made to this Government in April last and undertake immediate submarine operations against all commerce, whether of belligerents or of neutrals, that should seek to approach Great Britain and Ireland, the Atlantic coasts of Europe or the harbors of the eastern Mediterranean and to conduct those operations without regard to the established restrictions of international practice, without regard to any considerations of humanity even which might interfere with their object.

That policy was forthwith put into practice. It has now been in active exhibition for nearly four weeks. Its practical results are not fully disclosed. The commerce of other neutral nations is suffering severely, but not, perhaps, very much more severely than it was already suffering before the 1st of

effect, what the new German submarine orders were meant to accomplish, so far as we are concerned. We can only say, therefore, that the overt act which I have ventured to hope the German commanders would in fact avoid has not occurred.

But while this is happily true, it must be admitted that there have been certain additional indications and expressions of purpose on the part of the German press and the German authorities, which have increased rather than lessened the impression that, if our ships and our people are spared, it will be because of fortunate circumstances or because the commanders of the German submarines which they may happen to encounter exercise an unexpected discretion and restraint, rather than because of the instructions under which those commanders are acting.

It would be foolish to deny that the situation is fraught with the gravest possibilities and dangers. No thoughtful man can fail to see that the necessity for definite action may come at any time, if we are, in fact and not in word merely, to defend our elementary rights as a neutral nation. It would be most imprudent to be unprepared.

I cannot in such circumstances be unmindful of the fact that the expiration of the term of the present

hope that I need give no further proofs and assurances than I have already given throughout nearly three years of anxious patience that I am the friend of peace and mean to preserve it for America so long as I am able. I am not now proposing or contemplating war or any steps that need lead to it. I merely request that you will accord me by your own vote and definite bestowal the means and the authority to safeguard in practice the right of a great people, who are at peace and who are desirous of exercising none but the rights of peace, to follow the pursuit of peace in quietness and good-will—rights recognized time out of mind by all the civilized nations of the world.

No course of my choosing or of theirs will lead to war. War can come only by the willful acts and aggressions of others.

You will understand why I can make no definite proposals or forecasts of action now and must ask for your supporting authority in the most general terms. The form in which action may become necessary cannot yet be foreseen.

I believe that the people will be willing to trust me to act with restraint, with prudence, and in the true spirit of amity and good faith that they have themselves displayed throughout these trying months; and it is in that belief that I request that

Die Nachricht von der Februarrevolution:
An der Front reagieren die Soldaten mit Freudensausbrüchen *(oben)* – sie meinen, nun sei der Krieg vorbei und sie würden nun das von den Revolutionären versprochene Land erhalten
Links: Lenin, noch in Zürich, sieht nun den Augenblick gekommen, heimzukehren, das Chaos in seiner Heimat durch entsprechende Agitation in seine ideologische Richtung zu lenken und die Macht zu ergreifen. Bei Rückkehr der Revolutionäre in die Heimat durch das feindliche Territorium helfen die Angehörigen der deutschen Botschaft in der Schweiz nicht nur mit Geldmitteln, sondern auch der Bereitstellung des berühmten „plombierten Waggons".

Berlin, den 1/4 ~~März~~ 1917.

Sofort!

107

Geheim !

An den Herrn Staatssekretär des Reichsschatzamts.

Ew. PP. ~~bitte~~ beehre ich mich ~~ergebenst~~ zu bitten, dem Auswärtigen Amt für politische Propaganda in Russland den Betrag von fünf Millionen Mark zu Lasten des Kapitels 6 Abschnitt II des ausserordentlichen Etats geneigtest zur Verfügung stellen zu wollen. Für tunlichste Beschleunigung wäre ich ~~besonders~~ dankbar.

Bei I b z. gefl. Mitz.

Durchschlag an I b.

2/4

A.S. 1295

St. S.

1/4

A 6510

10 Okt.

Kristiania, den 21. Februar 1917.

A. Nr. 111.

– 1 Anlage –

Nach Erledig. erg. zurück Ausw. Amt, Nachr. Abtlg.

A. S. 783 pr 25. Februar 1917 p.m.

~~Kaiserlich~~ Deutsche Gesandtschaft

Nr. 499.

Bern, den 22. Februar 1917.

bei AS 794 gehl.

Ganz geheim!

Euerer Exzellenz wäre ich zu besonderem Dank verpflichtet, wenn weitere für unseren Vertrauensmann Weiss bestimmte Sendungen nicht nur in Umschlägen, die durch zwei Kreuze kenntlich sind und nicht ohne Begleiterlasse hierher gesandt werden könnten. Bei dem sehr grossen Geschäftsumfang der hiesigen Gesandtschaft ist es leicht möglich, dass solche Sendungen übersehen werden und in falsche Hände gelangen könnten. Andererseits empfiehlt es sich, wegen der sehr geheimen Natur dieser Angelegenheit nicht, sämtliche Abteilungen der Gesandtschaft besonders auf Umschläge, die mit zwei Kreuzen kenntlich gemacht sind, hinzuweisen.

Ich darf daher gehorsamst anheimstellen, die Sendungen an Weiss entweder mit einem Begleiterlasse oder aber in besonderen an die persönliche Adresse des Legationsrats von Schubert gerichteten Umschlägen hierher gelangen zu lassen.

Romberg

Seiner Exzellenz

dem Reichskanzler

Herrn von Bethmann Hollweg.

1047 pr. 17. März 1917 p.m.

Telegramm.

Bern, den 16. März 1917 — 3 Uhr 45 Min. Nm.

Ank.: 5 " 15 " Nm.

Zeiz. 17/3.

Bern 312.

Der K. Botschaftsrat an Auswärtiges Amt.

471.

Entzifferung.

Orig. bei A N. geh. 210.

Ganz geheim.

Eilt sehr.

N. 124.

Für Gesandten Freiherrn von Romberg.

Mit Bezug auf dortiges Telegramm Nr. 302 x) vom 15. d.M.

Habe 18. März abends Zusammenkunft mit Weiss. Stelle anheim, ob ich ihm nicht doch auf Grund neuster Nachrichten aus P. Geldmittel zur Verfügung oder in Aussicht stellen könnte.

Werde auch über Z.-Agentur mit ihm verhandeln. Da Österreicher monatlichen Teilbetrag von 2 500 Franken nicht zahlen wollen, erbitte Weisung, ob ich ermächtigt bin, ihm nötigenfalls von uns allein aus ganzen Betrag von 5000 Franken zur Verfügung zu stellen.

Schubert.

Bethmann Hollweg.

Kaiserlich
Deutsche Gesandtschaft.

Bern, den 27. März 1917.

Nr. 855.

Ganz Geheim.

Ich hatte mit Weiss eine eingehende Besprechung, bei der es ihm haupsächlich darauf ankam, festzustellen, wie wir uns der Revolution in Russland gegenüber verhalten würden. Insbesondere wollte er wissen, ob es nicht denkbar sei, dass wir unter Umständen eine reaktionäre Gegenrevolution unterstützen würden, wie vielfach angenommen und von unseren Gegnern geflissentlich verbreitet würde, ferner ob wir ernstlich beabsichtigten die pazifistischen Bestrebungen der Revolutionspartei zu fördern oder ob wir nur versuchen würden, die durch die Revolution hervorgerufene Desorganisation und verminderte Widerstandsfähigkeit der russischen Heere militärisch auszunützen. Einen ungünstigen Eindruck hätte bei den Revolutionären ein Artikel des als offiziös geltenden Lokalanzeigers hervorgerufen, indem ausgeführt worden sei, dass der Umsturz in Russland für Deutschland eine grosse Gefahr bedeute. Wenn Deutschland die pacifistische Richtung in Russland stärken wolle, müsse es alles vermeiden, was die Kriegshetzer in Russland und die Entente gegen uns ausschlachten könnten. Die Entente werde mit allen Mitteln trachten die russische Bevölkerung gegen uns aufzuhetzen. Bezeichnend sei die wieder einsetzende Greuelkampagne in der Ententepresse. Dringend erwünscht sei es daher, dass von deutscher massgebender Stelle etwas geschehe, um die russischen Revolutionäre davon zu überzeugen, dass auch in Deutschland eine neue Zeit anbrechen werde; denn

Seiner Exzellenz

dem Reichskanzler

Herrn von Bethmann Hollweg.

nichts

Verkehr zwischen deutschen Sozialisten und den russischen Revolutionären entwickele und dabei auch die finanzielle Förderung der Friedensarbeit in grösserem Masstabe in Frage kommen wird. Ob wir dann die Mitwirkung des Herrn Weiss noch benötigen werden, wird sich herausstellen. Vorläufig glaube ich aber, dass es unklug wäre, ihn in diesem entscheidenden Zeitpunkt zu verabschieden und damit zu verprellen. Die Tatsachen haben gelehrt, dass er uns jedenfalls wahrheitsgemäss unterrichtet und uns, wie mir scheint, nützliche Winke gegeben hat. In wieweit er praktisch zu dem Erfolge beigetragen hat, kann ich freilich nicht nachweisen, dafür sind aber auch die Kosten unserer Beziehungen nicht hoch gewesen. Ich darf bis zum 1. April um Weisung bitten, ob ich Weiss 30.000 frs. auszahlen und ihm weitere Subsidien in Aussicht stellen darf. Ich sehe ihn am 2. April wieder.

Romberg

Inhalt: Besprechung mit unserem russischen Vertrauensmann Weiss.

A.S. 1303

Kaiserlich Deutsche Gesandtschaft.

B.I. 1681.

Bern, den 2. April 1917.

Entzifferung.

Unter Bezugnahme auf das dortseitige Telegramm Nr. 376 vom 1. d.M. beehre ich mich zu melden, daß ich für Weiß heute 30 000 (dreißigtausend) Franken bei der Schweizerischen Nationalbank hier erhoben habe.

Romberg.

Wie aus den geheimen Korrespondenzen des deutschen Außenamtes von Februar–April 1917 hervorgeht, bewirkt die Februarrevolution eine weitere Förderung der Revolutionäre. Das deutsche Konzept für den Umsturz in Rußland funktioniert.

In diesem Schreiben von Oberst Wachendorf vom Deutschen Außenamt am 13. April 1917 ist die deutsche Hilfe für die Durchreise der russischen Revolutionäre dokumentiert

AS 1406 pr. 12. April 1917

Berlin den 13. April 1917.

154

G.A.

Lersner telephoniert:

1.) S.M. der Kaiser hat heute beim Frühstück angeregt, den durch Deutschland transportierten russischen Sozialisten Weissbücher und ähnliche Schriften wie Abdruck der Osterbotschaft und der Kanzlerrede mitzugeben, damit sie in ihrer Heimat aufklärend wirken könnten.

2.) Für den Fall dass dem Russentransport die Einreise in Schweden verweigert werden sollte, wäre O.H.L. bereit, die Reisenden durch die Deutschen Linien nach Russland hineinzubefördern.

3.) O.H.L. wäre bereit solche Russen, die sich noch in der Schweiz aufhalten durch unsere Linien nach Russland hineinzubefördern. Telegramm hierüber folgt.

D963421

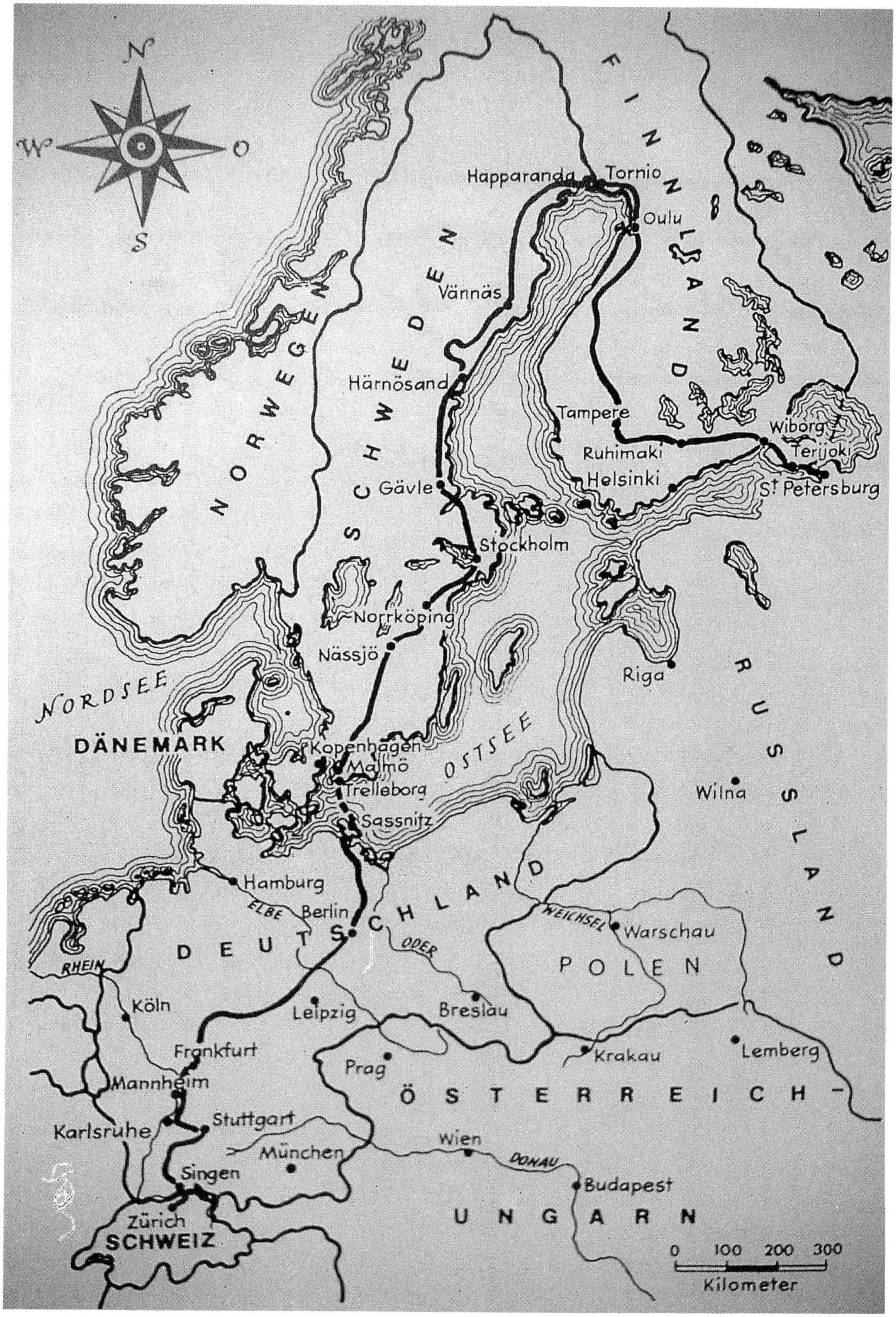

Die Reiseroute Lenins und seiner etwa dreißig Genossen durch Deutschland im „plombierten Waggon" nach Skandinavien und Finnland bis Petrograd. Kuriosum am Rande: Der russische Außenminister Miljukow wurde von seinem britischen Amtskollegen vertraulich informiert, daß eine Gruppe von Revolutionären mit Lenin an der Spitze in einem von den Deutschen finanzierten Zug unterwegs nach Rußland sei, mit dem Plan, die Provisorische Regierung zu stürzen. Doch Miljukow reagiert gelassen: Wenn diese Umstände publik würden, sei Lenin so diskreditiert, daß er keine Gefahr mehr darstelle.

Oben: Lenin und eine kleine Gruppe von Revolutionären auf der Fahrtunterbrechung in Stockholm; links vorne die Krupskaja.
Rechts: Der Österreicher Karl Radek hatte sich als Russe ausgegeben, um mitreisen zu können. Er wurde jedoch an der finnisch-russischen Grenze zurückgewiesen und leistete dann Lenin vorübergehend als Mittelsmann und Informant von Stockholm aus wertvolle Dienste. In der ersten Sowjetregierung erhielt er einen Posten und verhandelte in Moskau in dieser Position nicht ohne Zynismus Mitte 1918 mit dem deutschen Botschafter sogar über Bedingungen zur Ausreise der deutschstämmigen Zarin und ihrer Kinder – wohl wissend, daß diese und der Zar bereits erschossen worden waren.

Lenin am Rednerpult in Petrograd 1917

April 1917. Lenin verliert keine Zeit. Seit seiner Ankunft in Petrograd hält er flammende Reden auf den Straßen und Plätzen. Er verspricht ein Programm, das der bürgerlichen Regierung ein Ende setzt, die Macht den Arbeitern und Bauern gibt, Grund und Boden sowie das Eigentum der „Ausbeuter" aufteilt und alles, auch die Banken, verstaatlicht. Er fordert die völlige Auflösung der Ordnungskräfte, Bewaffnung der Bevölkerung und wendet sich gegen jeden Kompromiß und Zusammenarbeit mit anderen Parteien.
Rechts: Die deutsche Regierung ist mit Lenins Arbeit zufrieden.

Abschrift. pr. 21. April 1917 p. m. 214

Telegramm.

Großes Hauptquartier, den 21. April 1917 5 Uhr 35 Min. nachm.
Ankunft: 6 " 35 " "

Der K. Legationsrat an Auswärtiges Amt.

No. 551.

Oberste Heeresleitung übergibt folgende Meldung der Sektion Politik des Generalstabes Berlin:

"Steinwachs drahtet aus Stockholm am 17. April 1917:

"Lenin Eintritt in Rußland geglückt. Er arbeitet völlig nach Wunsch. Daher Wutgeheul Stockholmer Entente-Sozialdemokraten. Platten von Engländern an Grenze zurückgewiesen, was hier großes Aufsehen macht."

Platten ist angesehener schweizer sozialistischer Führer, welcher die russischen Revolutionäre aus der Schweiz durch Deutschland nach Stockholm geleitet hat und selbst von dort nach Petersburg gehen wollte."

gez. Grünau.

D 963859

In Trotzkij alias Bronstein verfügt Lenin über einen brillanten Redner und Strategen zur Planung des Putsches. Die Abgeordneten der Duma hören tatenlos zu, wie die Bolschewiken (wie sich nun der radikale Flügel der russischen sozialdemokratischen Arbeiterpartei nennt) offen zur Machtergreifung aufrufen und der Bevölkerung als einzige Gruppe ein wenn auch utopisches Programm anbieten.

Kerenskij erkennt die Gefahr eines Putsches von links und sieht das Risiko im Rahmen des Kriegszustandes, das ein Umsturz für das Land bedeuten könnte. Er versucht in seinen öffentlichen Auftritten, gegen den eskalierenden Extremismus anzukämpfen; an der Front stimuliert er die Soldaten zu neuer Kampfmoral und führt ein Frauenbataillon ein. Kommandantin ist die Sibirjakin Botschkarewa. Das Motto (siehe Transparent): „Kampf bis zum siegreichen Ende!" Indessen stehen in der Hauptstadt die Menschen für Lebensmittel Schlange. Es wird auf 50 Gramm pro Person und Tag rationiert.

General Kornilow ist Kommandant einer Eliteeinheit der Kosaken.
Kerenskij plant eine Offensive an der Front, um die Stimmung der Bevölkerung in patriotischem Geist zu heben und die Radikalisierung einzudämmen. Doch die Initiative mißlingt. Maßgeblich liegt das an Feindinformation (laut Conrad v. Hötzendorfs Aufzeichnungen hatte die deutsche Seite Kenntnis vom bevorstehenden Angriff), Lenins Agenten, Deserteuren und Überläufern der russischen Armee (zwischen Februar und Oktober 1917 etwa zwei Millionen). Die Folge: Niedergeschlagenheit auch in der Hauptstadt, die Lenins Revolutionäre zum ersten Putschversuch nützen *(rechte Seite)*. Doch dieser mißlingt. Der „Juliputsch" fordert Todesopfer, einige Revolutionäre werden gefaßt und verhaftet, Lenin flieht in ein Versteck.

Von der Stimmung in der Hauptstadt beunruhigt, ruft Kerenskij Kornilow mit seinem Regiment zu Hilfe, um Ordnung aufrechtzuerhalten und einen militärischen Putschversuch von links im weiteren zu verhindern. Im letzten Augenblick zögert er jedoch und fürchtet, Kornilow könnte auf diese Weise selbst die Macht ergreifen. Er läßt den in Anmarsch befindlichen Zug anhalten und Kornilow als „Verräter" verhaften. Damit gibt er auch den Schutz Petrograds auf.

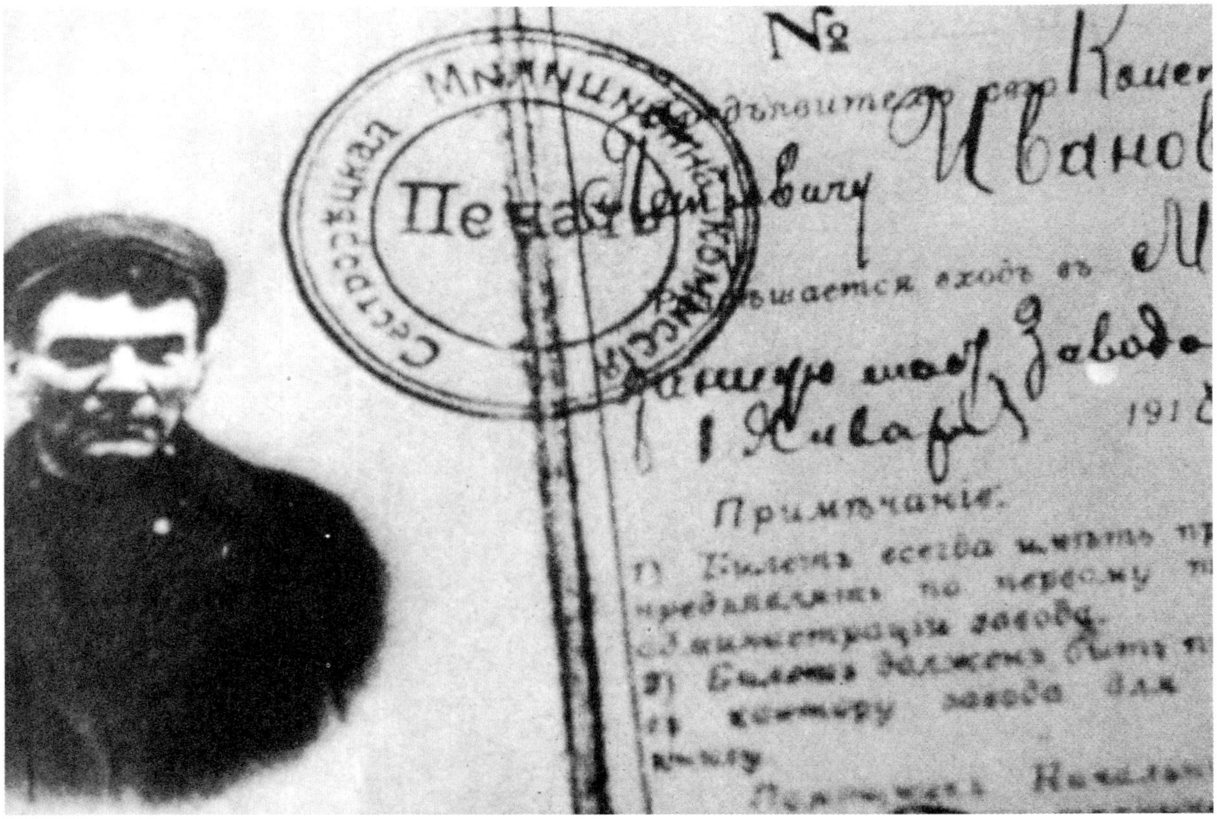

Herbst 1917. Die Rote Garde bestimmt das Straßenbild. Als das Justizministerium kompromittierendes Material über Lenin hinsichtlich dessen Finanzierung durch den deutschen Feind in den Händen hat und veröffentlicht, setzt eine Verhaftungswelle der Bolschewiken ein. Lenin kann entkommen und mit gefälschtem Ausweis in Finnland unterkommen. Von dort aus treibt er zum Aufstand.

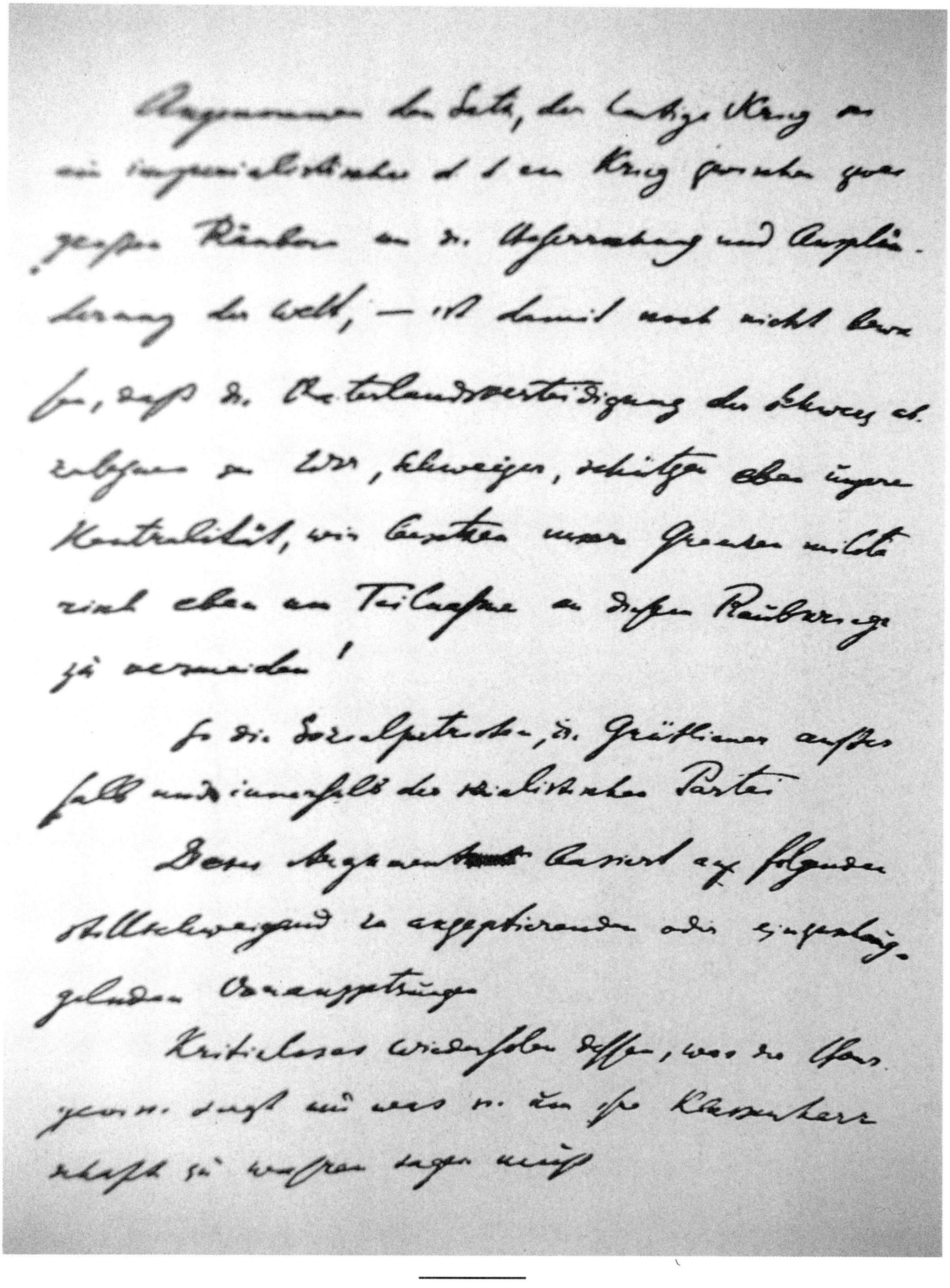
Angenommen der Satz, der heutige Krieg sei
ein imperialistischer d. h. ein Krieg zwischen zwei
großen Räubern um die Beherrschung und Ausplün-
derung der Welt, — ist damit noch nicht bewie-
sen, daß die Vaterlandsverteidigung der Schweiz ab-
zulehnen sei? Wir, Schweizer, schützen eben unsere
Neutralität, wir bewahren unsere Grenzen militä-
risch eben um Teilnahme an diesem Raubkriege
zu vermeiden!

So die Sozialpatrioten, die Grütlianer außer-
halb und innerhalb der sozialistischen Partei.

Dieses Argument basiert auf folgenden
stillschweigend zu akzeptierenden oder eingeschmug-
gelten Voraussetzungen

Kritikloses Wiederholen dessen, was die Bour-
geoisie sagt und was sie durch ihre Klassenherr-
schaft zu wissen sagen muß

Lenin ist mit seinem Putschplan unter Zeitdruck: Informationen über mögliche Separatfriedensverhandlungen zwischen Österreich-Ungarn und der Provisorischen Regierung sikkern durch. Das könnte sein Hauptargument zur Machtergreifung kosten. Dazu steht die Konstituierende Versammlung bevor, bei deren Wahlen seine Partei als nicht stark genug für die Regierungsübernahme disqualifiziert würde.

25. Oktober (7. November westlichen Stils) 1917 abends: Schlüsselpositionen der Stadt – Brücken, Telegraphenamt u. a. – sind besetzt. Der Kreuzer Aurora gibt den Startschuß für den Sturm auf das von Offizieren und Fähnrichen bewachte Winterpalais ab.

Gegen geringen Widerstand dringen die Putschisten ins Innere des Winterpalais ein und vertreiben die Provisorische Regierung, die in Krisensitzung getagt hatte. Kerenskij kann entkommen.

Am nächsten Morgen flattern Flugblätter durch die Hauptstadt:

„AN DIE BÜRGER RUSSLANDS!

DIE PROVISORISCHE REGIERUNG IST GESTÜRZT. DIE STAATSGEWALT IST IN DIE HÄNDE DES ORGANS DES PETROGRADER RATES DER ARBEITER- UND SOLDATENDEPUTIERTEN DES MILITÄR-REVOLUTIONÄREN KOMITEES ÜBERGEGANGEN, DAS AN DER SPITZE DES PROLETARIATS UND DER GARNISON VON PETROGRAD STEHT. DIE SACHE, FÜR DIE DAS VOLK GEKÄMPFT HAT: UNVERZÜGLICHER ABSCHLUSS EINES DEMOKRATISCHEN FRIEDENS, ABSCHAFFUNG DES EIGENTUMSRECHTS DER GUTSBESITZER IM LANDE, ARBEITERKONTROLLE ÜBER DIE PRODUKTION, BILDUNG EINER SOWJETREGIERUNG – DIES ALLES IST GESICHERT.

ES LEBE DIE REVOLUTION DER ARBEITER, SOLDATEN UND BAUERN!"

DAS MILITÄR-REVOLUTIONÄRE KOMITEE DES PETROGRADER RATES DER ARBEITER UND SOLDATENDEPUTIERTEN

25. OKTOBER 1917

Unten: Ausgabe der „New York Times" vom 9. November 1917:

"All the News That's Fit to Print."

The New York Times.

THE WEATHER
Fair today and tomorrow; moderate northwest to north winds.
For full weather report see Page 21.

VOL. LXVII.. NO. 21,839. NEW YORK, FRIDAY, NOVEMBER 9, 1917.—TWENTY-TWO PAGES. ONE CENT In Greater New York. | TWO CENTS Within Commuting Distance. | THREE CENTS Elsewhere.

REVOLUTIONISTS SEIZE PETROGRAD; KERENSKY FLEES; PLEDGE IS GIVEN TO SEEK "AN IMMEDIATE PEACE", ITALIANS AGAIN DRIVEN BACK; LOSE 17,000 MORE MEN

MINISTERS UNDER ARREST

Winter Palace Is Taken After Fierce Defense by Women Soldiers.

FORT'S GUNS TURNED ON IT

Cruiser and Armored Cars Also Brought Into Battle Waged by Searchlight.

TROTZSKY HEADS REVOLT

Giving Land to the Peasants and Calling of Constituent Assembly Promised.

PETROGRAD, Nov. 8.—With the aid of the capital's garrison complete control of Petrograd has been seized by the Maximalists, or Bolsheviki, headed by

men's and Soldiers' Delegates told The Associated Press today that the object of taking possession of the posts and telegraphs was to thwart any effort the Government might make to call troops to the capital. The Russkia Volia and the Bourse Gazette have been commandeered.

The city today presented a normal aspect. Even the noonday band accompanying the guard of relief under the previous administration continued its function. There were the customary lines in front of the provision stores and children played in the parks and gardens. There was even a notable lessening of the patrols, only a few armed soldiers and sailors moving about the streets

How the Revolt Developed.

The Maximalist movement toward seizing authority, rumors of which had been agitating the public mind ever since the formation of the last Coalition Cabinet, culminated Tuesday night, when, without disorder, Maximalist forces took possession of the Telegraph office and the Petrograd Telegraph Agency.

Orders issued by the Government for the opening of the spans of the bridges across the Neva later were overridden by the Military Committee of the Council of Workmen's and Soldiers' Delegates. Communication was restored after several hours of interruption. Nowhere did the Maximalists meet with serious opposition.

An effort by militiamen to disperse crowds gathered in the Nevski and Letainy Prospekts during the evening provoked a fight in which one man is reported to have been killed. Minor disturbances, some of them accompanied

Council Welcomes Lenine.

The Petrogad Council of Workmen's and Soldiers' Delegates held a meeting at which M. Trotzky made his declaration that the Government no longer existed; that some of the Ministers had been arrested, and that the preliminary Parliament had been dissolved. He introduced Nikolai Lenine as "an old comrade whom we welcome back."

Lenine, who was received with prolonged cheers, said:

"Now we have a revolution. The peasants and workmen control the Government. This is only a preliminary step toward a similar revolution everywhere."

He outlined the three problems now before the Russian democracy. First, immediate conclusion of the war, for which purpose the new Government must propose an armistice to the belligerents; second, the handing over of the land to the peasant; third, settlement of the economic crisis.

At the close of the sitting a declaration was read from the representatives of the Democratic Minimalist Party of the Workmen's and Soldiers' Delegates, stating that the party disapproved of the coup d'état and withdrew from the Council of Workmens and Soldiers' Delegates.

Later it was announced that the split in the Council had been healed and that a call had been sent out for a delegate from each 25,000 of the population to express the will of the Russian Army.

The official news agency today made public the following statement:

'The Congress of the Councils of Workmen's and Soldiers' Delegates of all Russia, which opened last evening, issued this morning the three following proclamations:

To All Provincial Councils of Workmen's and Soldiers' and Peasants' Delegates.

All power lies in the Workmen's and Soldiers' Delegates. Government commissaries are relieved of their functions. Presidents of the Workmen's and Soldiers' Delegates are to com-

'RUSSIA OUT' SPURS SPARTANBURG BOYS

Tired Soldiers Speed Up Drill When They Hear That Petrograd Is Moving for Peace.

ANXIOUS FOR THE FRAY

Two More Brigades to be Made of Skeleton Guard Units and Men from Yaphank.

Special to The New York Times.

CAMP WADSWORTH, Spartanburg, S. C., Nov. 8.—Just before sundown a company from the former Second Infantry was wearily going through close order drill out on the parade ground.

The officers, dust from shoes to hats, were hoarse from shouting commands all afternoon and the men, tired of toting their heavy equipment back and forth, were eager for the word to quit. A couple of men from the 102d United States Engineers with nothing to do until mess idly stood by enjoying the grilling of the infantrymen.

Soon a newsboy selling a Spartanburg afternoon paper ambled along and one of the engineers bought a paper. With one last, satisfied grin at the toiling "dough boys," the ex-Twenty-second man languidly glanced at the first page headlines telling the bad news from

Plakat mit der ersten Sowjetregierung Lenins und seiner „Volkskommissare" (Trotzkij für Auswärtige Angelegenheiten und Stalin für Nationalitäten)

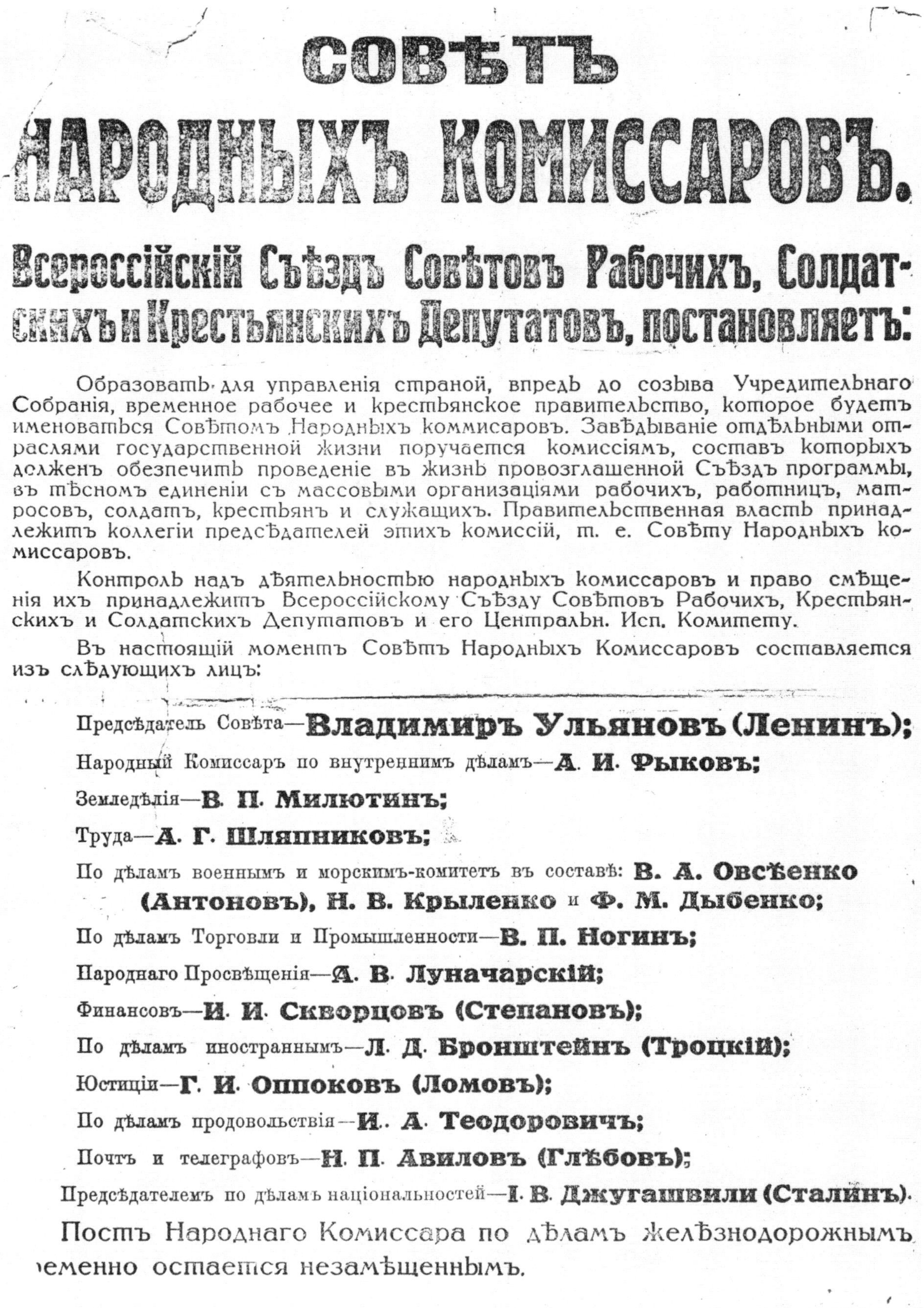

СОВѢТЪ НАРОДНЫХЪ КОМИССАРОВЪ.

Всероссійскій Съѣздъ Совѣтовъ Рабочихъ, Солдатскихъ и Крестьянскихъ Депутатовъ, постановляетъ:

Образовать для управленія страной, впредь до созыва Учредительнаго Собранія, временное рабочее и крестьянское правительство, которое будетъ именоваться Совѣтомъ Народныхъ комиссаровъ. Завѣдываніе отдѣльными отраслями государственной жизни поручается комиссіямъ, составъ которыхъ долженъ обезпечить проведеніе въ жизнь провозглашенной Съѣздъ программы, въ тѣсномъ единеніи съ массовыми организаціями рабочихъ, работницъ, матросовъ, солдатъ, крестьянъ и служащихъ. Правительственная власть принадлежитъ коллегіи предсѣдателей этихъ комиссій, т. е. Совѣту Народныхъ комиссаровъ.

Контроль надъ дѣятельностью народныхъ комиссаровъ и право смѣщенія ихъ принадлежитъ Всероссійскому Съѣзду Совѣтовъ Рабочихъ, Крестьянскихъ и Солдатскихъ Депутатовъ и его Центральн. Исп. Комитету.

Въ настоящій моментъ Совѣтъ Народныхъ Комиссаровъ составляется изъ слѣдующихъ лицъ:

Предсѣдатель Совѣта—**Владимиръ Ульяновъ (Ленинъ);**

Народный Комиссаръ по внутреннимъ дѣламъ—**А. И. Рыковъ;**

Земледѣлія—**В. П. Милютинъ;**

Труда—**А. Г. Шляпниковъ;**

По дѣламъ военнымъ и морскимъ-комитетъ въ составѣ: **В. А. Овсѣенко (Антоновъ), Н. В. Крыленко** и **Ф. М. Дыбенко;**

По дѣламъ Торговли и Промышленности—**В. П. Ногинъ;**

Народнаго Просвѣщенія—**А. В. Луначарскій;**

Финансовъ—**И. И. Скворцовъ (Степановъ);**

По дѣламъ иностраннымъ—**Л. Д. Бронштейнъ (Троцкій);**

Юстиціи—**Г. И. Оппоковъ (Ломовъ);**

По дѣламъ продовольствія—**И. А. Теодоровичъ;**

Почтъ и телеграфовъ—**Н. П. Авиловъ (Глѣбовъ);**

Предсѣдателемъ по дѣламъ національностей—**І. В. Джугашвили (Сталинъ).**

Постъ Народнаго Комиссара по дѣламъ желѣзнодорожнымъ еменно остается незамѣщеннымъ.

6. 10 1917

Telegraphie des Deutschen Reichs.

AS 3761

ss gr hqu s – ausw 73 6/10 6.45 nm = auswaertig berlin =

nr 1493 .-

fuer herrn staatssekretaer .-

auf tel .. nr 1610 .-

general ludendorff laesst drahten : absatz .

" dass das auswaertige amt nicht nur durch seine beratende mitwirkung bei der frontpropaganda des obost , sondern auch durch die der minierarbeit der sektion politik gewaehrte unterstuetzung , namentlich an reichlichen geld= mitteln , dazu beigetragen hat , den erfolg der militaerischen operationen an der ostfront durch die staerkung zersetzender elemente , vor allem auch in finnland , zu vertiefen , erkenne ich dankbar an .-

H056912

eine foerderung der finnischen unruhen halte ich nach wie vor fuer sehr wichtig . ich habe daher die aufstands= vorbereitungen finnlands dauernd mit allen mir zu gebote stehenden mitteln unterstuetzt . ich verschliesse mich auch keineswegs der grossen uns guenstigen wirkung , die eine besetzung der aalandsinseln in finnland wie in schweden haben wuerde , und habe mit dem herrn chef des admiralstabes die moeglichkeit einer unternehmung gegen die aalandsinseln seit laengerem eingehend geprueft . sie kann indessen nur in frage kommen , wenn der nachschub ueber schweden sicher= gestellt ist . inwieweit euere exzellenz in der lage sind uns diese moeglichkeit zu schaffen , darf ich der erwaegung anheimgeben " = berckheim .+ Bitte Bericht bis Montag früh K

Lob von General Ludendorff für die politische Tätigkeit und daher auch für Subversion zuständige Abteilung des deutschen Außenamtes für ihre Arbeit an der russischen Front und für die zu Propagandazwecken eingesetzten Geldmittel, die Lenins Putsch ermöglicht hatten

A.S. 4184

Berlin, den 9 November 1917 .

A S 43/4

An den Herrn

Staatssekretär des

Reichsschatzamts.

Bei I b

z. gefl. Mitz.

Durchschlag an I b

Ew. pp. beehre ich mich unter Bezugnahme auf die ~~mit~~ Besprechungen mit Herrn Ministerialdirektor Schröder zu bitten , dem Auswärtigen Amt für politische Propaganda in Russland den Betrag von ~~Zehn~~ fünfzehn Millionen Mark zu Lasten des Kapitels 6 Abschnitt II des ausserordentlichen Etats geneigtest zur Verfügung stellen zu wollen. Je nach dem Laufe der Ereignisse darf ich mir vorbehalten, an Ew. pp. demnächst mit ei~~ner weiteren~~ Bitte um ~~nochmalige~~ Bewilligung ~~des gleichen Betrages~~ heranzutreten. Für tunlichste Beschleunigung wäre ich dankbar.

St. S.

27431

L084033

Die in deutschen Augen günstigen Ereignisse machen unmittelbar nach Lenins Putsch weitere fünfzehn Millionen Mark locker, um den Revolutionär an der Macht und für deutsche Zwecke brauchbar zu halten.

Innenminister Rykow *(obere Reihe links)* bzw. Volkskommissar für Inneres; Volkskommissar für Nationalitätenfragen Stalin *(Mitte)* und Bildungs- und Kulturkommissar Lunatscharskij *(rechts)*

Unten: Chef des Geheimdienstes Jakob Swerdlow *(links)* neben Dserschinskij, dem Leiter der Tscheka (Außerordentliche Kommission zur Bekämpfung der Konterrevolution)

Die neue Sowjetregierung geht sofort daran, ihre Kampfparole – die sich mit dem Auftrag der deutschen Geldgeber deckt – umzusetzen: Aufnahme der Friedensverhandlungen.
Oben: Eintreffen der russischen Friedensdelegation unter Joffe in Brest-Litowsk.
Rechts: General Hoffmann und Staatssekretär von Kühlmann, der in der geheimen Korrespondenz zur Finanzierung des Umsturzes und Putsches durch Lenin federführend gewesen war.

Abschrift.

Telegramm.

Gr. Hauptquartier, den 16. Dezember 1917 9 Uhr 15 Min. Vm.
Ankunft: 9 " 50 " "

Der K. Legationssekretär an Auswärtiges Amt.

Nr. 1895.
x) A.S.4824.

Auf Telegramm 1992. x)

Angelegenheit ist insofern erledigt, als General Ludendorff an Oberost folgende Richtlinien für die Friedensbesprechungen nach den Berliner Sitzungen vom 6. und 7.d. M. gegeben hat:

H256460

" 1. Nichteinmischung in russische Verhältnisse.

2. Keine Kriegsentschädigung in Geld, nur Geldentschädigung für Unterhalt der weit über 1 Million zählenden Kriegsgefangenen. Anschluß Litauens und Kurlands einschl. Riga's und der Inseln an Deutschland, da wir zur Volksernährung mehr Land gebrauchen. Es ist unsere Absicht, die völkischen Ansprüche der Litauer und Kurländer durch die Art ihrer Angliederung weitgehend zu achten. Es wird vorausgesetzt, daß sich England nicht auf den Alandsinseln, in Finnland,

- 2 -.

Finnland, Estland oder Livland festsetzt.

3. Austausch der Kriegsgefangenen unter Berücksichtigung ihrer Notwendigkeit für die deutsche Arbeit bis zum allgemeinen Frieden. Austausch der Zivilgefangenen.

4. Selbständigkeit Polens unter Anlehnung an die Mittelmächte. Bei Regelung der Ostgrenze Polens Rückgabe besetzten Gebiets an Rußland.

5. Achtung des Selbstbestimmungsrechtes der Völker: Räumung Finnlands, Estlands, Livlands, der Moldau, Ostgaliziens und Armeniens durch Rußland.

6. Anbietung unserer guten Dienste bei Regelung der Dardanellenfrage und anderen außereuropäischen Fragen.

7. Ordnung des Verkehrswesens Rußlands mit deutscher Hilfe; finanzielle Unterstützung des Aufbaues Rußlands und enge wirtschaftliche Beziehung. Regelung der Handelsbeziehungen; Lieferung von Brotgetreide, Petroleum usw. an Deutschland für günstigen Preis.

8. Die Rechtsverhältnisse der beiderseitigen Staatsangehörigen in den Hoheitsgebieten beider Parteien werden wiederhergestellt; Verluste an Privatbesitz sind, soweit sie ohne Schuld des Betroffenen erfolgten, zurückzuerstatten.

9. Falls die russischen Vertreter Besorgnis vor dem Eingreifen Japans gegen Rußland äußern sollten: Zusicherung, daß Deutschland bei Abwehr der Japaner Rußland nicht in den Rücken fallen wird.

10. Wir sind bereit, in Zukunft mit Rußland ein Bündnis einzugehen."

gez. Lersner.

H256461

Dieses Dokument zeigt die Haltung der deutschen Delegation bei den Friedensverhandlungen. Die deutsche Seite hatte leichtes Spiel: Sie wußte, daß die russische Seite nicht nur durch die Umstände ihrer Machtergreifung in ihrer Hand war, sondern auch nicht über das einzige Instrument, sich ihren Forderungen zu widersetzen, verfügte – über eine gut funktionierende Armee: Lenins Regierung hatte eine zerschlagene und demoralisierte Armee übernommen und mußte den Forderungen der Deutschen nachgeben, die von den Russen bereits erobertes Gebiet betrafen.

Rechts: Die „New York Times" vom 16. März 1918 ist skeptisch hinsichtlich der Ratifizierung des Friedensvertrages durch das Moskauer Zentralkomitee (Lenin hatte den Regierungssitz wieder nach Moskau verlegt). Lenins Zugeständnisse an die deutsche Seite über bereits russische Gebiete kosteten ihm Sympathien in den eigenen Reihen und riefen Entrüstung hervor.

Darunter: In dieser Ausgabe werden Erfolge der Österreicher gemeldet – sie überschreiten den Piave. Die Amerikaner besiegen die Deutschen unter Einsatz von Giftgas.

"All the News That's Fit to Print."

The New York Times.

THE WEATHER
Fair today; Sunday fair, warmer; northwest winds, becoming variable.
For full weather report see Page 21.

VOL. LXVII...NO. 21,966. ... NEW YORK, SATURDAY, MARCH 16, 1918.—TWENTY-TWO PAGES. TWO CENTS In Greater New York and Within Commuting Distance. | THREE CENTS Elsewhere.

MOSCOW CONGRESS RATIFIES PEACE; HAD RECEIVED PRESIDENT'S MESSAGE; WASHINGTON SPURS WAR EFFORTS

AMERICA'S TASK GRIMMER

Washington Officials Scout Rumors of an Early Peace

NO ILLUSIONS ON GERMANY

Conquests in the East Destroy the Prospect of Teuton Concessions.

NEW SPIRIT IN WAR TASK

Co-operation with Congress a Sign of Determination to Fight to Victory.

such expression as "I don't exactly know why, but I feel that the war won't go on much longer."

Sentiments and opinions of this character are exactly contrary to the Washington official view. A new spirit is noticeable here, a spirit of determination that carries with it the banishment of all illusions as to the task that confronts the United States and its co-belligerents.

The final collapse of Russia, the evidence that Germany is bent on conquest wherever it is possible, the knowledge that Austria-Hungary was using diplomatic camouflage in expressing sentiments that appeared to be at variance with Germany's desire to rule the world, the veiled threats of the Prussian autocracy to the Scandinavian nations, have brought to Washington a full realization that the future of democratic institutions depends upon the sword, and not on peace by understanding with Germany on the other side of the peace table.

New Motto Is "Live or Die."

"We have been going on the principle of 'Live and Let Live,'" said one of the foremost men of the Government. "From now on we are going on the principle of 'Live or Die.'"

The new spirit, or rather the forceful expression of the old spirit, is exemplified in the decision of Great Britain and the United States to commandeer Dutch

peal to Germany. The spirit that dominates here savors of the idea that Germany will see peace only when her enemies are victorious.

Spurt in War Preparations.

Lord Northcliffe's residence in America taught him the potent meaning of the expression "pep." If he were in Washington now he would grasp that even greater "pep" is being put into the conduct of the war. Under the impetus of the new order of things, which are partly the outgrowth of the investigation of the Senate Committee on Military Affairs and partly of the knowledge that Germany has thrown aside pretense and is out for conquest, troops are moving to France in greater number, supplies for the Allies are being forwarded in enormous volume, and there has been improvement all along the line in industrial military activity.

A better understanding between the executive and legislative branches of the Government is shown in the invitation to members of the Military Committees of the Senate and House to attend meetings of the War Council. Under General Goethals the supply sections of the army are making long strides. Under General Wheeler the Ordnance Department is overcoming the handicap of delay in furnishing arms and ammunition, and the workers of that department are realizing that they are serving a going instead of a discredited con-

VOTE FOR PEACE 453 TO 30

Delegate of Professional Unions Quits Red Party After Ballot.

TEUTONS TO TAKE CONTROL

Commissioners with Veto Power Will Sit on the Russian Ministries.

RUSSIA-UKRAINE PARLEY

Joint Conference Opens at Kiev in Effort to End Hostilities, Vienna Hears.

"All the News That's Fit to Print."

The New York Times.

THE WEATHER
Fair and warmer today; Tuesday, continued warmer; southwest winds.
For full weather report see Page 21.

VOL. LXVII...NO. 22,059 ... NEW YORK, MONDAY, JUNE 17, 1918.—TWENTY-TWO PAGES. TWO CENTS In Greater New York and Within Commuting Distance. | THREE CENTS Elsewhere.

AUSTRIANS CROSS THE PIAVE AT TWO POINTS; CLAIM 16,000 PRISONERS, BUT ALLIES GET 3,000; AMERICANS DEFEAT THE GERMANS WITH GAS

ITALIAN ARMY STRIKES BACK

Checks Massed Attacks by Austrians by Strong Counterattacks.

A great battle has been in progress on our front since yesterday.

After artillery preparation, which was exceptionally intense on account of the violence of the fire and the number of guns employed, the enemy has begun his expected offensive by launching large masses of infantry to attack our positions in the eastern sector of Asiago Plateau, at the end of the Brenta Valley and on Monte Grappa, by attempting at several points to force the Piave, and by carrying out heavy local demonstrative action on the remainder of the front.

isolated detachments had with great valor continued to remain at all costs.

The struggle did not diminish in violence during the night, and is continuing fiercely. But our troops are firmly holding the front along the Asiago Plateau, have completely reoccupied their original positions on Asolone and at the Monte Solarola salient, and are very closely pressing the enemy infantry which has passed to the right bank of the Piave.

The number of prisoners so far counted is more than 3,000, including

a thousand yards along an extent of 2,500 yards. There the enemy was held.)

Over 350 prisoners have been counted and we have, in addition, captured two mountain guns and a considerable number of machine guns.

In the early hours of yesterday, when the hostile attack was first launched, invaluable assistance both in infantry and artillery was immediately provided by the Italians on our left, and this assistance was largely responsible for bringing the Austrian infiltration to an immediate halt.

Militärischer Widerstand durch die Weiße Armee

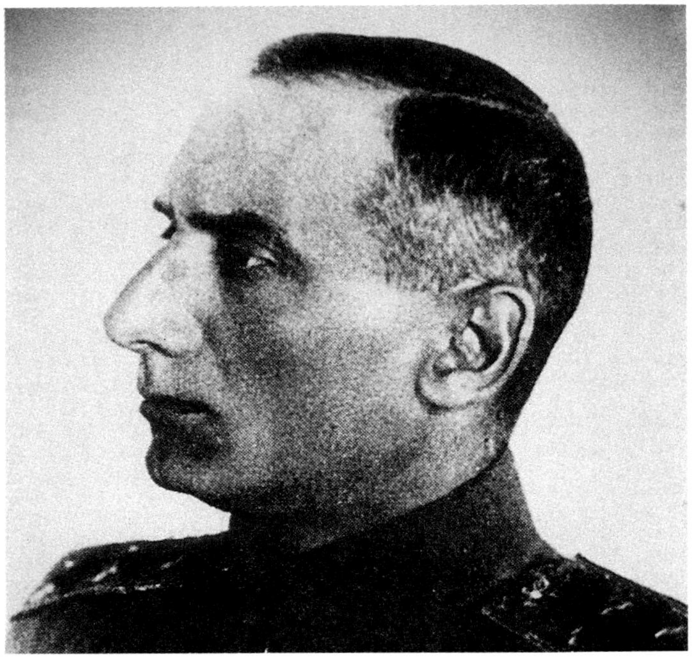

Oben links: General Kornilow führte im Kubangebiet, fiel in Jekaterinodar; *unten links:* General Denikin, West- und Südfront, bis 300 km vor Moskau; *oben rechts:* Admiral Koltschak, Schwarzmeerflotte, dann Ostsibirien (Omsk), von der tschechischen Legion an die Rote Armee ausgeliefert und gehenkt; *unten rechts:* General Judenitsch, Nordwestverteidigung, kam bis 7 km vor Petrograd.

Im November 1917 versammeln Generäle der ehemaligen zarischen Armee in Nowotscherkassk im Süden Rußlands freiwillige Soldaten, darunter viele Kosaken, und begannen von dort aus den bewaffneten Widerstand und militärischen Kampf gegen das neue Regime.

Oben links: General Kutjepow aus dem Preobraschenskij-Leibgarderegiment, Kubanfeldzug bis Gallipoli; *oben rechts:* General Drosdowskij von der rumänischen Front ins Dongebiet, fiel am Don; *unten links:* General Markow, schon im Russ.-Japan. Krieg, West-und Südwestflügel des Kubanfeldzuges; *unten rechts:*General Baron Wrangel, Südfront, Exilregierung auf der Krim analog zu Koltschak in Sibirien, organisierte 1919 Evakuierung der Armee und Zivilbevölkerung.

Atschinsker Partisanenkavallerie

Orden des Hl. Nikolaj Wundertäter

Nordwestarmee von Judenitsch

Jekaterinoslawer Feldzug

Mandschurische Spezialeinheit

Alexejews Kavallerie

Kornilows Sturmregiment

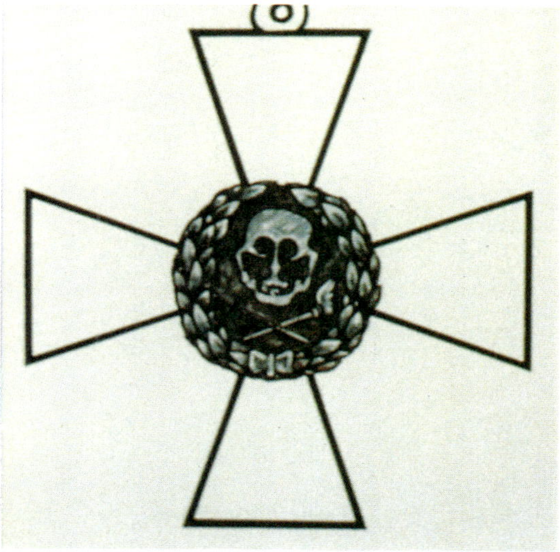

Atamanen von Bulak-Bulachowitsch

Drosdowskijs Offiziersschützen

Abzeichen des Kuban-Feldzuges

Markows Infanterieregiment

Armee des Rittmeisters Graf Liven

Bürgerkrieg und Intervention in Sowjetrußland 1918 bis 1922

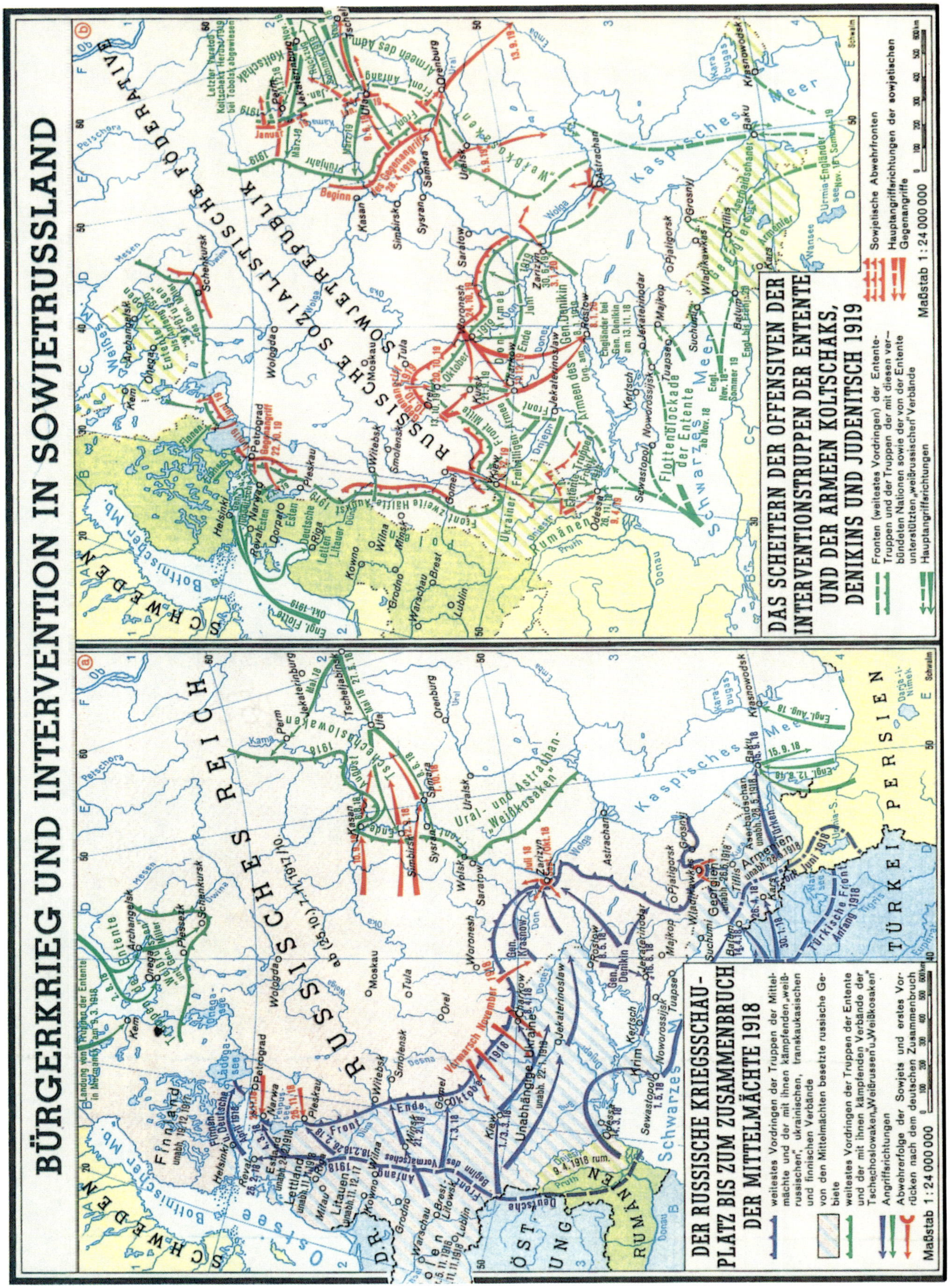

DAS ENDE DES BÜRGERKRIEGES UND DER POLN.-SOWJET. KRIEG 1920
Fronten der Entente-Truppen, der „weißrussischen" Verbände und der Polen
Vorstoßrichtungen
Abtransport russischer Emigranten
Sowjet. Abwehrfronten
Vorstoßrichtungen
Maßstab 1 : 24 000 000
RUSSISCHE SOZIALISTISCHE FÖDERATIVE SOWJETREPUBLIK
SCHWEDEN
FINNLAND
ESTLAND
LETTLAND
LITAUEN
POLEN
D.R.
ČSR
RUMÄNIEN
BULG.
TÜRKEI
PERSIEN
Schwarz. Meer
Kaspisches Meer
Ostsee
Petrograd
Moskau
Kiew
Warschau
Archangelsk
Zarizyn
Astrachan
Baku
Tiflis
Odessa
Vertrag mit RSFSR. 16. 3. 1921
Vertrag mit RSFSR. 26. 2. 1921

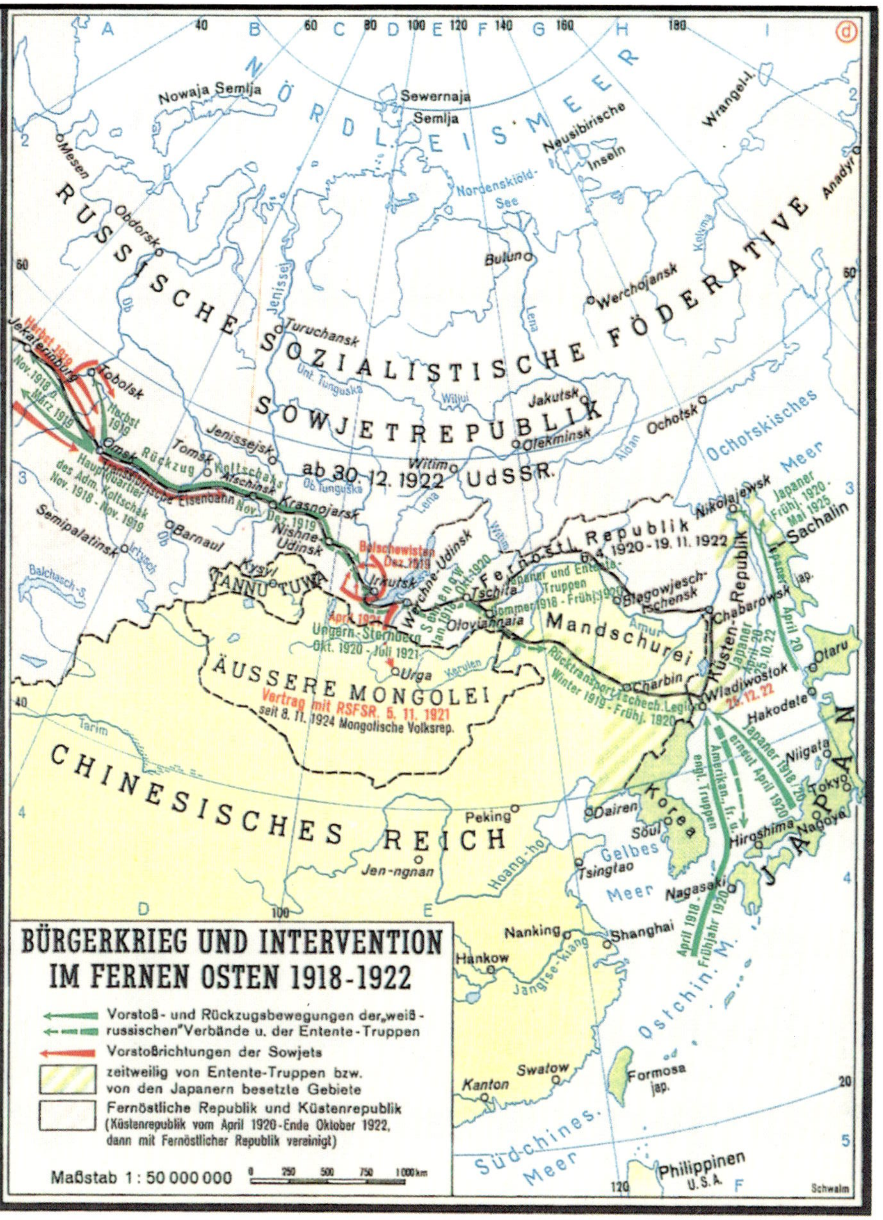

BÜRGERKRIEG UND INTERVENTION IM FERNEN OSTEN 1918-1922
Vorstoß- und Rückzugsbewegungen der „weißrussischen" Verbände u. der Entente-Truppen
Vorstoßrichtungen der Sowjets
zeitweilig von Entente-Truppen bzw. von den Japanern besetzte Gebiete
Fernöstliche Republik und Küstenrepublik (Küstenrepublik vom April 1920 - Ende Oktober 1922, dann mit Fernöstlicher Republik vereinigt)
Maßstab 1 : 50 000 000
NÖRDL. EISMEER
RUSSISCHE SOZIALISTISCHE FÖDERATIVE SOWJETREPUBLIK
ab 30. 12. 1922 UdSSR.
Fernöstl. Republik 6. 4. 1920 - 19. 11. 1922
Küsten-Republik
ÄUSSERE MONGOLEI
Vertrag mit RSFSR. 5. 11. 1921
seit 8. 11. 1924 Mongolische Volksrep.
CHINESISCHES REICH
Mandschurei
Korea
JAPAN
Ochotskisches Meer
Südchines. Meer
Philippinen U.S.A.
Formosa jap.
Jekaterinburg
Omsk
Irkutsk
Wladiwostok
Peking

Szenen aus dem Bürgerkrieg. Stärkste Kampftruppen waren die Kosaken im südlichen Kubangebiet. Auch Frauen (meist als Feldschwestern) und Kinder zogen mit in den Kampf oder betreuten Verwundete.

Als die Erfolge der Weißen Armee für Lenins Regime bedrohlich werden, greift Trotzkij hart durch. Mit der Waffe in der Hand rekrutiert man von Haus zu Haus Soldaten für die Rote Armee. Trotzkij reorganisiert sie, hebt die von den Revolutionären eingeführten Rechte wieder auf und stachelt sie zu Enthusiasmus an; wesentlich zum Erfolg trägt General Budjonnyj bei (rechts).
Die entscheidende Wende ergibt sich im Herbst 1919. Süd- und Ostflügel der Weißen Armee nehmen bereits ein Territorium von 1,4 Mill. km^2 (dreimal so groß wie Frankreich) ein. Beide Flügel sollen Richtung Moskau zusammengeführt werden. Lenin sieht sein Ende nahe und sagt „immerhin haben wir länger durchgehalten als die Pariser Kommune".
Kurz die entscheidenden Momente:

Wrangel soll über Saratow, Pensa, Nischnyj Nowgorod und Wladimir marschieren, Sidorin über Woronesch und Rjasan, General Maj-Majewskij schließlich über Kursk, Orjol und Tula. Als Regierungssitz für künftige Koordination der Freiwilligenbewegung wird Saratow in Aussicht genommen. Zunächst sieht alles erfolgreich aus:
Im Mai 1919 steht Koltschak vom Osten her anrückend vor Kasan.
Wrangel erreicht am 19. Mai Wjelikoknjascheskaja, 320 km nordöstlich von Jekaterinodar.
Am 4. Juni nimmt Maj-Majewskij Slawjansk, 450 km nordwestlich von Jekaterinodar.
Am 29. Juni hält Schkuro Jekaterinoslaw und Nowotscherkassk.
Seit 20. Juni ist Wrangel in Zarizyn.
Am 30. August gilt Kiew, am 20. September Kursk, zehn Tage später Woronesch als „in Weißer Hand". Kutjepow hat mit seiner Armee in kurzer Zeit 700 km zurückgelegt. 98.000 Weiße stehen 160.000 Roten gegenüber. Denikins vereinte Armeen beherrschen ein Territorium von 1,4 Millionen Quadratkilometern.
Am 13. Oktober marschiert Kutjepow in Orjol 180 km südwestlich von Tula ein, und die Armee steht somit 300 km vor Moskau.
Von Westen her hat Polens Pilsudskij eine Flanke von Tschernigow bis Minsk errichtet, von Nordwesten her nähert sich Judenitsch Petrograd. Im Oktober steht er in Zarskoje Sjelo.
Das Motto lautet: „Für das heilige Rußland nach Moskau, dem Herzen des Landes."

Doch im letzten Moment stellen die Engländer ihre Hilfe ein – aus Sorge vor einem neuerlich „zu" starken Rußland in Hinblick auf die Ostprovinzen (Indien, Persien). die Franzosen liefern mit den Tschechen den sibirschen General an die Rote Armee aus, und im Süden bereiten die Kosaken Denikin Schwierigkeiten. Schließlich gelingt der Roten Armee dank Reorganisation und rigoroser Maßnahmen ein entscheidender Schlag, der die Weiße Armee zum Erliegen bringt.

Geheime deutsch-sowjetische Zusammenarbeit nach dem Oktoberputsch Lenins

Hier sind subversive Telegramme des Deutschen Nachrichtenbüros, „Sektion R." (Rußland?) abgebildet, datiert mit 12. Februar 1918 und gerichtet an den Vorsitzenden des Sowjets der Volkskommissare (Trotzkij): Darin wird der Vorwurf der Schlamperei erhoben, da ein Agent mit kompromittierenden Geldanweisungen der Kaiserlichen Bank vom März 1917 für Konten lautend auf die Namen Lenin, Sumenson, Koslowskij, Trotzkij u. a. in Rußland erwischt worden sei.

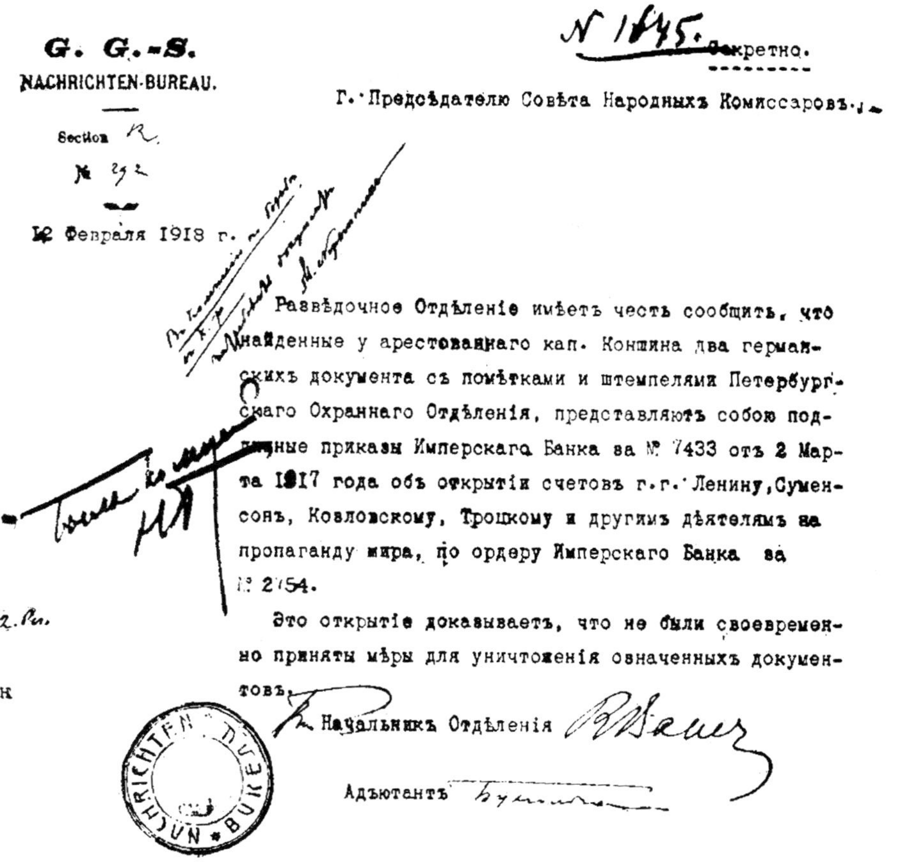

Секретно.

G. G.-S.
NACHRICHTEN-BUREAU.
Section R.
№ 292
12 Февраля 1918 г.

Г. Предсѣдателю Совѣта Народныхъ Комиссаровъ.

Развѣдочное Отдѣленіе имѣетъ честь сообщить, что найденные у арестованнаго кап. Коншина два германскихъ документа съ помѣтками и штемпелями Петербургскаго Охраннаго Отдѣленія, представляютъ собою подлинные приказы Имперскаго Банка за № 7433 отъ 2 Марта 1917 года объ открытіи счетовъ г.г. Ленину, Суменсону, Козловскому, Троцкому и другимъ дѣятелямъ за пропаганду мира, по ордеру Имперскаго Банка за № 2754.

Это открытіе доказываетъ, что не были своевременно приняты мѣры для уничтоженія означенныхъ документовъ.

Начальникъ Отдѣленія

Адъютантъ

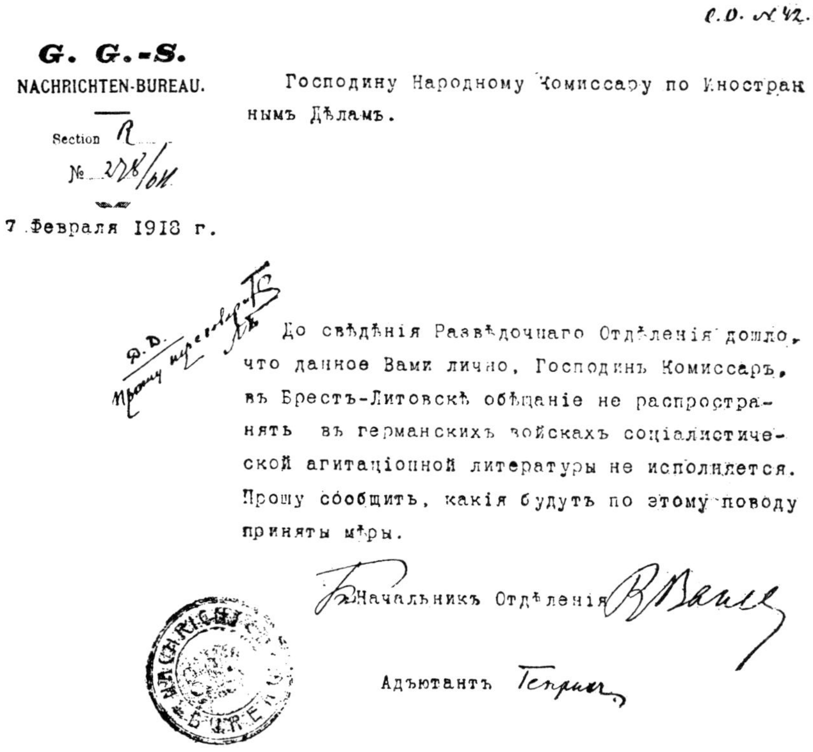

G. G.-S.
NACHRICHTEN-BUREAU.
Section R.
№
7 Февраля 1918 г.

Господину Народному Комиссару по Иностраннымъ Дѣламъ.

До свѣдѣнія Развѣдочнаго Отдѣленія дошло, что данное Вами лично, Господинъ Комиссаръ, въ Брестъ-Литовскѣ обѣщаніе не распространять въ германскихъ войскахъ соціалистической агитаціонной литературы не исполняется. Прошу сообщить, какія будутъ по этому поводу приняты мѣры.

Начальникъ Отдѣленія

Адъютантъ

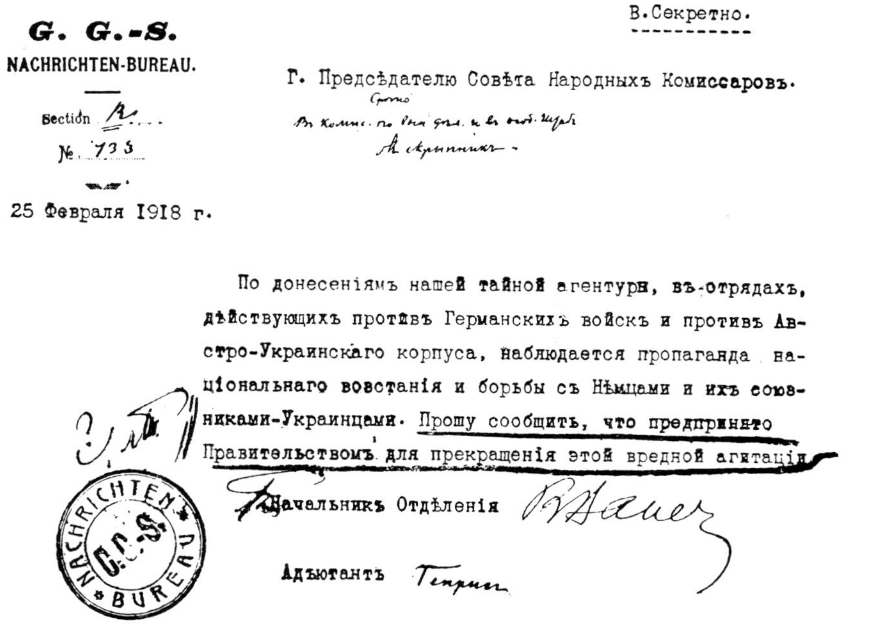

В. Секретно.

G. G.-S.
NACHRICHTEN-BUREAU.
Section R.
№
25 Февраля 1918 г.

Г. Предсѣдателю Совѣта Народныхъ Комиссаровъ.

По донесеніямъ нашей тайной агентуры, въ отрядахъ, дѣйствующихъ противъ Германскихъ войскъ и противъ Австро-Украинскаго корпуса, наблюдается пропаганда національнаго возстанія и борьбы съ Нѣмцами и ихъ союзниками-Украинцами. Прошу сообщить, что предпринято Правительствомъ для прекращенія этой вредной агитаціи.

Начальникъ Отдѣленія

Адъютантъ

In den Telegrammen *(Mitte, unten)* rügt die deutsche Seite ihren sowjetischen Partner des Wortbruchs: rotz gegenteiliger Verpflichtung und Zusicherung hätten die Russen auch unter Deutschen und Österreichern Agitation durchgeführt – Propaganda für Aufstand und Revolution auf nichtrussischem Gebiet.

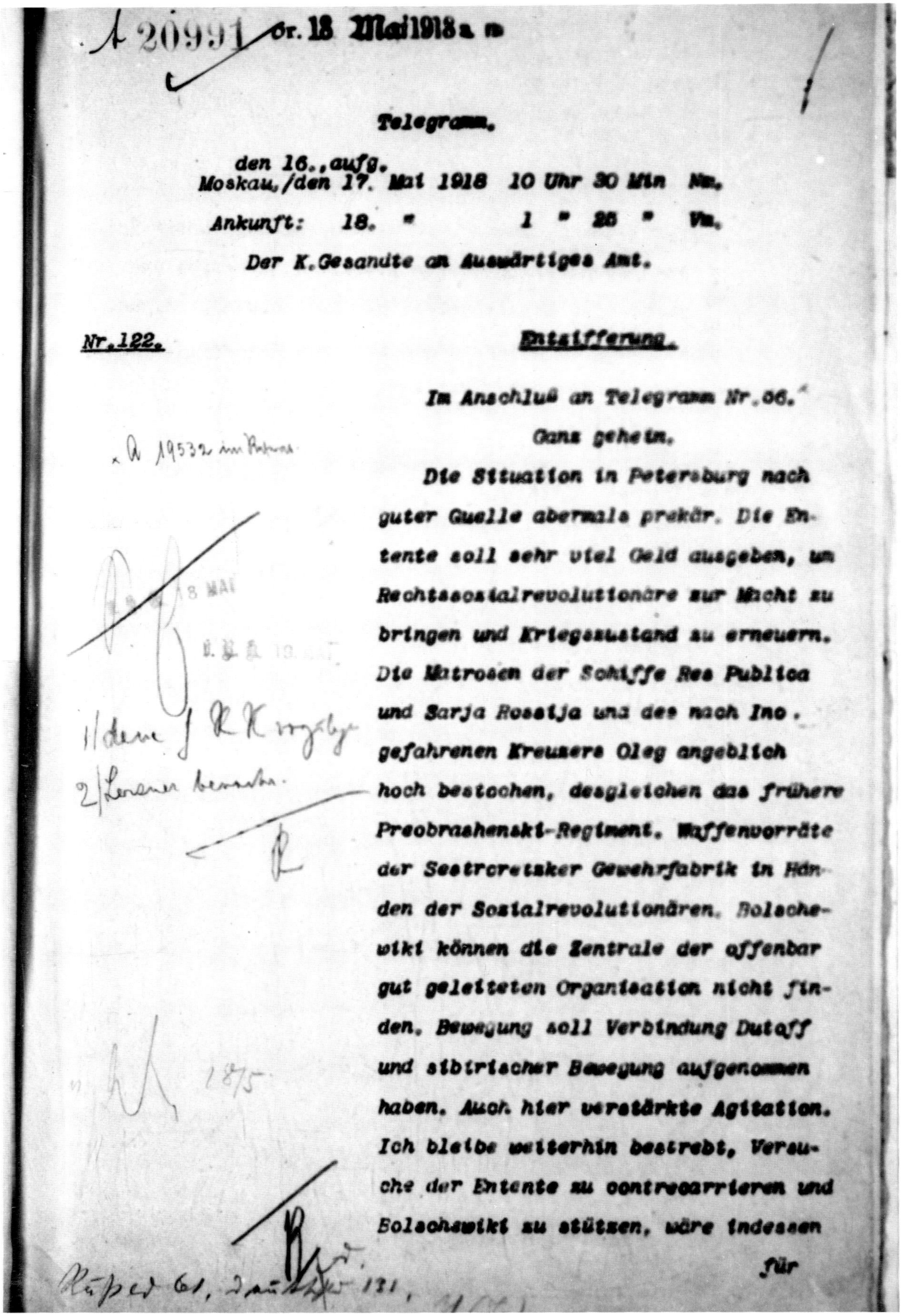
A 20991 pr. 18 Mai 1918 a. m.

Telegramm.

den 16., aufg.
Moskau,/den 17. Mai 1918 10 Uhr 30 Min Nm.
Ankunft: 18. " 1 " 25 " Vm.

Der K. Gesandte an Auswärtiges Amt.

Nr. 122. Entzifferung.

Im Anschluß an Telegramm Nr. 66.

Ganz geheim.

Die Situation in Petersburg nach guter Quelle abermals prekär. Die Entente soll sehr viel Geld ausgeben, um Rechtssozialrevolutionäre zur Macht zu bringen und Kriegszustand zu erneuern. Die Matrosen der Schiffe Res Publica und Sarja Rossija und des nach Ino. gefahrenen Kreuzers Oleg angeblich hoch bestochen, desgleichen das frühere Preobrashenski-Regiment. Waffenvorräte der Sestroretsker Gewehrfabrik in Händen der Sozialrevolutionären. Bolschewiki können die Zentrale der offenbar gut geleiteten Organisation nicht finden. Bewegung soll Verbindung Dutoff und sibirischer Bewegung aufgenommen haben. Auch hier verstärkte Agitation. Ich bleibe weiterhin bestrebt, Versuche der Entente zu contrecarrieren und Bolschewiki zu stützen, wäre indessen für

Mai 1918: Der deutsche Botschafter in Moskau, Graf Mirbach, kabelt nach Berlin: Lenins Regime sei gefährdet. Von innen – durch seine blutige und totalitäre Herrschaft – und von außen durch die Unterstützung der gemäßigten Sozialrevolutionäre und demokratischen Kräfte von seiten der Verbündeten des alten russischen Reiches. Mehr Geldmittel seien also dringend nötig, um Lenin an der Macht zu halten.
Im zweiten Dokument ist die positive Antwort des deutschen Schatzamtes an das zuständige Außenamt in Berlin ersichtlich. Das Geld wird nach Moskau überwiesen – doch indessen ist Graf Mirbach ermordet worden, und sein Nachfolger übernimmt dessen Aufgaben.

für Weisung dankbar, ob nach Gesamtlage unser Interesse/ den Einsatz eventuell größerer Mittel rechtfertigt und für eventuelle Unhaltbarkeit der Bolschewiki, welche .... Richtung zu unterstützen. Bei eventuellem Sturz der ..... x) Bolschewiki haben zur Zeit Ententisten/Nachfolger die meiste Aussicht.

x) Gr. fehlt.

Mirbach.

A. 2667 pr. 12. Juni 1918 pm

Der Staatssekretär
des Reichsschatzamts.

Geheim Z.B. 965.

... wird gebeten, in der Antwort Tag, vorstehendes Geschäftszeichen und Gegenstand dieses Schreibens zu bezeichnen.

Berlin W. 66, den 11. Juni 1918.
Wilhelmplatz 1.

157

Lieber K ü h l m a n n !

Auf Jhr Schreiben vom 8. d.M., mit dem Sie mir die Aufzeichnung zu A.S. 2562 betreffend Rußland übersenden, erkläre ich mich bereit, einem ohne Angabe von Gründen gestellten Antrag auf Bereitstellung von 40 Mill. Mark für den fraglichen Zweck zuzustimmen.

Lenins Wille zur Machtergreifung hat sich erfüllt. Obwohl er sich bewußt ist, daß dies nur mit der Hilfe des deutschen Feindes möglich gewesen war, hegt er – wie aus Korrespondenzen und Augenzeugenberichten hervorgeht – für diesen tiefste Verachtung. Außerdem hält er sich nicht an die Vereinbarung, nur auf russischem und nicht auch auf deutschem Gebiet für die Revolution zu agitieren, denn er plant eine Weltrevolution. Seinen Mittelsmann, den „Kaufmann der Revolution" Alexander Parvus, läßt er nicht in den Sowjetstaat einreisen. Der nun schwerreiche Exilrusse wird erst aus der Schweiz ausgewiesen und führt in Berlin ein ruhiges Leben – lediglich frustriert davon, daß ihm ein revolutionärer Putsch in Deutschland trotz erfolgversprechender Ansätze nicht gelang.

Lenins Rolls Royce, eine Spezialanfertigung mit Schneekufen. Er befindet sich heute im Museum der Revolution in Moskau.

Letzter Aufstand gegen das neue Regime: Es sind die Kronstädter Matrosen und Arbeiter, die sich als letzte gegen jenes Regime erheben, dem sie vor der Revolution am loyalsten und voll Hoffnungen gegenübergestanden waren. Sie, die einstigen Pioniere der Revolution, fühlen sich in Erwartungen und Versprechungen enttäuscht und proben unter dem Motto den Aufstand: „Tod den Bolschewiken, es leben die Sowjets!" (Lenin hatte die Parole „Alle Macht den Sowjets" nicht gehalten).
Der junge Marschall Tuchatschewskij sendet unverzüglich den Kreuzer Aurora nach Kronstadt – dessen schwere Geschütze im Oktober 1917 lediglich für Signalschüsse verwendet worden waren. Doch jetzt werden damit eine Stadt und ihre Bewohner beschossen. Am gleichen Abend gibt die Stadt kein Lebenszeichen mehr.

Das Ende der Zarenfamilie

Mitte 1918 befindet sich die Zarenfamilie in diesem Haus im sibirischen Jekaterinburg (heute Swerdlowsk) in Gefangenschaft *(rechts, unten der Lageplan)*; die Familie war von Tobolsk dorthin transferiert worden, da die Weiße Armee heranrückte und die Sympathiekundgebungen der bäuerlichen Bevölkerung von Tobolsk den Bolschewiken mißfielen. Jekaterinburg war dagegen eine Industriestadt mit revolutionärer Propaganda gegenüber offener Arbeiterschaft. Aus den Fabriken wurden auch die Bewacher und das Mordkommando für die Zarenfamilie rekrutiert.

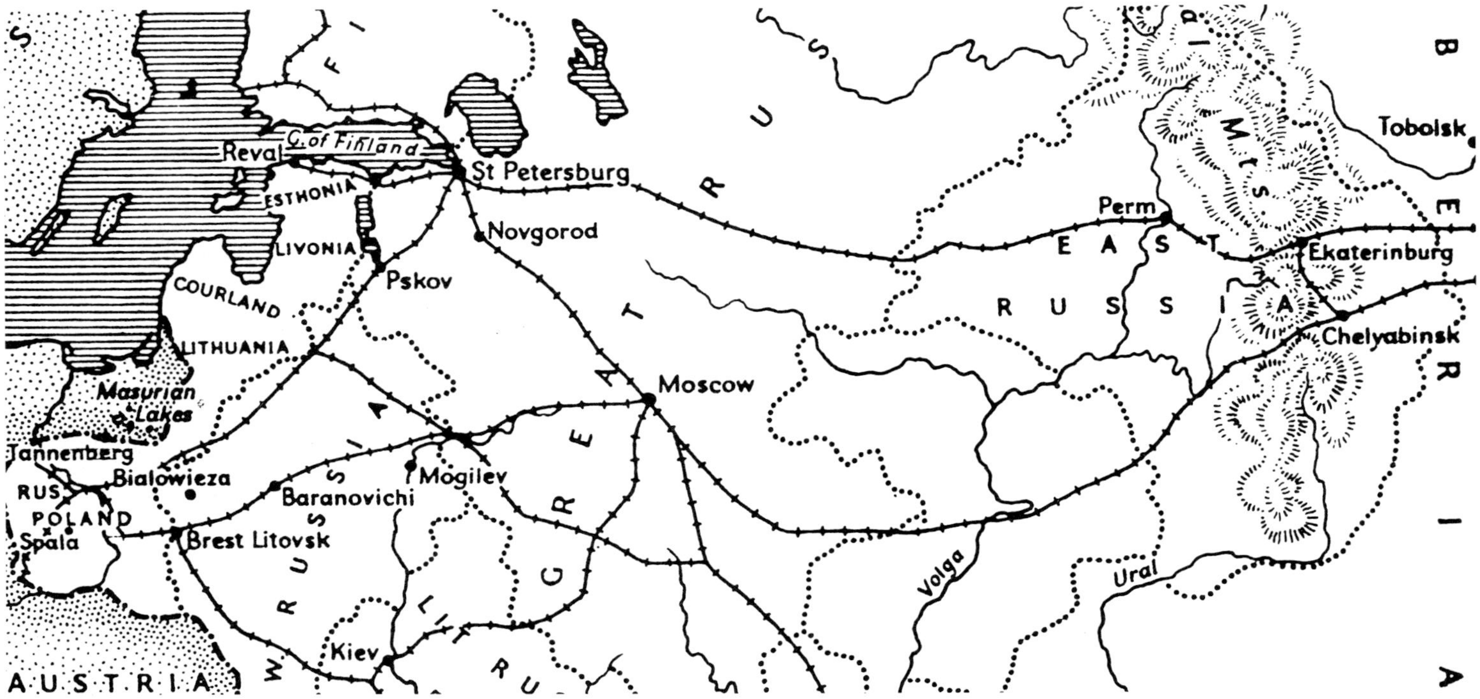

Die vier Töchter des Zaren in der Gefangenschaft *(oben)*;
unten links: der Matrose Derewjenko, der bis kurz vor der Mordnacht den Zarewitsch Alexej betreuen durfte. Als er jedoch verhindern wollte, daß diesem von den Bewachern seine Gebetsikone weggenommen wurde, erschoß man ihn;
unten rechts: Der Hofarzt Doktor Botkin blieb, obwohl vom Zaren aus seinem Dienst entlassen, bis zuletzt bei der Familie. Er wurde mit ihr erschossen.

NICHOLAS

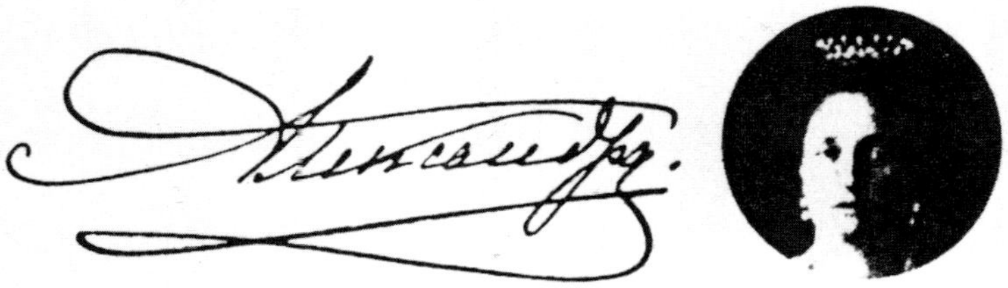

ALEXANDRA

OLGA

TATIANA

MARIE

ANASTASIA

ALEXIS

Oben: Nagan-Revolver, mit dem der Zar erschossen wurde.
Links: Unterschriften auf Postkarten, die die Zarenfamilie kurz vor ihrem Tod an Freunde sandte;
unten: Die Hausangestellten wurden ebenfalls umgebracht.

Nacht vom 17. auf den 18. Juli 1918: Die Zarenfamilie wird geweckt. Sie müsse an einen anderen Ort gebracht werden, heißt es. In einem Kellerraum des Hauses wartet sie auf die Abreise. Plötzlich tritt eine zwölfköpfige Tschekagarde ein. Erst zielt der Anführer Jurowkij auf den Zaren, der den schlafenden Zarewitsch in den Armen hält, Augenblicke später sterben alle anderen Familienmitglieder wie auch der Arzt und das Kammermädchen unter den Kugeln; der Hund wird mit einem Kolben erschlagen. Die Leichen werden in einen Wald gebracht, zerstückelt und vergraben. Zwei Tage später werden in Alapajewsk sieben weitere Mitglieder der Zarenfamilie umgebracht. Rußland ist tot.

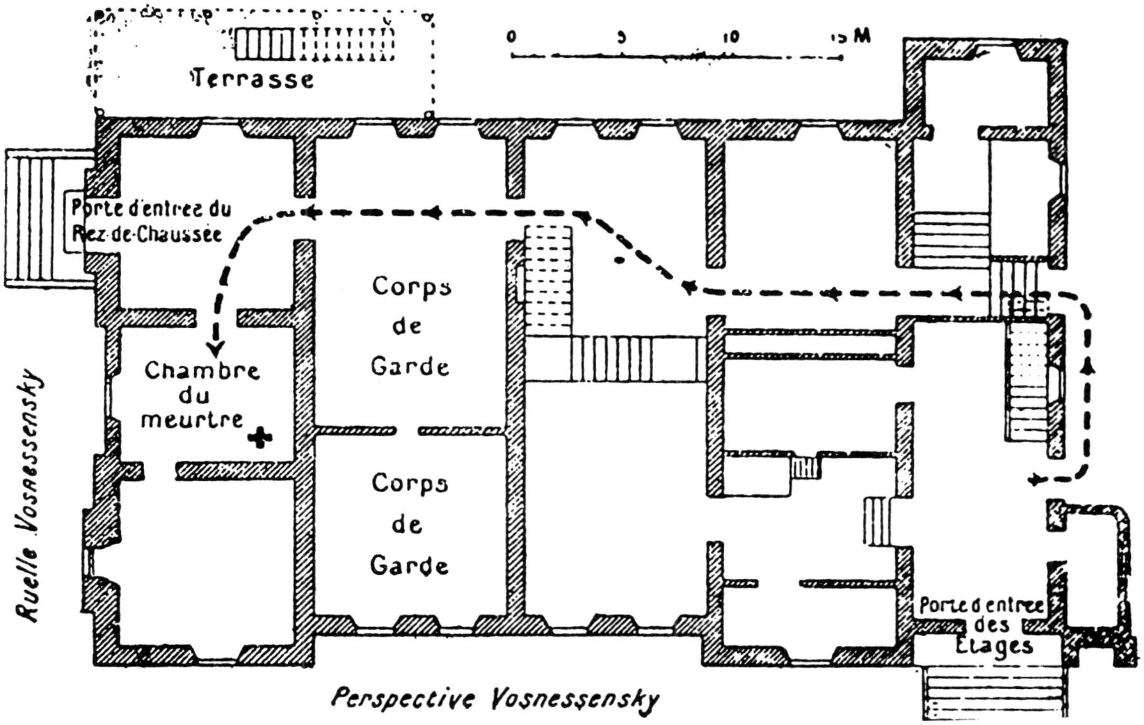

Plan des Hauses in Jekaterinburg, in dessen Keller die Zarenfamilie erschossen wurde

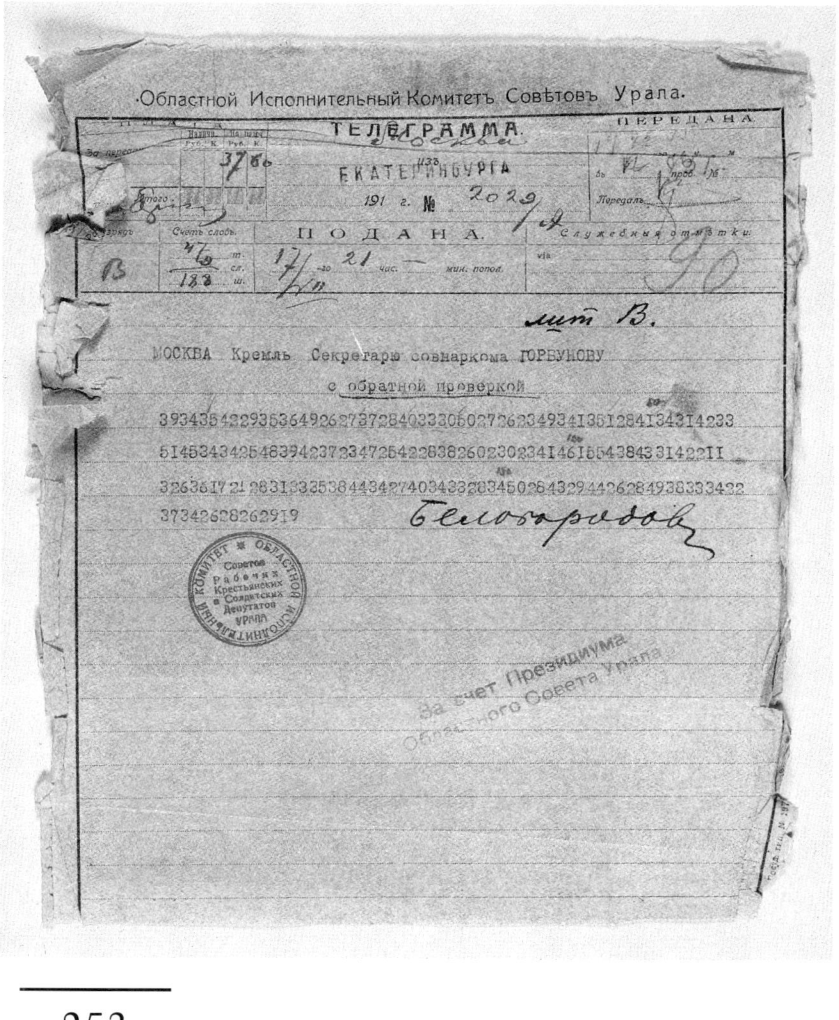
Областной Исполнительный Комитетъ Совѣтовъ Урала.

ТЕЛЕГРАММА

ЕКАТЕРИНБУРГА

191 г. № 2029

ПЕРЕДАНА

ПОДАНА.

Служебныя отмѣтки:

мит В.

МОСКВА Кремль Секретарю совнаркома ГОРБУНОВУ

с обратной проверкой

3934354229353649262737284033305027362349341351284134314233

514534342548394237234725422838260230234146155438433142211

3263617212831333538443427403433283450284329442628493833342 2

37342628262919

Белобородов

Областной Комитет Советов Рабочих Крестьянских и Солдатских Депутатов Урала Исполнительный

За счет Президиума Областного Совета Урала

39343542293536492627284033305
0272623493413512841343142333 5
1453434254839423723472542293 8
2602302341461554384331422113 2
636172128313353844342д4034332
834502843294426284993833342 23
73426282629919

БЕЛОБОРОДОВ

Am Morgen nach dem Mord kabelt Jurowskij seinen Auftraggebern Lenin und Swerdlow ins Moskauer ZK die Ausführung der Tat in einem durch Ziffern verschlüsselten Telegramm (rechts das Original, unten die Entschlüsselung kyrillisch). Es lautet: MOSKAU – KREML – AN DEN SEKRETÄR DES SOWNARKOM GORBUNOW – MIT RÜCKANTWORT SWERDLOW MELDEN DASS GANZE FAMILIE DAS GLEICHE SCHICKSAL TRIFFT WIE IHR OBERHAUPT OFFIZIELL KOMMT SIE BEI IHRER EVAKUIERUNG UM.

“ПЕРЕДАЙТЕ СВЕРДЛОВУ ЧТО ВСЕ СЕМЕЙСТВО ПОСТИГЛА ТА ЖЕ УЧАСТЬ ЧТО И ГЛАВУ. ОФИЦIАЛЬНО СЕМЬЯ ПОГИБНЕТ ПРИ ЭВАКУАЦIИ”.

Dokumente im Wortlaut

Versuche, den Krieg zu verhindern
Petersburger Protokoll vom 23. 7. bis 2. 8. 1914

Donnerstag, 23. Juli:
18.00 Uhr: Übergabe des österreichisch-ungarischen Ultimatums an Belgrad.
19.30 Uhr: Toasts des Präsidenten der Republik* und des Zaren an Bord der „France".

Freitag, 24. Juli:
13.00 Uhr: Mittagessen in der französischen Botschaft (in Petersburg) unter Teilnahme von Paléologue (französischer Botschafter), Sasonow (Außenminister) und Sir George Buchanan (britischer Botschafter).
15.00 Uhr: Ein routinemäßiger Ministerrat findet unter dem Vorsitz von Gorjomkin (Ministerpräsident) statt.
Sasonow läßt das Wiener Kabinett um Verlängerung der Frist des österreichisch-ungarischen Ultimatums ersuchen, damit sich die Mächte eine Meinung über die juristische Lage bilden mögen, zu deren Stellungnahme sie ersucht worden waren.
20.00 Uhr: Paléologue begibt sich zu Sasonow, der diesem mitteilt, daß man im Rat entschieden habe, die in Deutschland deponierten russischen Gelder abzuziehen.

Samstag, 25. Juli:
Telegramm des Prinzregenten von Serbien an Zar Nikolaj, datiert vom 24. Juli.
Communiqué der russischen Regierung:
„Die Regierung verfolgt aufmerksam die Entwicklung des serbisch-österreichischen Konflikts, der Rußland nicht gleichgültig lassen kann."
Am Vormittag wird in Krasnoje Sjelo unter Vorsitz des Zaren ein außerordentlicher Ministerrat abgehalten. Seine Majestät entscheidet, prinzipiell 13 Armeekorps zu mobilisieren, die im Eventualfall zum Einsatz gegen Österreich bestimmt sind.
Graf Pourtalès (Botschafter Deutschlands) übergibt Minister Sasonow folgende Note:
„Deutschland verleiht selbstverständlich als Alliierter Österreichs den seiner Ansicht nach legitimen Forderungen des Wiener Kabinetts gegen Serbien Nachdruck."

Sasonow erteilt der serbischen Regierung den Rat, die britische Regierung um Vermittlung zu ersuchen.
18.00 Uhr: Vorzeitige Beförderung junger Offiziere.
18.30 Uhr: Der Kriegsminister und der Generalstabschef konferieren mit dem Zaren, der anordnet, daß vorbereitende Maßnahmen zur Mobilmachung in den Militärbezirken von Kiew, Odessa, Kasan und Moskau getroffen werden sowie gewisse Vorkehrungen im Geheimen in Warschau, Wilna und Petersburg. Darüber hinaus wird in den Städten und Gouvernements von Petersburg und Moskau der Belagerungszustand erklärt.
22.00 Uhr: Auflösung des Exerzierfeldes von Krasnoje Sjelo und unverzügliche Rückberufung der Truppen in ihre normalen Garnisonen.

Sonntag, 26. Juli:
Teilweise Mobilmachung der österreichischen Armee. Sasonow lädt den Botschafter von Österreich-Ungarn zu einer offenen und ehrlichen Aussprache vor. Er läßt Graf Berchtold (Außenminister von Österreich-Ungarn) die direkte Aufnahme des Dialogs zwischen Wien und Petersburg über die veränderte Lage und deren Einbeziehung in das Ultimatum vorschlagen.
Der Kriegsminister läßt den Militärattaché vorladen, um ihm zu erklären, daß sich Rußland gegenwärtig auf Vorbereitungen zur Mobilmachung beschränke, wobei der Mobilmachungsbefehl selbst gar nicht publik gemacht werde.

* Der französische Staatspräsident Poincaré weilte gerade in Petersburg

Montag, 27. Juli:
Telegramm des Zaren von Rußland an den Prinzregenten von Serbien:
„Eure Hoheit sei versichert, daß Rußland in keinem Fall am Schicksal Serbiens desinteressiert sein wird."
Sasonow, der direkte Vermittlung für Verhandlungen mit Wien gesucht hatte, akzeptiert den englischen Vorschlag einer Konferenz der Vier oder jeden anderen Weg zur friedlichen Beilegung des Konflikts.

Dienstag, 28. Juli:
Generalmobilmachung der österreichisch-ungarischen Armee und Kriegserklärung Österreichs an Serbien.
15.00 Uhr: Unterredung von (Außenminister) Sasonow mit (dem deutschen Botschafter) Graf Pourtalès. In dieser Unterredung stellt Sasonow fest, daß Deutschland Österreich in seiner unnachgiebigen Haltung ermutige.
Unterredung von M. Paléologue mit Graf Pourtalès und Graf Szapary im Außenministerium. Es bleibt ein beunruhigender Eindruck zurück.
15.45 Uhr: Besuch von Paléologue bei Außenminister Sasonow. Die russische Regierung stellt fest, daß sie grundsätzlich allen Anregungen von seiten Frankreichs und Englands zur Rettung des Friedens offen gegenüberstehe.
22.45 Uhr: Telegramm von Kaiser Wilhelm an Zar Nikolaj:
„Ich verkenne nicht die schwierige Lage für Deine Regierung, dem Druck der öffentlichen Meinung standzuhalten. Unter Berücksichtigung der herzlichen Freundschaft, deren Bande uns seit so langer Zeit eng vereint, will ich all mein Einflußvermögen gegenüber Österreich-Ungarn geltend machen, um es zu einem ehrlichen, für Rußland akzeptablen Einverständnis zu bewegen."

Mittwoch, 29. Juli:
13.00 Uhr: Antwort von Zar Nikolaj an Kaiser Wilhelm:
„Um ein Unglück zu vermeiden, wie es ein europäischer Krieg bedeuten würde, bitte ich Dich, im Namen unserer alten Freundschaft, alles, was in Deiner Macht steht, zu unternehmen, um Deinen Alliierten nicht zu weit gehen zu lassen."
15.00 Uhr: Der Ukas (Erlaß) der Teilmobilmachung, seit Samstag, dem 25. Juli, vorbereitet, wird unterzeichnet. Graf Pourtalès teilt Außenminister Sasonow die Entschließung der deutschen Regierung mit, wonach sie mobilisieren werde, wenn Rußland seine militärischen Vorbereitungen nicht einstelle. Sasonow bietet Graf Pourtalès folgende Antwort an:
„Wenn Österreich in Anerkennung der Tatsache, daß sein Konflikt mit Serbien den Charakter einer europäischen Frage angenommen hat, sich bereit erklärt, in seinem Ultimatum die Klauseln, die einen Angriff auf die Souveränität Serbiens bedeuten, zu eliminieren, verpflichtet sich Rußland, seine militärischen Vorbereitungen einzustellen."
18.30 Uhr: Neues Telegramm von Kaiser Wilhelm an Zar Nikolaj:
„Ich glaube, ein direktes Einverständnis zwischen Deiner Regierung und Wien ist möglich und wünschenswert, ein Einvernehmen, wie es meine Regierung, wie ich Dir bereits telegrafiert habe, mit allen Kräften nachdrücklich zu erreichen sucht. Natürlich könnten die von Rußland ergriffenen militärischen Maßnahmen, die von Österreich-Ungarn als Bedrohung empfunden werden, eine Katastrophe heraufbeschwören, die wir beide verhindern wollen, und unsere Vermittlermission unmöglich machen, die ich auf Deinen Appell an meine Freundschaft und meine Hilfe hin gerne erfüllt hätte."
23.00 Uhr: Mr. de Basily, stellvertretender Direktor der Kanzlei des Ministeriums für Auswärtige Angelegenheiten, begibt sich zur französischen Botschaft, um Paléologue zu informieren, daß die geheimen Vorbereitungen zur Generalmobilmachung ausgeführt werden.

Eine halbe Stunde später setzt Zar Nikolaj den Kriegsminister und den Minister für Auswärtiges davon in Kenntnis, daß ihn das letzte Telegramm von Kaiser Wilhelm zur Aufschiebung der Generalmobilmachung veranlaßt hat.

Donnerstag, 30. Juli:
Die Nachricht von der Beschießung Belgrads trifft am Vormittag in Petersburg ein.
(René) Viviani vom französischen Ministerium für Äußeres telegrafiert Paléologue: „Frankreich ist entschlossen, alle seine Verpflichtungen als Alliierter zu erfüllen."
Am selben Nachmittag erhält Zar Nikolaj von Kaiser Wilhelm folgendes Telegramm:
„Österreich-Ungarn hat gegen Serbien nur einen Teil seiner Armee mobilisiert. Wenn Rußland jetzt, wie es der Fall zu sein scheint und entsprechend Deiner Warnung und der Deiner Regierung auch ist, gegen Österreich-Ungarn mobilmacht, wird die Vermittlung, mit der Du mich auf so freundschaftliche Weise betraut hast und die ich auf Deinen ausdrücklichen Wunsch hin auf mich genommen habe, schwierig, wenn nicht unmöglich."

13.20 Uhr: Antwort von Zar Nikolaj:
„Die militärischen Vorbereitungen, die im Begriffe sind, getroffen zu werden, wurden bereits vor fünf Tagen beschlossen und sind lediglich eine Verteidigungsmaßnahme gegen die Vorbereitungen von seiten Österreich-Ungarns. Ich hoffe von ganzem Herzen, daß diese Maßnahmen keinerlei Einfluß auf Deine Vermittlerfunktion haben werden, an der mir in allerhöchstem Maße gelegen ist."

15.00 Uhr: Sasonow wird vom Zaren in Peterhof empfangen.

16.00 Uhr: Sasonow übermittelt telefonisch dem Generalstabschef den Befehl, die Generalmobilmachung unverzüglich fortzusetzen.

Freitag, 31. Juli:
Der Befehl der Generalmobilmachung der russischen Armee wird im Morgengrauen verlautbart.
Telegramm von Zar Nikolaj an Kaiser Wilhelm:
„Solange die Verhandlungen zwischen Österreich und Serbien im Gange sind, werden sich meine Truppen jeglichen Akt der Provokation enthalten, darauf gebe ich Dir feierlich mein Wort."

14.00 Uhr: Telegramm von Kaiser Wilhelm an Zar Nikolaj:
„Der Frieden in Europa kann noch gerettet werden, wenn Rußland sich dazu entschließt, die militärischen Vorbereitungen einzustellen, die Deutschland und Österreich-Ungarn bedrohen."
Sasonow akzeptiert eine Modifikation seiner Versöhnungsformulierung in dem von England vorgeschlagenen Sinne.
Der Zustand der Kriegsgefahr wird in Deutschland verlautbart.

15.00 Uhr: Graf Pourtalés wird in Audienz vom Zaren in Peterhof empfangen.

23.00 Uhr: Graf Pourtalés ersucht dringend um Empfang bei Sasonow.

24.00 Uhr: Graf Pourtalés erklärt Sasonow, daß innerhalb von zwölf Stunden Deutschland, wenn Rußland nicht zu demobilisieren beginnt, sich zur Mobilmachung seiner gesamten Armee gezwungen sieht.

Samstag, 1. August:

14.00 Uhr: Telegramm von Zar Nikolaj an Kaiser Wilhelm:
„Ich verstehe, daß Du Dich zur Mobilmachung gezwungen siehst, doch ich hätte gerne die gleiche Zusicherung, wie ich sie Dir gegeben habe, nämlich zu wissen, daß diese militärischen Maßnahmen nicht einen Krieg nach sich ziehen und daß wir fortfahren, für das Wohl unserer beiden Länder zu verhandeln, das uns so sehr am Herzen liegt."

17.00 Uhr: Kaiser Wilhelm ordnet die Generalmobilmachung an. Zur selben Stunde trifft die französische Regierung die gleiche Maßnahme.

18.00 Uhr: Graf Pourtalés übermittelt Sasonow die Kriegserklärung.

18.30 Uhr: Sir George Buchanan ersucht um sofortige Audienz beim Zaren, um diesem ein Telegramm zu übermitteln, in welchem König George V. einen höchsten Appell zur Mäßigung ausspricht.

22.45 Uhr: Sir George Buchanan übermittelt Zar Nikolaj das Telegramm von König George. Der Zar diktiert ihm die Antwort.

Sonntag, 2. August:

1.45 Uhr: Zar Nikolaj erhält ein letztes Telegramm von Kaiser Wilhelm:
„Eine sofortige, klare und eindeutige Antwort von Dir ist das einzige Mittel, eine unabsehbare Katastrophe abzuwenden. Bis ich eine solche Antwort erhalte, ist es mir zu meinem tiefen Bedauern unmöglich, den Gegenstand Deines Telegramms zu behandeln. Ich muß Dich kategorisch bitten, Deinen Truppen unverzüglich den Befehl zu geben, auf keinen Fall den geringsten Anstoß an unseren Grenzen zu geben."
Als das Telegramm Zar Nikolaj erreicht, sind bereits über sieben Stunden vergangen, seit Deutschland an Rußland den Krieg erklärt hat. Zar Nikolaj läßt das Telegramm daher unbeantwortet.

Mit dem Kriegseintritt Rußlands gegen Deutschland wird der deutsche Name der Hauptstadt russifiziert. Die Stadt heißt nun Petrograd.
Zar Nikolaj II. unterschreibt am Sonntag, dem 20. Juli (2. August), das Manifest über die Kriegserklärung. Vom Malachitsaal im Winterpalais begibt er sich anschließend zum Nikolajsaal, wo das Manifest verlesen wird.

Der Plan für die russische Revolution – das Memorandum des Alexander Parvus

Abschrift vom Original

Vorbereitung eines politischen Massenstreiks in Russland.

Es soll für den Frühling ein politischer Massenstreik in Russland vorbereitet werden unter der Losung: Freiheit und Frieden. Das Centrum der Bewegung wird Petersburg sein; hier wiederum die Obnuhowschen, Putilowschen und Baltischen Werke. Der Streik soll die Eisenbahnverbindungen Petersburg – Warschau, Moskau – Warschau und die Süd-West-Eisenbahn erfassen. Der Eisenbahnstreik wird vor allem in den großen Centralen mit starker Arbeiterschaft, den Eisenbahnwerkstätten etc. durchgeführt werden. Zum Zwecke seiner Verallgemeinerung werden überall womöglich die Eisenbahnbrücken gesprengt, wie dies auch bei der Streikbewegung 1904/1905 der Fall war.

Konferenz russischer sozialistischer Führer.

Dieses Werk kann nur unter der Leitung der russischen Socialdemokratie zustande kommen. Der radikale Teil der letzteren ist bereits in Aktion getreten. Es ist notwendig, dass sich auch die gemässigte Minoritätsfraktion anschliesse. Bis jetzt waren es zumeist die Radikalen, die eine Einigung verhinderten. Der Führer der letzteren, Lenin, hat aber vor zwei Wochen selbst die Frage nach einer Einigung mit der Minorität aufgeworfen. Eine Einigung auf einer mittleren Linie im Sinne der Notwendigkeit, die durch den Krieg geschaffene Schwächung des administrativen Apparates im Inneren des Landes zur Einleitung einer energischen Aktion gegen den Absolutismus auszunützen, dürfte sich herbeiführen lassen. Es ist zu bemerken, daß der gemässigte Teil stets am stärksten unter dem Einfluss der deutschen Socialdemokratie stand. Durch die persönliche Autorität einiger Führer der deutschen und österreichischen Socialdemokratie liesse sich auch jetzt noch bei ihnen viel erreichen. Nach sorgfältigen vorangehenden Ermittlungen muss ein Kongress der socialdemokratischen Führer Russlands in der Schweiz oder einem anderen neutralen Lande herbeigeführt werden. An dem Kongress sollen teilnehmen: 1. Die socialdemokratische Majoritätspartei, 2. die Minoritätspartei., 3. der jüdische Bund, 4. die ukrainische Organisation: Spilka, 5. die polnische socialdemokratische Partei, 6. die socialdemokratische Partei Polens, 7. die socialdemokratische Partei Lithauens, 8. die finnische Socialdemokratie. Der Kongress wird nur stattfinden, wenn man sich vorher der Einmütigkeit der Beschlüsse in Bezug auf die Einleitung einer unmittelbaren Aktion gegen den Zarismus versichert haben wird.
Es ist möglich, dass dem Kongress erst eine Besprechung zwischen Majoritäts- und Minoritäts-Partei der russischen Socialdemokratie würde vorangehen müssen. Zur Teilnahme am Kongresse könnten ev. noch herangezogen werden: 9. die armenische Partei Daschnackzutian, 10. Hindschak.
Abgesehen von seiner eminenten organisatorischen Bedeutung, würde der Kongress auch durch seine Beschlüsse sofort eine grosse Wirkung auf die öffentliche Meinung in Frankreich und England ausüben.

Die russischen Socialisten-Revolutionäre.

Mit der Partei der russischen Socialisten-Revolutionäre müssen besondere Verhandlungen geführt werden. Diese Leute sind mehr nationalistisch gesinnt. Ihr Einfluss in den Arbeiterkreisen ist aber minimal. In Petersburg haben sie nur auf den Baltischen Werken eine Anzahl Anhänger. Für eine Frage des Massenstreiks können sie ohne Schaden ausgeschaltet werden. Dagegen ist ihr Gebiet das Bauerntum, wo sie durch Vermittlung der Volksschullehrer eine bedeutende Wirkung ausüben.

Partielle Bewegungen.

Hand in Hand mit dieser Vorarbeit, um eine organisatorische Basis für den Massenstreik zu schaffen, muss schon jetzt eine umittelbare Agitation eingeleitet werden. Es können über Bulgarien und Rumänien Verbindungen hergestellt werden mit Odessa, Nikolaieff, Sebastopol, Rostoff am Don, Batum und Baku. Die russischen Arbeiter haben in diesen Gegenden während der Revolution lokale und professionelle Forderungen aufgestellt, die ihnen erst zugestanden, dann entzogen wurden. Sie haben den Kampf für diese Forderungen nicht aufgegeben: erst vor zwei Jahren fand ein grosser Streik der Matrosen und Hafenarbeiter statt, der die alten Wünsche wieder auf die Tagesordnung brachte. Die Agitation müsste an diesen Punkten einsetzen und zugleich eine politische Wendung nehmen. Ein allgemeiner Streik im Becken des Schwarzen Meeres lässt sich zwar bei der herrschenden Arbeitslosigkeit kaum durchführen, aber partielle Streiks sind wohl möglich in Nikolaieff, Rostoff am Don und bei einzelnen Berufen in Odessa. Solche Streiks würden eine symptonische Bedeutung haben, indem sie die Ruhe stören würden, die mit dem Krieg in den inneren Kämpfen des Zarenreiches eintrat.
Um diese Agitation durchzuführen, muss, unter anderm, die Organisation der russischen Seeleute, die in den letzten Jahren ihren Sitz in Konstantinopel, dann in Alexandrien hatte, wiederhergestellt werden. Das Zentrum müsste jetzt Konstanza oder Galatz sein. Da die Städte des schwarzen Meeres durch den Seekrieg stark beunruhigt sein werden, so macht sie das besonders empfänglich für eine politische Agitation. Es muss besonders darauf hingewirkt werden, dass die revolutionären Organisationen in Odessa, gestützt auf die Arbeiter, sich, wie 1905, der Stadtverwaltung bemächtigen, um der Not der ärmeren Klassen, die unter dem Krieg furchtbar leiden, abzuhelfen. Auch dies hätte zum Zweck, der allgemeinen revolutionären Bewegung einen neuen Anstoss zu geben. Sollte es zu einem Aufstand in Odessa kommen, so könnte dieser von der türkischen Flotte unterstützt werden.
Die Aussichten für einen Aufstand der schwarzen Meer-Flotte können nur festgelegt werden, nachdem man mehr Fühlung mit Sebastopol genommen haben wird.
In Baku und der Petroleum-Gegend lässt sich ein Streik verhältnismässig ohne besondere Schwierigkeiten herbeiführen. Nicht ohne Bedeutung ist auch, dass ein grosser Teil der Arbeiter Tartaren, also Muselmanen, sind. Kommt es zum Streik, so wird versucht, werden, wie 1905 die Naftaquellen und die Petroleumdepots in Brand zu setzen. Streiks sind auch möglich, im Bergbaugebiet des Donetz. Besonders günstig sind die Verhältnisse im Uralgebiet. Dort hat die sozialistische Majoritätspartei eine starke Anhängerschaft. Politische Streiks unter den Bergarbeitern lassen sich dort leicht durchführen, wenn einiges Geld zur Verfügung ist; denn die Bevölkerung ist sehr arm.

Sibirien.

Eine besondere Beachtung ist Sibirien zu widmen. Man kennt es in Europa nur als das Land der Verbannung. Es lebt aber längs der grossen sibirischen Tracen, an der Eisenbahn und den Flüssen ein starker Bauernstand, von stolzem, unabhängigen Sinn, der am liebsten von der Centralregierung unbelästigt bleiben möchte.
In den Städten lebt eine energische Kaufmannschaft und eine Schicht Intellektueller, die sich aus politischen Verbannten zusammensetzt, oder unter deren Einfluss steht. Die sibirischen Wahlkreise schicken sozialistische Vertreter in die Duma. Während der Revolutionsbewegung 1905 war die gesamte Verwaltung in den Händen der revolutionären Komitees. Der administrative Apparat ist äusserst schwach. Das Militär ist, da man sich Japan gegenüber sicher fühlt, auf ein Minimum reduziert worden. Diese Zustände machen es möglich, in Sibirien einige Aktionszentren zu errichten. Zugleich müsste man Vorsorge treffen, um die politischen Deportierten nach dem europäischen Russland entkommen zu lassen. Dies ist eine reine Geldfrage. Man kann auf diese Weise mehrere tausend der tüchtigsten Agitatoren, die grosse Verbindungen besitzen, und eine schrankenlose Autorität geniessen, nach den obengenannten Agitationszentren und nach Petersburg dirigieren. Die Massregel kann selbstverständlich nur von den sozialistischen Organisationen selbst durchgeführt werden, die auch allein über die Verwendbarkeit der einzelnen Persönlichkeiten ausreichend orientiert sind.
Alle diese Aktionen werden sich umso mehr entwickeln, und ineinandergreifen, je entschiedener die sozialistischen Organisationen auftreten werden und je mehr ihre Tätigkeit einander koordiniert sein wird. Andererseits werden diese Aktionen selbst, die auch schon aus diesem Grunde unverzüglich eingeleitet werden müssen, die sozialistischen Parteizentren anspornen und zur Einigung treiben.

Presscampagne.

Zugleich muss durch Erörterung in der Presse, Broschüren etc. der Aktionsrichtung innerhalb der russischen sozialistischen Parteien Nachdruck verliehen werden. Broschüren in russischer Sprache können in der Schweiz herausgegeben werden. In Paris erscheint eine russische Zeitung: Golas, die von einigen Führern der sozialistischen Minoritätspartei redigiert wird. Trotz der exceptionellen Verhältnisse, unter denen sie erscheint, hat diese Zeitung dem Krieg gegenüber eine durchaus objektive Stellung gewahrt. Sie wird nicht umhin können, an der Diskussion über die Parteitaktik mit teilzunehmen. Auch die schweizerischen und italienischen sozialistischen Zeitungen können für diese Erörterungen in Anspruch genommen werden, desgleichen die dänischen, holländischen, schwedischen, sowie die sozialistische Presse Amerikas. Deutsche sozialistische Führer von internationalem Rufe könnten unschwer an dieser Diskussion teilnehmen.
Eine Presscampagne würde nebenbei auf die Haltung der neutralen Staaten, besonders Italien, eine bedeutsame Wirkung ausüben, die sich selbst auf die sozialistischen Kreise Frankreichs und Englands übertragen würde. Schon eine objektive Erörterung der Kriegsereignisse, die nach England und Frankreich nur, wenn auch immer noch mit grossen Schwierigkeiten, unter sozialistischer Flagge überliefert werden kann, würde von hohem Wert sein.
Die sozialistische Presse Bulgariens und Rumäniens ist leicht im Sinne eines energischen Kampfes gegen den Zarismus zu beeinflussen.

Da in Rumänien die Zentralstelle für die revolutionäre Agitation in Südrussland sich befinden werden, so ist schon aus diesem Grunde die Haltung der rumänischen Tagespresse von Bedeutung, noch mehr freilich für die Bestimmung der eignen Stellungnahme Rumäniens zum Krieg. Die grossen rumänischen Zeitungen stehen alle in russischen Diensten. Die finanziellen Verpflichtungen sollen solcher Art sein, dass sie schwer durchbrochen werden können. Es wäre aber mit keinen besonderen Schwierigkeiten verbunden, eine Gruppe angesehener Journalisten zu organisieren, um eine unabhängige grosse Tageszeitung mit der ausgesprochenen Tendenz des näheren Anschlusses an Deutschland herauszugeben. Da die rumänische Presse auf den Sieg Russlands gestimmt ist, so hat sie schon durch den bisherigen Verlauf des Krieges bedeutend an Prestige verloren. Die neue Zeitung aber würde durch ihre objektive Nachrichtenerstattung sich ein Publikum erwerben. Mit dem Fortschritte der Ereignisse würde sie die öffentliche Meinung immermehr um sich konzentrieren und auch die übrige Presse zu einer Aenderung ihrer Haltung zwingen.

Agitation in Nord – Amerika

Besondere Aufmerksamkeit muss den Vereinigten Staaten zugewendet werden. Die vielen russischen Juden und Slaven in den Vereinigten Staaten und in Kanada bilden ein sehr empfängliches Element für die Agitation gegen den Zarismus. Die russische Socialdemokratie und der jüdische Bund haben dort bedeutende Verbindungen. Es müssen einige Agitatoren hinausgeschickt werden, um eine Tournee durch diese Gegenden zu unternehmen. Ausser ihrem eigenen öffentlichen Auftreten würden sie die am Orte vorhandenen Kräfte zu einem energischen Auftreten anregen, die Organisationen stärken, die zahlreiche russische und jüdische Presse kräftigen und so eine planmässige Tätigkeit zur Entfaltung bringen.
Bei den zahlreichen Beziehungen der Millionen russischer Auswanderer, die zumeist erst vor kurzer Zeit ihre Heimat verlassen haben, mit Russland, dürfte dies von hoher Bedeutung sein. Auch würde die Bewegung unter den russischen Auswanderern in Amerika ihre Wirkung auf die öffentliche Meinung Amerikas nicht verfehlen. Ausserdem könnten aus diesen Kreisen agitatorische Kräfte nach Russland hinübergeleitet werden. Auch das deutsche Element müsste in dem gegenwärtigen Kriege, bei dem es sich um die Zukunft der deutschen Nation handelt, mehr aktiv auftreten. Eine starke Bewegung gegen das Zarentum unter den Russen, bezw. russischen Juden Amerikas würde das Auftreten der Deutschen begünstigen. Es müssten einige Redner der deutschen und österreichischen Sozialdemokratie hinübergeschickt werden.

Anwachsen der revolutionären Bewegung.

Die Agitation in den neutralen Staaten wird eine starke Reperkussion auf die Agitation in Russland selbst ausüben und auch umgekehrt. Die weitere Entwicklung hängt in hohem Masse von den Kriegsereignissen ab. Die russische Hurrah-Stimmung der ersten Tage hat bereits stark nachgelassen. Das Zarentum braucht rasche Siege und es erhält blutige Niederlagen. Bleibt die russische Armee während des Winters auch nur an ihre bisherigen Positionen gebannt, so wird die Missstimmung überall im Lande ungemein um sich greifen. Durch den im Vorangehenden skizzierten Agitationsapparat wird diese Missstimmung ausgenützt, vertieft, erweitert und nach allen Richtungen getragen werden. Die Streiks hie und da, die Notstandsaufstände, die anwachsende politische Agitation, das alles wird die zarische Regierung in Verlegenheit bringen. Greift sie zu Repressalien, so wird das steigende Erbitterung erzeugen, zeigt sie sich nachsichtig, so wird das als Zeichen der Schwäche aufgefasst werden und die revolutionäre Bewegung erst recht entflammen. Erfahrungen sind in dieser Beziehung 1904/1905 genug gemacht worden. Erleidet indessen die russische Armee eine größere Niederlage, so kann die Bewegung gegen das Regime rasch ungeahnte Dimensionen annehmen. Auf jeden Fall kann damit gerechnet werden, dass, wenn alle Kräfte nach dem vorhergehenden skizzierten Plan in Bewegung gesetzt werden, es im Frühjahr zu einem politischen Massenstreik kommt. Gewinnt der Massenstreik grössere Ausdehnung, so wird das Zarentum die ihm im Inlande zur Verfügung stehenden Militärkräfte vor allem nach Petersburg und Moskau konzentrieren müssen. Ausserdem wird die Regierung Mannschaften brauchen, um die Eisenbahnverbindungen zu schützen. Während des Dezemberstreiks 1905 wurden 2 Regimenter gebraucht, allein, um die Strecke Petersburg – Moskau zu schützen. Nur auf diese Weise gelang es, den von den Streikenden wiederholt vorgenommenen Versuchen, die Eisenbahnbrücken bei Tiver und an anderen Orten zu sprengen, entgegenzutreten und die Garderegimenter nach Moskau hinüberzuwerfen, die allein erst den Aufstand unterdrückten. Wenn auch die Hauptaufmerksamkeit bei dem bevorstehenden Streik den Eisenbahnverbindungen im Westen zugewendet werden soll, so wird man doch Eisenbahnstreiks überall, wo nur möglich, hervorzurufen suchen. Gelingt dies auch nicht überall, so wird immerhin die zarische Regierung, um die Brücken, Stationen etc. zu schützen, grosse Militärmasse anwenden müssen, zugleich wird der administrative Apparat in Verwirrung und Auflösung geraten.

Die Bauernbewegung und die Ukraine

Eine wichtige Nebenerscheinung dieser Vorgänge dürften, wie 1905 die Bauernbewegungen sein. Die bäuerlichen Zustände in Russland haben sich seit damals nicht verbessert, sondern verschlimmert. Im Sinne des russischen Bauern ist das Ganze eine Landfrage. Er wird deshalb wieder gutsherrliches Land unter den Pflug nehmen und die Gutsherrschaften bedrohen.
Im wesentlichen bildet zwar die Frage der Verteidigung des Grundbesitzes die Basis der russischen Bauernfrage, aber ihre Lösung ist ausserdem eng verbunden mit der Bildung von Genossenschaften, Organisationen eines billigen Kredites, mit dem Schulunterricht, dem Steuersystem und der allgemeinen Staatsverwaltung. Für die Ukraine fliesst dies alles zusammen in die Forderung der Autonomie. Solange die Herrschaft des Zarentums besteht, dessen Politik in der Ukraine die war, dass es das Land an den moskovitischen Adel verschenkte und den moskovitischen Grossgrundbesitz gegen die ukrainischen Bauern mit allen Mitteln schützte, können die Bauern nicht anders als sich auflehnen, sobald sie merken, dass der Druck der Regierungsgewalt nachgelassen bezw. die Regierung sich in Schwierigkeiten befinde. Es wird aber eine der ersten Aufgaben der ukrainischen Regierung sein, anstelle der anarchischen Zustände, die eine Folge des moskovitischen Regimes sind, Gesetz und Recht walten zu lassen, und sie wird dies, getragen vom Vertrauen des ukrainischen Volkes, rasch erreichen können. Die Bildung einer selbständigen Ukraine wird zugleich als Befreiung vom zarischen Regime und als Erlösung aus dem Chaos der Bauernunruhen erscheinen.
Kommt es zu Bauernunruhen in Zentralrussland – und die gross-russischen Bauern werden unter keinen Umständen ruhig bleiben, wenn neben ihnen die ukrainischen Bauern sich erheben – so wird auch die Partei der russischen Socialisten-Revolutionäre aus ihrer Untätigkeit heraustreten müssen. Diese Partei hat durch Vermittlung der Volksschullehrer einen bedeutenden Einfluss unter dem grossrussischen Bauerntum und ist autoritativ für die Dumafraktion der Trudowiki, der bäuerlichen Volkspartei. Die Stellungnahme der russischen Socialdemokratie zu den Bauernunruhen würde sich ohne weiteres aus deren Entschluss, aktiv gegen den Zarismus vorzugehen, ergeben.

Bewegung in F i n n l a n d .

Inmitten dieser allgemeinen Bewegung könnte eine bedeutende Aktion in Finnland unternommen werden. Die finnischen Parteien befinden sich in einer schwierigen Lage. Es ist bedeutendes russisches Militär im Lande. Andererseits möchten die Finnen nicht ohne weiteres von Schweden annektiert werden. Schweden will Finnland nicht annektieren, sondern nur einen Pufferstaat daraus machen, also einen selbständigen Staat. Die schwedische Partei unter ihnen bildet eine geringe Minderheit. Es muss deshalb vor allem darauf hingearbeitet werden, ein Einvernehmen zwischen der schwedischen Regierung und den massgebenden finnischen Parteien, unter denen die wichtigste die Socialdemokratie ist, zu erzielen. Dies könnte etwa auf dem Weg erreicht werden, dass den Finnen die weitgehendste Selbstverwaltung garantiert und es ihnen selbst überlassen wird, welchem Staatsverbande sie sich anschliessen wollen. Ist ein solches Einvernehmen einmal erreicht, so kann man in Finnland planmässig und in aller Stille einen allgemeinen Aufstand vorbereiten. Die finnische Socialdemokratie verfügt über ausgezeichnete Organisationen nach Art der deutschen Sozialdemokratie. Das ganze finnische Volk ist durch die zähe Verteidigung seiner Rechte gegenüber dem zarischen Despotismus zur Verschwiegenheit und stillen Mitwirken erzogen worden und wird darin durch den Unterschied der Sprache ausserordentlich begünstigt. Es soll alles geheim vorbereitet werden, bis eine grössere politische Streikbewegung in Russland Platz greift. Dann wird ein Teil des in Finnland konzentrierten Militärs nach Petersburg abgezogen werden. Das wäre der Moment für einen allgemeinen Aufstand in Finnland. Bei der immensen Ausdehnung Finnlands stände die zarische Regierung vor der Wahl, entweder die ihr zur Verfügung stehenden Militärkräfte in einzelne kleine Abteilungen zur Bekämpfung der einzelnen Aufstandsherde aufzulösen, oder diese Kräfte nach den wichtigsten administrativen und strategischen Punkten zu konzentrieren und das Land den Aufständischen zu überlassen. Das erstere war die Taktik, die vom Zarentum zur Besiegung der revolutionären Bewegung von 1905 angewandt wurde. Es wurden zahlreiche kleinere und grössere Expeditionskorps gebildet, deren Kommandierende militärische und administrative Vollmacht hatten. Der Plan wurde in Petersburg von einer besonderen Kommission ausgearbeitet, an der die Herren vom Generalstab und der obersten Verwaltung teilnahmen. Das Exekutionsrecht der Revolutionäre war wohl auf dem laufenden über die Arbeiten dieser Kommission, konnte aber den Plan nicht durchkreuzen. Immerhin brauchte die zarische Regierung die Kraft ihrer ganzen Armee und zwei Jahre Zeit, um den Aufstand zu unterdrücken. Sollte nun die zarische Regierung in Finnland das gleiche Verfahren anwenden, so müsste die schwedische Armee eingreifen, um die Unabhängigkeit Finnlands zu schützen. Denn dieses Verfahren, das wohl das beste Mittel ist, um einen Aufstand zu unterdrücken, macht die Armee vollkommen widerstandslos gegenüber eindringenden feindlichen Armeemassen. Die zarische Regierung wird deshalb wahrscheinlich das 2. Verfahren einschlagen und die Armee nach den administrativen Zentren, d. h. nach der Küste nebst anschliessender Eisenbahn zurückziehen. Sie wird sogar vielleicht selbst die Eisenbahnverbindungen mit Schweden zerstören. Die russsische Herrschaft wird dann faktisch nur noch auf die Küste des bottnischen Golfes sich erstrecken. Herren im eigenen Lande werden dann die Aufständischen eine Nationalgarde bilden, wie dies schon 1904/05 der Fall war, Verteidigungspositionen einnehmen und sonstige Vorkehrungen treffen, um den durch die eventuelle Zerstörung der Eisenbahnen erschwerten Einmarsch der schwedischen Truppen zu ermöglichen. Viel hängt selbstverständlich von der Entwicklung der Ereignisse in Petersburg ab. Noch vor dem Ausbruch des allgemeinen Aufstandes könnten die Finnen grosse Dienste leisten. Sie können über die Zahl, die Disposition, die Bewegungen der russischen Truppen in Finnland informieren, desgleichen über die Bewegung der Kriegsflotte; sie könnten einen Signaldienst errichten, um die Tätigkeit der Luftfahrzeuge zu lenken; (die Gewohnheit der Finnen, ihre Landhäuser und besonders die Dächer rot anzustreichen, würde dabei von Nutzen sein, Eine eingerissenen Stelle am roten Dach giebt einen Orientierungspunkt ab.) Ferner können sie Stationen für drahtlose Telegrafie errichten und Vorkehrungen für die Sprengung von Gebäuden und Brücken treffen. Vor allem aber können sie den Verkehr der russischen Revolutionäre mit Petersburg vermitteln. Trotz der militärischen Besetzung lässt sich, da das Land sehr gross ist, sich an das Petersburger Gebiet unmittelbar anschliesst und mit Petersburg einen stündlichen regen Verkehr unterhält, ein Nachrichten- und Transportdienst errichten. Es könnten Waffendepots gebildet und Waffen, Sprengstoffe etc. nach Petersburg hinübergeschmuggelt werden.

Der Kaukasus.

Während der Revolution hat die zarische Regierung den Kaukasus lange Zeit fast unbeachtet gelassen. Da sie von aussen nicht bedroht war, so liess sie zunächst im Kaukasus geschehen, was geschah. Das ging sogar soweit, dass die Regierung an der Spitze der Administration Gouverneure duldete, die in offener Verbindung mit den revolutionären Komitees standen. Sie war sicher, dass, wenn sie erst ihre Herrschaft im eigentlichen Russland befestigt haben wird, sie sich auch den Kaukasus wieder unterwerfen könne. Das hat sich auch vollkommen bewahrheitet. Diesmal ist durch den türkisch-russischen Krieg die Situation vollkommen verändert worden. Es ist der Abfall des Kaukasus möglich. Auch leuchtet die Bedeutung eines Aufstandes, der im Rücken der kämpfenden Heere stattfindet, ohne weiteres ein. Jedoch im Unterschied zu Finnland, wo ein wohlorganisierter allgemeiner Aufstand sich durchführen lässt, wird die Bewegung im Kaukasus immer unter der nationalen Zersplitterung und dem Streit der Parteien zu leiden haben. Am stärksten zeigten sich während der Revolutionsjahre die Georgier (Grusiner.)

Gestützt auf die kleinbäuerlichen Massen wurden sie vollständige Herren des Gouverments Kutais, mit eigener Verwaltung, eigenen Gerichten etc. An der Spitze der Bewegung standen aber nicht die Separatisten, sondern die Socialdemokraten. Die Armenier kämpften zum Teil in den Reihen der Socialdemokratie, zum anderen gruppierte sie sich um die nationalen armenischen Parteien, die auch längst ihre separatistischen Tendenzen aufgaben. Es muss jedoch berücksichtigt werden, dass nunmehr nach den Enttäuschungen der Revolution und angesichts des Krieges die separatistischen Tendenzen an Popularität gewinnen müssten.

Die tartarischen Arbeiter machten die Streiks mit. Im allgemeinen spielten die tartarischen Massen eine reaktionäre Rolle; sie liessen sich von den Agenten der Petersburger Regierung gegen die Armenier aufhetzen, sodass es zu blutigen Zusammenstössen zwischen diesen beiden Volkselementen kam. Nunmehr, nach Erklärung des heiligen Krieges, wird die zarische Regierung sich nicht mehr offen auf die muselmanische Bevölkerung stützen können. Sie wird aber den religiösen Hass im Geheimen schüren und die Armenier gerade unter Hinweis auf den heiligen Krieg in Angst halten. Es ist darum zunächst notwendig, dass von türkischer Seite alles getan wird, um den Muselmanen des Kaukasus klar zu machen, dass gerade der heilige Krieg ein enges Zusammengehen der Muselmanen mit ihren christlichen Nachbarn im Kampfe mit dem Zarismus erfordere. Sogleich muss ein Bündnis mit den Jungtürken und den armenischen Parteien in der Türkei, die dieselben sind, wie in Russland, geschlossen werden. Die Details dieser Aktion, bei der verschiedene Schwierigkeiten zu überwinden sind, fallen aus dem Rahmen dieser Denkschrift. Es soll nur noch darauf hingewiesen werden, dass auf die Aktion der Armenier und Georgier im Kaukasus ein entschiedenes Auftreten der russischen Socialdemokratie von größtem Einfluss sein würde. Die Socialdemokratie könnte eventuell allein die ganze Bewegung in die Hand nehmen, sie würde darum auf alle Fälle durch ihr Auftreten die nationalen Parteien zwingen, auch ihrerseits in den Kampf zu treten. Auch aus diesem Grunde ist die oben in Aussicht genommene Konferenz der socialistischen Parteiführer Russlands eine dringende Notwendigkeit.

Der heilige Krieg, der in Persien, Egypten, Nordafrika etc. grosse Bewegungen zustande zu bringen vermag, wird in Russland kaum eine grosse Wirkung haben. Die Tartaren an der Wolga und Koma werden sich sicher nicht rühren. Es sind äusserst friedliche, vollkommen niedergedrückte Bauern, denen eine gewaltige numerische Übermacht der russischen Bevölkerung gegenübersteht.

Im Kaukasus stehen die Verhältnisse etwas anders; aber man muss anerkennen, dass er längst pacifiziert ist. Die Erinnerungen an den alten heroischen Kampf um die Unabhängigkeit sind verblasst. Für eine moderne revolutionäre Bewegung ist die muselmanische Bevölkerung noch nicht genügend kulturell fortgeschritten. Der alte Kampf der Gebirgsstämme des Kaukasus gegen Russland war ein Kampf gegen den zentralisierten Staat überhaupt. Seitdem ist die Stammorganisation vollkommen zermürbt worden. Die Stammeshäuptlinge haben sich in Grundbesitzer verwandelt. Der Zusammenhang zwischen ihnen und den Massen ist nur noch gering. Der Unabhängigkeitssinn der Bevölkerung ist verloren gegangen. Da sie sich den christlichen Völkerschaften gegenüber in wirtschaftlicher und kultureller Beziehung unterlegen fühlen, so lehnt sie sich an die Regierung an als den Stärksten unter den Stärkeren. Sie würde gewiss eine muselmanische Regierung vorziehen; diese müsste sich aber erst stark genug zeigen, die zarische Regierung zu besiegen. Die türkische Armee wird günstig aufgenommen werden, sie wird aber durch eigene Kraft die russische Macht besiegen müssen. Dies schliesst selbstverständlich die Bildung vereinzelter Bande, besonders an der persischen Grenze nicht aus. An einen Partisanenkrieg der muselmanischen Bevölkerung im grossen ist im Kaukasus nicht zu denken. Nicht ausserhalb der Möglichkeit liegt ein Aufstand der Kubankosaken; hier könnte die ukrainische Propaganda wohl das Terrain vorbereiten.

Abschluss der Bewegung

Das Anwachsen der revolutionären Bewegung im Zarenreich wird, unter anderm, einen Zustand der allgemeinen Unruhe schaffen. Ausser dem allgemeinen Verlauf der Kriegsereignisse könnten besondere Massnahmen ergriffen werden, um diese Unruhe zu verstärken. Besonders kommen aus naheliegenden Gründen das Bassin des Schwarzen Meeres und des Kaukasus in Betracht. Nikolaieff ist besondere Aufmerksamkeit zuzuwenden, da auf den dortigen Werften mit grösster Hast gearbeitet wird, um zwei grosse Kriegsschiffe vom Stapel zu lassen. Es soll versucht werden, einen Streik der Arbeiter herbeizuführen. Dieser braucht nicht unbedingt einen politischen Charakter zu tragen, er kann sich auch auf wirtschaftliche Forderungen der Arbeiter stützen.

Es kann als These aufgestellt werden, die zarische Regierung braucht rasche Siege, um sich halten zu können. Schon der gegenwärtige Zustand, da die russische Armee methodisch aufgerieben wird, ohne Fortschritte zu machen, muss, wenn bis zum Frühjahr dies anhält, eine Revolution zur Folge haben. Es sollen aber auch die Schwierigkeiten nicht übersehen werden, die der Bewegung im Wege stehen.

Da ist vor allem die Mobilisation, die die tatkräftigsten jüngern Elemente dem Lande entzogen hat, sodann das Anwachsen des nationalen Gefühles, das der Krieg zur Folge hatte. Auch gerade dieses Gefühl muss angesichts der Erfolglosigkeit des Kampfes sich in Bitterkeit verwandeln und gegen den Zarismus kehren. Es muss auch bedacht werden, dass die russische Socialdemokratie niemals, wie etwa die Ukrainer oder die Finnländer, in eine feindliche Stellung zum Reich treten wird. Die russische Socialdemokratie hat schon während der Revolution über eine Million Arbeiter in ihren Organisationen vereinigt, ihr Anklang in den Massen ist seitdem so gestiegen, dass die Regierung sich zu einer zweimal wiederholten Änderung des Wahlrechtes genötigt sah, weil sie ein Überfluten der Duma durch socialdemokratische Deputierte befürchtete. Eine solche Partei kann nur den Ausdruck der Interessen und Stimmungen der Volksmassen sein. Diese wollten nicht den Krieg, aber sie machen ihn mit. Die russische Socialdemokratie tritt mit Entschiedenheit gegen die unbeschränkte Machtausdehnung nach aussen auf, die die zarische Diplomatie erstrebt. Sie sieht darin ein gewaltiges Hemmnis für die innere Entwicklung der Nationen, die das Reich bilden, darunter auch der russischen Nation. Sie macht die zarische Regierung für diesen Krieg verantwortlich. Sie wird also die Regierung für die Nutzlosigkeit und Erfolglosigkeit des Krieges zur Verantwortung ziehen. Ihre Forderungen werden sein: Sturz der Regierung und rascher Friedensschluss.

Sollte die revolutionäre Bewegung eine grössere Ausdehnung gewinnen, so würde, selbst wenn die zarische Regierung noch die Macht in Petersburg behält, eine provisorische Regierung eingesetzt werden, die die Frage des Waffenstillstandes und des Friedensschlusses auf die Tagesordnung bringen und darüber selbst in diplomatische Verhandlungen eintreten könnte.

Sollte die zarische Regierung selbst schon früher genötigt sein, einen Waffenstillstand zu schliesen, so wird die revolutionäre Bewegung mit desto grösserer Kraft losbrechen, je mehr sie jetzt schon vorbereitet wird. Gelingt es der zarischen Regierung noch während des Krieges die Macht zu behalten, so wird sie nach einem von aussen diktierten Frieden sich niemals halten können.

So wird durch die vereinigten Armeen und durch die revolutionäre Bewegung in Russland die ungeheure politische Zentralisation, die das Zarenreich darstellt und die solange sie besteht, eine Gefahr für den Weltfrieden sein wird, zertrümmert und die Hochburg der politischen Reaktion in Europa gestürzt werden.

Sibirien

Es ist Sibirien noch besondere Bedeutung beizulegen, weil die grossen Geschütz- und sonstigen Waffenlieferungen der Vereinigten Staaten an Russland den Weg über Sibirien nehmen dürften. Die sibirische Aktion muss deshalb getrennt von den anderen behandelt werden. Es müssten einige energische und umsichtige Leute, ausgerüstet mit ausreichenden Mitteln, in Spezialmissionen nach Sibirien geschickt werden, die Eisenbahnbrücken zu sprengen. Hilfskräfte werden sich genug unter den Verbannten finden. Sprengstoffe müssten von den Ural-Bergwerken verschafft werden; kleinere Mengen könnten wohl über Finnland hinübergeschmuggelt werden. Die technischen Anweisungen würden hier auszuarbeiten sein.

Presscampagne.

Die Voraussage bezgl. Rumänien und Bulgarien ist durch die nach der Abfassung der Denkschrift eingetretene Entwicklung bestätigt worden. Die bulgarische Presse ist jetzt vollkommen auf deutscher Seite, in der rumänischen macht sich ein Umschwung bemerkbar. Die von uns getroffenen Vorkehrungen werden nächstens noch grössere Ergebnisse zeitigen. Es gilt jetzt besonders, in Arbeit zu nehmen.

1. Finanzielle Unterstützung der sozialdemokratischen russischen Majoritätsfraktion, die den Kampf gegen die Zarische Regierung mit allen Mitteln fortführt. Die Führer sind in der Schweiz aufzusuchen.
2. Schaffung direkter Vorbedingungen mit den revolutionären Organisationen in Odessa und in Nikolajoff über Bukarest und Jassy.
3. Schaffung einer Verbindung mit der Organisation der russischen Seeleute. Durch einen Herrn in Sofia sind bereits Vorbedingungen angeknüpft worden, weitere Anknüpfungen führen über Amsterdam.
4. Unterstützung der Tätigkeit der jüdischen sozialistischen Organisation „Der Bund" – nicht Zionisten –.
5. Aufsuchen massgebender Persönlichkeiten der russischen Sozialdemokratie und der russischen Sozialisten-Revolutionäre in der Schweiz, in Italien, in Kopenhagen und Stockholm, und Förderung deren Bestrebungen soweit sie zu einem energischen und unmittelbaren Vorgehen gegen den Zarismus entschlossen sind.
6. Unterstützung der russischen revolutionären Literaten, soweit sie für die Fortführung des Kampfes gegen den Zarismus auch während den Krieges eintreten.
7. Verbindung mit der finnischen Sozialdemokratie.
8. Organisation von Kongressen der russischen Revolutionäre.
9. Beeinflussung der öffentlichen Meinung der neutralen Staaten, im besonderen der sozialist. Presse und der sozialistischen Organisationen im Sinne des Kampfes gegen den Zarismus und des Anschlusses an die Zentralmächte. In Bulgarien und Rumänien ist es bereits mit Erfolg geschehen. Es muss fortgeführt werden in Holland, Dänemark, Schweden, Norwegen und der Schweiz und Italien.
10. Ausrüstung einer Expedition nach Sibirien mit dem speziellen Zweck, die wichtigsten Eisenbahnbrücken zu sprengen und so die russischen Waffentransporte aus Amerika zu verhindern. Nebenbei müsste die Expedition mit reichlichen Geldmitteln ausgerüstet sein, um einer Anzahl politischer Deportirter die Möglichkeit zu verschaffen, ins Landesinnere zu entweichen.
11. Technische Vorbereitungen zu einem Aufstand in Russland:

a) Beschaffung genauer Karten russischer Eisenbahnen und Bezeichnung der wichtigsten Brücken, deren Zerstörung notwendig ist, um den Verkehr lahmzulegen; desgleichen Angabe der Zentralgebäude. Depots, Werkstätten, denen die meiste Aufmerksamkeit zugewendet werden sollte.

b) Genauso Angabe der Menge von Sprengstoffen, die zur Erreichung des Zieles in jedem einzelnen Fall notwendig ist. Es ist dabei die Knappheit des Materials zu berücksichtigen und die schwierigen Verhältnisse, unter denen die Aktion vollzogen werden wird.

c) Klare und populäre Anweisung über die Handhabung der Sprengstoffe bei Brückensprengungen, Sprengung von grossen Gebäuden etc.

d) Einfache Rezepte zur Zubereitung von Sprengstoffen.

e) Bearbeitung eines Planes des Widerstandes der aufständischen Bevölkerung in Petersburg gegen die bewaffnete Macht unter besonderer Berücksichtigung der Arbeiterviertel. Schutz der Häuser und Strassen. Barrikadenbau. Schutz gegen Kavallerie und gegen eindringende Infanterie.
Der jüdische sozialistische „Bund" in Russland ist eine revolutionäre Organisation, die sich auf die Arbeitermassen stützt und schon 1904 bedeutendes leistete. Er befindet sich in Gegensatz zu den „Zionisten". Von den letzteren ist nicht viel zu erwarten:

1) Weil, ihr Parteizusammenhang sehr lose ist.
2) Weil eine starke russisch-patriotische Strömung während des Krieges in ihren Reihen sich geltend machte.
3) Weil die Zentralleitung nach dem Balkankriege um die Gunst der englischen und russischen Diplomatie sich intensiv bewarb. – was sie freilich nicht behinderte, auch bei der Reichsregierung zu antichambrieren.
4) Weil sie überhaupt keiner politischen Aktion fähig ist.

Begriffe zur Geschichte von 1917

Die Transkription der russischen Namen und Begriffe entspricht der populären Schreibweise unter Berücksichtigung der authentischen Aussprache.

Bolschewiken: Fraktion der Sozialdemokratischen Arbeiterpartei Rußlands (SDAPR), die sich bei deren Spaltung in London 1903 von den Menschewiken differenzierte, durch deren Boykott bildete sich die Mehrheit (bolschinstwo – Bolschewiken). Schon damals war Lenin der Führer. Diese Partei vertrat im Gegensatz zu den Menschewiken die Ansicht, daß ihre Anhänger Berufsrevolutionäre sein müßten, die keine Kompromisse mit anderen Parteien eingehen dürften und zetralistisch organisiert sein müßten. Zu ihnen gehörten auch Kamenjew, Sinowjew u. a.

Bund: Jüdische sozialdemokratische Arbeiterpartei, die 1897 im europäischen Teil Rußlands gegründet wurde und ein Jahr später bei der Entstehung der Sozialdemokratischen Partei in Minsk eine wichtige Rolle spielte, jedoch nur bis 1917 existierte.

Djelo Naroda („Sache des Volkes"): Organ der Sozialrevolutionäre, redigiert u. a. von Sorokin.

Duma („Gedanke"): Russisches Parlament mit legislativer Befugnis; in dieser Form von Zar Nikolaj II. um 1905 im damaligen Sankt Petersburg eröffnet; ihre Zusammensetzung wurde jeweils gewählt, die von 1912 wurde 1917 durch die „Staatsversammlung" abgelöst. In den Großstädten gab es analog dazu eine Stadtduma, eine Art Stadtrat; Stadt- und Bezirksdumen als Beratungsorgane der russischen Zaren und Fürsten existierten jedoch bereits seit dem 10. Jahrhundert, wenn auch mit vorherrschend aristokratischer Zusammensetzung; diese Bojarenduma wurde um 1711 von Zar Peter I. aufgelöst und durch den Senat ersetzt. Nach der Auflösung der Duma um 1917 regierten die Sowjets.

Intelligenzia: Traditionelle Bezeichnung der gebildeten, meist fortschrittlich gesinnten Mittelschicht in Rußland.

Iskra („Funke"): Revolutionär orientierte Zeitung, von Lenin und Plechanow um 1900 gegründet, in Deutschland gedruckt und nach Rußland gebracht.

Iswestija („Nachrichten"): Tageszeitung, die vom Petrograder Arbeiter- und Soldatenrat nach der Februarrevolution 1917 herausgegeben wurde und die die gemäßigte Richtung der Sozialrevolutionäre vertrat.

Jedinstwo („Einheit"): Splittergruppe der russischen Sozialdemokratischen Partei mit gemäßigtem innen- und außenpolitischen Programm: Kompromiß mit den bürgerlichen Parteien, Einberufung einer Verfassunggebenden (Konstituierenden) Versammlung, Bildung einer durch breiten Rückhalt starken Regierung; Fortsetzung eines nationalen Verteidigungskrieges, Vernichtung des deutschen Militarismus. Im Gegensatz dazu standen die Ideen der Sozialrevolutionäre, die innenpolitisch keine Kompromisse eingehen wollten und (pazifistisch gesinnt) für die Beendigung des Krieges unter allen Umständen eintraten.

Kadetten (von den Initialen „K.D." für „Konstitutionelle Demokraten" gebildet): Politische Partei des russischen Liberalismus bürgerlicher Gesinnung, die Reformen und die Einrichtung einer konstitutionellen Republik oder Monarchie nach britischem Vorbild anstrebt.

Kadetten: Militärschüler des Kadettencorps – mit Offiziersausbildung.

Konstituierende Versammlung (auch „Konstituante"): Gesetzgebende Versammlung, von verschiedenen politischen Richtungen gleichermaßen gefordert, um ein gewähltes Parlament zur Bestimmung der eigentlichen Regierungsform zu schaffen – unabhängig von der Frage der Erhaltung der Dynastie; sie wurde im Zuge der Februarrevolution 1917 von der provisorischen Regierung versprochen, für November 1917 in Aussicht genommen und von Lenin angesichts des Umstandes, daß seine Partei der Bolschewiken nicht die Mehrheit erzielte und sich keine Chance für seine legale Machtübernahme bot, aufgelöst.

Kosaken: Militärisch organisierte Grenzbevölkerung, die als besonders regimetreu galt und daher auch für die Bekämpfung von Unruhen eingesetzt wurde; als Elitetruppe persönliche Eskorte von Zarin Katharina auf ihren Reisen durch das Land, später Kavallerie der Armee des Zaren.

Kiental: In diesem kleinen Schweizer Ort südlich des Thuner Sees fanden vom 24. bis 29. April 1916 pazifistische Versammlungen im Anschluß an die Zimmerwalder Konferenz statt, in der die Gründung der III. Internationale beraten wurde.

Leningrad: Ab 1924 Name für Petrograd (bis 1914 Sankt Petersburg).

Marijnskij Palast: Sitz der Provisorischen Regierung vom Frühjahr bis zum August 1917, bis sie in das Winterpalais einzog; während letzterer Periode Sitz des Vorparlaments, bis dieses im Herbst 1917 von Lenin aufgelöst wurde.

Menschewiken („Minderheit"): Gemäßigte Gruppe der Sozialdemokratischen Arbeiterpartei Rußlands nach deren 2. Parteikongreß 1903. Ihre Führer waren Martow, Axelrod, um 1917 Sereteli; zu den Menschewiken gehörte anfangs auch Trotzkij, der in der von Lenin angestrebten zentralisierten Regierungsform des Proletariats die Gefahr der Persönlichkeitsdiktatur Lenins sah.

Militär-Revolutionskomitee: Im Oktober 1917 vom Exekutivkomitee des Petrograder Sowjets im Smolnyj eingerichtet – zur Kontrolle der Stadt, der Garnisonen und der Organisation des bewaffneten Oktoberputsches unter der Planung Trotzkijs.

Miliz: Volkssoldaten in der Funktion der Polizei nach Auflösung der zarischen Ordnungshüter ab März 1917.

Monarchisten: Partei der Erhaltung der Dynastie als oberste Regierungsgewalt, unter anderem von Dumapräsident Rodsjanko und einem Teil der Konstitutionellen Demokraten unter Führung von Außenminister Miljukow gestützt.

Njewskij Prospekt: Zentrale Straße Petersburgs, in der sich das gesellschaftliche Leben konzentrierte (Gogol nennt sie „ganz Petersburg"); sie führt unter anderem an den großen Palais der führenden Aristokraten vorbei, an der Kasanskathedrale und mündet vor der Brücke über die Newa in den Admiralitätsplatz neben dem Winterpalais.

Peterhof: Sommerpalast nordöstlich von Petersburg am Finnischen Meerbusen.

Petersburg (Sankt Petersburg), im Volksmund auch „Pieter" genannt: russische Haupt- und Residenzstadt seit ihrer Gründung durch Zar Peter den Großen bis 1918, um 1914 nach Kriegsbeginn in Petrograd umbenannt, ab 1924 Leningrad.

Peter-Pauls-Festung: Festung an der Newa, dem Winterpalast gegenüberliegend, von Zar Peter dem Großen gegründet und als Gefängnis verwendet (ob für die Dekabristen unter dem Zaren im 19. Jahrhundert, ob für die Angehörigen der zarischen Regierung nach der Februarrevolution oder die Angehörigen der Provisorischen Regierung und Angehörigen des Ancien régimes oder der bürgerlichen Klasse unter den Bolschewiken nach dem Oktober 1917).

Petljurabanden: Bezeichnung für die im Namen des ukrainischen Separatistenführers Petljura agierenden anarchistischen Gruppen.

Petrograd: siehe Petersburg.

Petrograder Sowjet (Petrograder „Rat"): Übernahm 1917 auch nationale Kompetenz bis zur Bildung des Altrussischen Sowjetkongresses im Juni 1917.

Prawda („Wahrheit"): Zuerst Monatszeitschrift, in Moskau von 1904 bis 1906 herausgegeben als Organ der Sozialdemokraten, erschien ab 1912 in Sankt Petersburg als Tageszeitung, wegen pazifistischer Haltung ab 1914 verboten und von Lenin aus Paris in die russische Hauptstadt geschmuggelt, ab März 1917 Organ der Petrograder Bolschewiken unter der Leitung Lenins.

Präparlament („Vorparlament"): Dieses sollte legislative Funktion ausüben, wurde jedoch von den Bolschewiken boykottiert und von Lenin aufgelöst.

Provisorische Regierung: Während der Märzrevolution aus einem provisorischen Komitee der Duma zusammengesetzte Notstandsregierung auf Zeit, die 1917 zuerst (als eine von zwei Regierungskörperschaften mit dem Sowjet) mit wechselnder Besetzung und ab Mai mit Kerenskij an der Spitze regierte, bis sie beim Oktoberputsch von den Bolschewiken aus dem Winterpalais vertrieben wurde; ihr größtenteils aus bürgerlichen Vertretern und liberalen Kadetten bestehendes Kabinett mit dem Sozialisten Kerenskij als Vermittler zu den radikalen Kräften und zum Sowjet, der das Kabinett überwachte und de facto die Polizei kontrollierte; mit dem Eintritt einiger Mitglieder des Sowjets in das Kabinett fand insgesamt ein Ausgleich des Gewichts zugunsten konservativer Kräfte statt, was in Lenins Augen „kompromißlerischer Verrat" war.

Rjetsch: Petersburger Tageszeitung von 1906 bis 1917, die das zentrale Organ der Kadettenpartei war; zu ihren Herausgebern und Autoren gehörten P. N. Miljukow, W. A. Maklakow und P. W. Struwe.

Rote Garde: Freiwillige bewaffnete Arbeiter (seit 1905) zur Unterstützung der Bolschewiken.

Seljonyje (»Grüne"): Bezeichnung für Separatisten in Südrußland während des Bürgerkrieges.

Sjemstwo: Selbstverwaltungsform auf dem Lande zur Verbesserung der bäuerlichen Bedingungen, seit 1864 parallel zu den Stadträten eingerichtet; wie letztere ab 1917 von den lokalen Sowjetorganen aufgesogen, die den Weisungen des Moskauer Sowjets (ab 1918) unterstanden.

Smolnyj: Petersburger Internat für Töchter aus gehobenem Milieu, aus einem Kloster im 18. Jahrhundert entstanden; im Jahre 1917 zum Sitz des Petrograder Sowjets und zur Planungszentrale des bolschewistischen Militär-Revolutionskomitees umfunktioniert.

Sowjet („Rat"): Erstmals als „Rat der Arbeiterdeputierten" im Oktober 1905 in Petersburg geschaffen, dann als Organisationsform weiterverbreitet.

Sozialdemokratische Partei (SDAPR): 1898 als Russische Sozialdemokratische Arbeiterpartei gegründet, strebte diese eine sozialistische Entwicklung unter Anwendung der marxistischen Theorie in Rußland an; 1903 spaltete sie sich in die Gruppe der Berufsrevolutionäre, in die Bolschewiken um Lenin und in die gemäßigte der Menschewiken, zu denen Plechanow, Axelrod (einer der Begründer des russischen Marxismus), Sasulitsch, Martow, Tscheidse (ab der Februarrevolution 1917), Skobeljew, Sereteli gehörten. Sie strebten im Gegensatz zu Lenin Machtausübung durch die Sowjets (Räte) und Zusammenarbeit mit den anderen Parteien an.

Sozialrevolutionäre (SR): Um 1902 von revolutionären Populisten gegründet, unter anderen von Viktor Tschernow angeführt, auch Kerenskij gehörte ihnen an; glaubten an Sozialisierung des Landes und hießen Terror als politische Waffe gut; spalteten sich ebenfalls in einen radikalen und einen gemäßigten Flügel. Angehörige des letzteren waren in der Provisorischen Regierung vertreten und fühlten sich durch den Oktoberputsch brüskiert; die linken Sozialrevolutionäre begrüßten den bolschewistischen Oktoberputsch und blieben in deren Regierung, bis sie wegen ihres Protestes gegen den Friedensschluß von Brest-Litowsk im März 1918 ausgeschlossen wurden. Sie hatten im Januar 1918 die Mehrheit bei den Wahlen zur Konstituierenden Versammlung erreicht, die jedoch von Lenin aufgelöst wurde.

Swjesda („Stern"): Petrograder Zeitung, die in konservativ-liberaler Tendenz während der Jahre 1914 bis 1917 für die Fortsetzung des Krieges als Vaterlandsverteidigung bis zum Sieg eintrat.

Taurisches Palais: Petersburger Barockpalais, in welchem die Duma tagte (von Zarin Katharina erbaut)

Villa Kresinskaja: Haus einer Petersburger Ballerina, die eine Jugendliebe von Zar Nikolaj II. gewesen war; das Gebäude benutzten die Bolschewiken bis Juli 1917 als ihr Büro, in welchem Lenin nach seiner Rückkehr aus dem Exil im April 1917 residierte; bei Aufdeckung seiner deutschen Hilfe und Verhaftung einiger seiner Mitarbeiter mußte das Büro aufgelöst und schließlich verlegt werden; Lenin entkam der Verhaftung knapp und konnte in Finnland untertauchen.

Winterpalais (auch „Eremitage" genannt): Petersburger Regierungssitz und Zarenresidenz an der Newa.

Zarskoje Sjelo: („Dorf des Zaren"): Von Peter dem Großen errichtete Sommerresidenz der Zaren 20 km südlich von Petersburg.

Zimmerwald: In diesem Schweizer Ort in der Nähe von Bern hielten sozialistische Pazifisten im September 1915 eine internationale Konferenz mit der Forderung nach baldigem Friedensschluß und der Gründung der III. Internationale ab.